国企改革之

向着梦想奔跑

江苏省国有企业发展改革研究会 编

东南大学出版社
SOUTHEAST UNIVERSITY PRESS
·南京·

图书在版编目(CIP)数据

国企改革之向着梦想奔跑 / 江苏省国有企业发展改革研究会编. —南京:东南大学出版社,2019.12

ISBN 978-7-5641-8691-3

Ⅰ.①国… Ⅱ.①江… Ⅲ.①国企改革—成就—江苏 Ⅳ.①F279.275.3

中国版本图书馆 CIP 数据核字(2019)第 281734 号

国企改革之向着梦想奔跑

Guoqi Gaige Zhi Xiangzhe Mengxiang Benpao

编　　者	江苏省国有企业发展改革研究会
出版发行	东南大学出版社
社　　址	南京市四牌楼 2 号
邮　　编	210096
出 版 人	江建中
责任编辑	张丽萍
经　　销	全国新华书店
印　　刷	南京新世纪联盟印务有限公司
开　　本	700 mm×1000 mm　1/16
印　　张	16
字　　数	287 千字
版　　次	2019 年 12 月第 1 版
印　　次	2019 年 12 月第 1 次印刷
书　　号	ISBN 978-7-5641-8691-3
定　　价	88.00 元

(本社图书若有印装质量问题,请直接与营销部联系。电话:025-83791830)

前 言

金色的十月，世界注目的一天，70 年前的这一天，天安门前升起了第一面五星红旗，中国人民站起来了！70 年后，中国跨入了又一个新时代，举国上下一片欢腾，长城内外，鲜花似海、歌声如潮。花海中有我们一枝，歌潮中有我们一曲，那就是江苏国企献上的花，改革开放谱写的歌。

国有企业是中国特色社会主义的支柱，是推进中国进入新时代的强大动力。搞好国有企业是我国保持社会主义性质的根本保证，搞好国有经济是巩固增强共产党执政地位的保证。

伴随新中国成立，我国的国有企业从无到有、从少到多、从小到大，建成了自己的国有企业体系，有力地支持了国家经济发展，70 年来为适应经济体制的变革不断调整、探索做大做强的发展道路，尤其近 40 年来，国有企业坚持改革开放不动摇，取得了举世瞩目的成就。

70 年来江苏国企与新中国同行。最初在传统计划经济体制框架下对政府和企业的关系做局部调整，试行扩大企业自主权和利润留成制度试点，调动了企业和职工的积极性，为企业进一步改革创造有利环境，从 1981 年起试行“利改税”，国有企业向着市场化迈进了一步。实行利改税后，多数企业负担相对加重，企业效益有所下降，为改变这个局面，国家探索实施进一步改革，推行企业承包责任制。江苏从 1984 年就进行厂长(经理)责任制试点，此后迅速推广，至 1985 年，全省 900 家以上国有小企业和集体企业及 70％以上大中型企业实行了以承包为主的经济责任制。到 1990 年底，全省有 7 700 多家县以上企业签订了承包合同，占应承包企业的 78％。承包经营调动了企业积极性，取得了明显的经济效益。从 1993 年开始，国家着力从体制上对国有企业进行改革，明确了建立现代企业制度的改革方向，至此，国有企业改革进入探索制度创新阶段。一是探索现代企业制度的有效组织形式，全省开展现代企业制度试点工作，到 1997 年底，试点企业完成工商登记的占 82.14％，1998 年又新组建股份有限公司 61 家、有限责任公司 8 370 家。到 1998 年底，全省已有 400 多家企业集团，其中省级企业集团 144 家。二是推进企业改制和重组。到 2002 年底，全省国有大中型工业企业改制面为 89％，全省国有小企业基本完成改制。推进兼并破产，探索市场经济中企业退出机制。三是加快配套改革。实行“三项”制度改革，即改革干部管理制度，搬掉“铁交椅”，干部能上能下；改革用工制度，端掉“铁饭碗”，职工能进能出；改革工资分配制度，撤掉“铁工资”，职工收入能高能低。

随着国有企业改革的逐步深化，建立了新的国有资产管理体制，随后江苏国有资产和国有企业实现了新的发展。国有经济布局结构加快调整，至2004年，全省大规模国有企业产权制度改革基本完成；推进现代企业制度建立，开始在省属国有企业建立外部董事制度。试点企业由董事会决定副总经理（副总裁）任免，对部分外部董事制度试点企业实施董事会换届；创新外派监事会工作机制；深化企业内部“三项”制度改革，推进全省国有企业建立择优录用、能进能出、员工与企业双向选择的劳动用工制度，建立与企业经济效益挂钩、与职工业绩和贡献挂钩的收入分配制度。

党的十八大特别是十八届三中全会以来，江苏以新发展理念为引领，积极推动国资国企改革，全省国有企业规模实力迅速壮大。2013年初到2017年末，省国资委监管企业资产总额从6 058亿元增加到9 953亿元，增长64.30%；净资产从2 122亿元增加到3 672亿元，增长73.04%；利润从203亿元增加到386亿元，增长90.15%，年均增长18.03%，净资产收益率为73.04%。2013年以前形成的150多亿元亏损已经消化。上缴税费从144亿元增加到225亿元，增长56.25%。资产负债率从71.19%的最高值下降到目前的61.3%，比全国省级监管企业的平均值低12个百分点，资产质量处于优良状态。

经过70年的发展，我省国有企业已成为全省综合交通运输体系建设运营和地方能源业、金融业的主力军，全省“走出去”发展的排头兵，在全省创新创业投资中打头阵，在重要物资储备、农业现代化、南水北调、沿海开发、重大活动保障等方面发挥重要功能，在打赢“三大攻坚战”中发挥表率作用。

为庆祝新中国70华诞，我们采编了这一组文章。由于时间紧迫，有一些国企，特别是省属企业集团改革发展的成果未能收集进来，但是这并不影响这本书以点见面的特点。这里有省属集团的成果，也有活跃在改革发展第一线企业的实践，还有市、县国企国资及其国资监管部门的声音，从不同层面较为立体地反映了江苏国企人埋头苦干、攻坚克难、闯关夺隘，以解放的思想、创新的精神突破思维定式、突破发展瓶颈，不断推动国有企业深化改革、创新发展的精神风貌。

70年峥嵘岁月，70年奋进跨越，我们跨入了又一个新时代。举国上下一片欢腾，长城内外、大河上下鲜花似海、歌声如潮。花海中有“好一朵茉莉花”。洁白无瑕，寄托着江苏国企对新中国的一片纯情，满园芬芳是江苏国企人的心香。歌潮中有一曲《我们走在大路上》，那里面有江苏国企人在一同唱响。70年来，江苏国企主动作为、迎难而上，爬坡过坎、砥砺前行，在国资国企改革的征途上向着梦想奔跑，“向前进，向前进，朝着胜利的方向”！

目录

苏豪控股:聚力改革创新,推动高质量发展

今天的江苏省苏豪控股集团有限公司(以下简称“苏豪控股”),曾经经历了两次重组:2006 年,省丝绸集团吸收合并省国防资产公司,纺织集团吸收合并省石化资产公司;2010 年,省丝绸集团与纺织集团、弘业集团重组。苏豪控股实际上由原省丝绸集团、省国防资产公司、纺织集团、省石化资产公司、弘业集团 5 家大型企业合并重组而来,其中 4 家公司曾经是行业主管部门。集团重组之初,子公司多达 160 多家。

2011 年重组更名后,苏豪控股大刀阔斧开展内部资源整合,将几大集团的同类业务进行合并重整,形成了贸易、投资、文化、地产四个板块。进入“十三五”,苏豪控股根据业务发展实际情况,对业务板块重新定位,贸易板块定位为做内外贸供应链的优秀管理者,金融投资板块定位为做投资领域价值链的优秀创造者,文化板块定位为做文化产业融合链的优秀实践者,地产业务向健康产业转型,健康产业板块定位为做健康产业服务链的优秀打造者。目前,四大板块分别由 10 家二级子公司承担。为进一步突出主业,集团在“十三五”规划修编中,明确贸易和金融为两大主业,将文化和健康产业作为重点培育的优势产业,实行“2+2”的主业模式。

一、聚焦主业,追求有质量的规模、有效益的增长

坚持发展第一要务。外贸业务大力开拓新兴市场,在海外设立生产基地,率先完善供应链布局,进出口贸易规模位列全国对外贸易 200 强。天泓集团完善区域布局和品牌布局,位居国内知名汽车销售企业百强,省内十强。苏豪投资获得私募投资基金管理人证书,管理的“一带一路”基金已投出 16 个项目,投资金额 13.71亿元。弘业期货是江苏省排名第一和全国一流的品牌期货商,2015 年在香港 H 股上市。爱涛文化集团丰富文化产业发展内涵,大力开展文化贸易。苏豪健康养老产业园项目已取得一期地块并着手建设,整个园区基础设施基本完成。资产运营公司开发的首个长租公寓项目取得良好收益。截至 2018 年底,集团资

产总额 248.03 亿元，全年实现营业收入 186.08 亿元，进出口总额 17.56 亿美元；实现利润总额 14.27 亿元，比 2013 年底增长 1.58 倍，年均利润增长超过 20%。总体上看，重组以后，集团无论是资产规模、质量，还是利润水平均居省属企业前列。

做强做优主业。集团以建成商业类国有资本投资公司为目标，大力推进 PE（私募股权）投资、期货、基金、资管等金融持牌业务，加大对现代服务业、新兴产业等投资布局，打造金融投资核心主业，金融投资主业对集团利润总额的贡献超过 70%。同时，围绕贸易供应链向两头延伸，着力打造设计研发中心平台、海外生产基地平台、跨境电商平台、综合服务平台，重点发展以自营为主的国际国内贸易，有力提升了业务接单能力。目前，集团总体自营出口占比超过 40%。

在服务大局中寻找发展机遇。响应国家“一带一路”倡议，2014 年与省财政厅、商务厅合作筹建了江苏省“一带一路”投资基金，首期 30.2 亿元资金募集完成。响应国家应对人口老龄化行动，正在打造的苏豪健康养老产业园项目，被省政府列为全省供给侧结构性改革、民生保障补短板的重点项目，被省发改委列入全省重大投资项目，入选第二批省级“特色小镇”创建名单。响应国家繁荣文化产业号召，正在建设 11 万平方米的爱涛文化创意园，近两年已在 14 个国家或地区举办了 20 场次的江苏文化宣传活动，在海外产生广泛影响，被省文化厅评为“对外文化交流先进单位”。参与沿海产业基金、新兴产业基金、产业援疆基金等，在服务大局中体现国企形象、实现投资价值。

二、加快转型，提高发展质量

以企业国际化为转型发展的重要路径。以江苏金控（香港）公司为抓手，打造集团对外投融资平台。弘业期货获得香港证券交易牌照和香港联交所、东京商品交易所会员资格，“一带一路”资本管理公司完成注册。在缅甸、柬埔寨等东南亚国家建立 3 个海外服装生产基地，年生产能力超过 1 000 万件，企业接单能力不断提升。推动江苏文化走出去，承办省文化厅“欢乐春节 · 精彩江苏”演艺活动、在海外举办非物质文化遗产精品展等，海外文化交流活动在国外产生较大影响。2019 年专门召开集团外贸高质量发展推进会部署，出台外贸转型升级 31 条实施意见，加快外贸主业转型发展。

积极推动资本证券化。集团拥有境内外两家上市公司，弘业期货于 2015 年在香港联交所成功 IPO（首次公开募股），目前正在回归 A 股；将下属企业持有的弘业股份股权划转至控股集团,为进一步提升上市公司平台功能夯实基础。天泓汽车混改对接资本市场工作完成正式尽调,正在引进战略投资者、推进员工持股。集团在围绕主业进行产业投资的同时,也适度参与多元股权投资,培育新的利润增长点。近年来,集团及所属企业先后投资了一大批优质国企民企,包括华泰证券、省国际信托、省信用再担保等一大批金融证券公司。集团投资的中原证券、井神股份、华脉科技、成都银行、紫金农商行等已实现上市。2013—2018 年,集团资本证券化率从 52%提升至 60%,居省属企业前列。

三、不断创新,用品牌说话

鼓励科技创新。弘业期货、苏豪股份等建立博士后工作站 2 个、实验室 2 个,溧阳蚕种保育的雄蚕品种被列入江苏省畜禽遗传资源保护名录,“超级生丝蚕品种培育”被中国丝绸协会列入 2015 年国家茧丝绸最具特色和亮点的科技创新之一,省纺织研究所研发的“纳米磁性纤维”新品填补了市场空白。

鼓励业务创新。整合外贸打样中心,建立服装研发中心和玩具设计研发中心,和意大利设计师工作室开展柔性合作,提升接单能力和反应能力。打造自有品牌,苏豪(SOHO)、爱涛(ARTALL)连获“江苏省重点培育和发展的国际知名品牌”。积极开展金融持牌业务以及期货公司资产管理、产业服务业务等。发挥传统地产公司优势,将传统地产公司转型升级为资产运营公司,专司集团 48 万平方米的不动产运营,并为未来集团优化内部资源配置提供资产运营平台。

鼓励商业模式创新。在跨境电商、海外仓、外综服等外贸新业态上迈出坚定步伐。在省内外贸企业率先搭建跨境电商平台,已建立 60 余人的团队,研发了自主 ERP(企业资源计划)系统,2018 年实现平台销售额超 1 000 万美元。集团境内外企业加强对接协同,在欧洲和美国布局海外仓。集团旗下企业作为南京市外综服试点企业,发挥既有优势开展外综服业务,为中小民营企业出口提供服务。江苏省“一带一路”投资基金通过设立子基金方式带动投资;健康产业确立康养服务运营和康养服务供应两大核心业务。

四、改革攻坚,激发企业活力

理顺管理体制。针对子公司多的情况,集团建立“总部+重要子公司”的母子公司管理架构,压缩管理层级,将三级以下公司全部调整由重要子公司管理;制定党委会、董事会、总裁办公会议事规则,出台重大事项决策清单,明确党委会、董事会和经营层的决策边界。集团是率先实行"外大于内"董事会结构的两家省属试点企业之一。

强化鼓励激励。对照省属企业分类考核实施方案,对二级公司进行分类绩效考核以及重点任务奖励,允许和鼓励业绩做得好的公司实现多劳多得。修订完善集团"三重一大"决策制度,加大对二级企业授权力度,简化审批流程。在弘业期货试行职业经理人制度,开展天泓集团等子公司领导人员上岗竞聘,积极推动有条件的企业员工持股和在上市公司实施股权期权激励。

推进混合所有制改革。天泓集团被列入全省首批混合试点企业名单,苏豪"一带一路"资本管理公司已改制成为非公有成分持股65%的混合所有制企业,外贸企业尤其是三级以下企业绝大部分已改制为混合所有制企业。正在推动外贸企业二次混改,解决收益分配固化问题。目前,集团合并报表企业中混改企业及混改企业投资企业占到85%。

推进内部资源整合重组。纺织进出口公司债务重组基本完成,企业实现涅槃重生;纺织集团与建设集团完成合并重组,集团资产运营平台完成框架搭建;启动外贸板块业务优化整合工作;推动投资集团与江苏金控的合并重组;调整优化集团总部组织架构。

五、规范治理,提升管理效能

优化产业布局。针对重组之初业务门类众多、产业结构不够合理、同业竞争比较突出等状况,集团立足现有资源禀赋和长远发展考虑,不断完善企业治理体系。2011年,完成地产板块重组,组建苏豪建设集团,苏豪控股内其他企业不再参与房地产投资与开发。2012年,完成投资板块重组,组建苏豪投资集团,专司金融投资业务;完成天泓汽车重组,提升其管理层级,将其作为二级子公司管理。2015年,整合子公司在香港的境外公司,组建江苏金融控股有限公司;完成爱涛文化集团重组更名,使其专注发展文化业务。2016年,新设立苏豪健康产业公司,推动地产板块全面向健康产业转型。2017年,将三级企业弘业股份通过股权划转提升至集团二级企业进行管理。2018年,组建资产运营公司。2019年,调整优化爱涛文化集团公司股权及管理层级。目前,集团总部通过产权关系对二级子公司行使管理职能,三级以下子公司由二级企业管理,有效提升了管控效率。

强化风险防控。集团设立风险管理部、法律部等综合管理部门,制定《贸易业务风险管理实施办法》《双重法律审核重大事项清单》等,建立覆盖全集团的风险预警机制、风险事项报送制度，定期更新“大宗贸易失信客户清单”，开展重大经营风险管控督查，积极处置历史遗留问题。集团自2015年以来风险数量及余额逐月下降。

积极瘦身健体。从2010年重组至2018年末，集团企业总数减少了50多家，紧盯“十三五”末企业总数下降到100家左右的目标，要求二级子公司新设一家子公司，原则上须先减少一家，重点是清理低效无效企业和僵尸企业。2014年至2018年，集团存货年均降幅近20％；资产负债率从2013年的65.1％降至50.5％，为省国资委监管的贸易主业的企业集团中最低。2014年以来，集团在银行间市场评级保持AA级，2018年被评为AA＋，市场影响力明显提高。

面向未来，苏豪控股将聚焦高质量发展目标，加快市场化、国际化、证券化步伐，进一步打造具有行业一流水平的优势业务和优势企业，努力成为具有区域影响力的国有资本投资公司和具有参与全球竞争能力的国际化企业，为推动我省经济社会高质量发展做出更大贡献。

江苏农垦：初心不改，深耕现代农业

编者按：

江苏省农垦集团有限公司（以下简称“江苏农垦”）是在特定历史条件下，为承担国家使命而创立的，在国家安全战略中具有特殊地位和重要作用。成立67年来，江苏农垦始终发扬“艰苦奋斗、勇于奉献、开拓创新”的江苏农垦精神，始终铭记“中国人的饭碗任何时候都要牢牢端在自己的手中”，始终坚守“农垦姓农、农为根本、垦为基因”，紧紧围绕现代农业这一核心产业，创造了一个又一个不平凡的业绩。

江苏农垦诞生于1952年2月，前身是根据毛主席签署的命令，由中国人民解放军原步兵第102师转成农业建设第四师，在江苏沿海、沿江、沿湖荒滩创建的一批国有农场。67年来，从万名官兵屯垦戍边到十万知青建设垦区，从发展农业生产经营到保障粮食和重要农产品供给，一代又一代江苏农垦人始终听党话、跟党走，艰苦奋斗、勇于奉献、开拓创新，不仅出色履行了农垦的国家使命，完成了省委省政府交给的战略任务，体现了国有企业的责任担当，而且从无到有、从弱到强，逐步发展成为全省最大、国内知名的大型国有农业企业集团，成为关键时刻靠得住、调得出、用得上的战略力量。

一、坚持守正创新，推动现代农业跨越发展

江苏农垦从诞生之日起就姓农，无论在什么历史阶段，无论什么条件下，始终围绕农业这一核心产业和土地这一核心资源想办法、找出路，坚持以改革促发展，在发展中求创新，推动现代农业发展实现了一次又一次突破，迈上了一个又一个新台阶。

创新经营机制，增强核心竞争力。在全国农垦系统中，江苏农垦不是资源富集地，规模上也不具有明显优势，但农业经营体制机制改革与创新一直走在全国农垦系统的前列。从“定、包、奖”改革、大农场套小农场的双层经营制度改革，到

租赁经营制度改革、模拟股份制度改革,再到一体化经营全产业链发展,江苏农垦农业经营机制先后经历了5次改革,将原本由职工承包的土地逐步归入集体运营,解放出更多的劳动力,匹配适度规模经营需要。2011年底,江苏农垦全面推进农业资源整合,将集团18个农场的100万亩耕地、有关人员和涉及种植业的资产从各农场中剥离出来,与大华种业、苏垦米业、苏垦物流等三个农业产业化龙头企业合并,组建江苏省农垦农业发展股份有限公司(以下简称"苏垦农发公司"),整合构建了"龙头企业+基地分公司"的一体化经营体系,苏垦农发公司成为全省规模最大、现代化水平最高的农业类公司和商品粮生产基地。2017年5月15日,苏垦农发公司成功上市,成为全国首家农业全产业链一体化经营的上市公司,其规模化经营的高标准农田面积达100余万亩,集体经营和联合承包耕地面积占麦稻作物面积90%以上,粮食总产从整合前90万吨到2018年突破120万吨,粮食作物单产高出全省平均水平23个百分点。

深化农垦改革,增强市场竞争力。党的十八大以来,党中央、国务院高度重视"三农"工作,把保障国家粮食安全和农产品质量安全提升到政治经济工作的重要位置,提升到全局和战略的高度,对农垦事业发展的支持力度也进一步加大。习近平总书记三年两次考察黑龙江省,对农垦改革发展做出系列指示,提出明确要求,寄予殷切希望。2015年,农垦改革首次被写入中央一号文件,此后每年的中央一号文件都涉及农垦改革发展。2015年和2016年,党中央、国务院和省委先后出台农垦改革发展文件后,江苏农垦紧扣"现代农业示范区、粮食安全国家队、农业对外合作排头兵"的光荣使命,增强改革发展的紧迫感、责任感,推动现代农业企业集团建设。江苏农垦贯彻中央和省委改革要求,探索出一条具有江苏农垦特色的改革之路,2016年到2018年攻坚克难推进农场公司化改制、农场办社会职能改革和土地使用权确权登记等重点改革任务。一是全面完成农场公司化改革,农场公司按照公司制企业运作,并为农场社区管委会争取事业单位社会信用代码证。二是按照"内部分开、管办分离、授权委托、购买服务"方针推进农场办社会职能改革,18家农场公司的属地党委政府分别出台支持农场公司改革发展实施方案,明确"授权委托、购买服务"的改革方式,并基本改革到位。三是在全国农垦率先完成土地分类分宗确权登记,2018年筛查已复垦为耕地的后备资源1.1万亩。四是扎实推进农电体制改革,"三供一业"分离移交正在按照协议推进。农场公司改革的深入推进,进一步确立企业市场主体地位,为培育现代农业发展新动能注入新的活力和动力。

构建新产业体系，增强综合竞争力。1996年，江苏农垦改制为集团公司，此后，按照现代企业制度的要求推进集团化运作和市场化改革。一是积极探索推进混合所有制发展，通过国有控股、社会资本入股、个人参股，推进一、二、三产融合发展。集团一批企业经过严酷的市场洗礼，逐步发展壮大，特别是以正大天晴集团为引领的药业板块和以通宇公司为领军的房地产板块已发展成为集团强有力的支撑产业。目前，江苏农垦已构建起以现代农业为核心，以医药健康、房地产、服务主业投资为支撑的"1＋N"新型产业体系，这种互补性、协同性强，甚至具有风险对冲意义的产业组合，推动江苏农垦集团经济连续多年保持了20%以上的复合增长率，在不到10年的时间里利润总额接连实现5个10亿元级攀升，2018年突破50亿元。二是坚持推进集团化运作，探索以资本为纽带的母子公司管理体系，集团公司自上而下建立内部控制体系，通过委派财务总监、资金集中管理等方法加强对子公司的管理和控制力度。三是随着农垦改革深入推进和农场公司化改制完成，在江苏农垦的规划中，农场公司化被放到提升垦区集团化水平视角下进行系统谋划、整体推进。目前，江苏农垦旗下除上市公司苏垦农发公司外，还拥有国家育繁推一体化种子企业一家，农业产业化国家重点龙头企业两家等"生力军"。

二、调优调绿调新，拓展现代农业发展空间

新形势下，江苏农垦坚持以农业供给侧结构性改革为主线，调优调绿调新农业生产方式，提升农业发展水平和层次，打造行业标杆形象和绿色产品品牌。

抓好全程质控，打造质量安全优势。实施质量兴农战略，推动农业高质量发展，是以习近平同志为核心的党中央科学把握新时代我国社会主要矛盾变化和农业发展阶段做出的重大战略决策。事实上，江苏农垦一直践行质量兴农。2008年，苏垦米业率先在全国大米行业启动农产品质量追溯系统建设，2018年苏垦农发公司"农产品质量安全管控体系"上线，将苏垦农发公司19家分公司、3家子公司关于条田信息、种植环境、管理过程、投入品、生产加工、运输、仓储7大方面的质量安全关键控制点，全部纳入农产品质量安全控制平台统一监管，在全国农垦系统内首次真正实现整建制大宗农产品生产的"全员参与、全产品覆盖、全过程管控"质量安全监管，严把"产地环境关、物资采购关、投入品使用关、种子质量关、仓储加工关"五关。目前，集团质量可追溯农产品覆盖大米、草莓、西瓜、肉鸡、鸡蛋和水产品，名牌农产品总数占全省10%左右，绿色食品原料基地创建面积达76

万余亩,有机食品基地 1 500 亩,稻米农产品质量追溯面积达 73 万亩,规模稳居全国农垦前列。强大的质量管控能力和绿色标准化生产为“苏垦”农产品打开了市场和销路,与亨氏、百威英博、五粮液、苏酒等合作打造高品质标准化原料生产基地,苏垦大米成为南京亚青会、青奥会运动员食用大米唯一供应商、南京市主城区中小学食堂用米主要供应商。

加快转型升级,激活内在发展活力。农业资源整合后,江苏农垦加快推进存续农场的产业转型发展。经过多年发展,渔业、奶牛等集体养殖规模效益稳步增长,林业向产业化、特色化方向发展,清洁能源、订单种植、休闲农业等新产业新业态孕育成长。2018 年,商品鱼虾总产 3 万吨、利润 1 700 万元,鲜奶总产 1.05 万吨、利润 580 万元,林业利润 502 万元,肉鸡养殖利润 436 万元。云台、三河农场公司农业旅游渐成气候,订单农业、多肉种植、豆丹养殖等正在积极培育。新能源产业加速布局,在垦区探索发展农(渔、林、风)光互补等复合型清洁能源产业。未来,江苏农垦将结合农场公司产业发展规划,统筹规划水产、奶牛、苗木等产业资源整合利用,同时继续探索发展高效农业、休闲旅游农业、互联网农业等新业态新模式,加快打造新的经济增长点。

坚持科技引领,培育创新发展动能。长期以来,江苏农垦重视农业新技术推广运用,到 21 世纪初,全垦区基本实现水利河网化、农田林网化、耕作机械化、科技普及化、生产专业化、服务社会化、管理企业化,初步呈现农业现代化的雏形。进入 21 世纪,江苏农垦进一步加快加大创新投入。一是强化农业科技攻关,在良种化、机械化、信息化等科技创新和农业技术推广方面走在前列。集团稻麦生产实现全程机械化,农业科技进步贡献率逾 70%,“农技人员+农机化”成为主要生产方式,连续多年以全省 1.6%的耕地生产了全省 3%以上的粮食和 40%的稻麦良种。二是聚焦成果转化,整合集团农业研发、推广、应用等科技资源,联合省内外知名高校院所,建成江苏省农垦农业科学研究院(以下简称“农垦农科院”),建成 2 个院士工作站,承担和实施大批国家和省级育种项目,每年新增国家和省级审定自育品种 5 个以上、区域试验或生产试验新品系 20 个以上,自主研发品种分别创下了江苏稻麦单产纪录。三是健全培育、引进、激励机制,培养造就一支推动农业高质量发展的“生力军”。苏垦农科院通过产学研融合培养了 10 支创新团队,中德示范园落户以来已成功举办五届“田间日”活动,还建有苏垦农发智慧农业科技园、东风井关农业全程机械化示范园、农产品精深加工联合研究中心等一批现代农业合作平台。

三、助力乡村振兴，增强现代农业示范引领

农垦兼具国有企业和农业农村的双重属性，具有分布地域性、产业基础性和社会事业公益性的显著特点，在切实履行国有企业经济责任的同时，始终担负着政治责任和社会责任。党的十九大后，乡村振兴成为新时代“三农”工作总抓手，2018 年中央一号文件对乡村振兴战略做出具体部署。省委省政府主要领导指示批示要求江苏农垦在改善农民住房条件、乡村振兴战略实施等领域发挥更大作用。江苏农垦认真落实中央决策部署和省委省政府主要领导指示批示精神，先后提出以“四个规划”引领垦区乡村振兴战略实施，以农场振兴带动周边农村振兴，以产业帮扶带动苏北居民增收致富。

统筹发展空间，加快建设美丽垦区。2018 年，江苏农垦第一次党代会提出实施乡村振兴战略垦区行动计划，建设经济强、产业优、职工富、生态美、农场兴的新垦区。一年多来，江苏农垦紧密结合各农场实际，综合考虑地理区位、产业发展、城镇建设水平等因素，注重垦地一体、融合发展，编制完成农场公司产业发展规划。对于城郊型农场公司，将主动承接城市发展辐射，提升发展水平。对于处于区域重点位置或毗邻地方园区的农场公司，力争发展成为农民市民化的“过渡带”、园区职工安居首选地。对于发展水平好于周边乡镇的农场公司，以带动周边农村振兴为努力方向。其他农场公司力争与地方同步规划、同步实施、同等享受政策，建成生态宜居、文明和谐、职工富裕的安居乐业美好家园。

坚持民生改善，满足美好生活需求。增进民生福祉、努力实现共享发展是江苏农垦推进改革发展的出发点和落脚点，确立了到建垦 70 周年时实现“在提升职工群众获得感、幸福感和安全感上走在前列”的目标。多年来，江苏农垦在改善民生上坚持抓几个重点工程。一是持续加大社会事业投入力度，每年投入资金近 3 亿元，实施“一事一议”、农村公路道路桥梁及供水改造等民生工程。从今年开始加大环境治理、小城镇提升投入力度，集中财力、物力、人力，推动垦区环境治理发生转折性、全局性变化。二是推进社区管理服务创新，完善社会公共服务保障体系和精准帮扶机制，广泛开展丰富多彩的文体活动，让场域居民安居乐业、精神生活丰富充盈。三是推进脱贫攻坚。设立精准帮扶资金，开展送温暖、慈善募捐、技能培训、挂钩帮扶等活动助力精准帮扶，2019 年年底将实现垦区建档立卡贫困人口全部脱贫退出。

投身产业扶贫，更好发挥示范引领作用。助力苏北地区精准脱贫攻坚，这是

省委领导对江苏农垦的嘱托和厚望,也是江苏农垦应当积极履行的社会责任。近年来,江苏农垦主要领导和分管领导多次带队赴苏北省定重点帮扶县(区)开展产业帮扶调研,反复酝酿形成“精准化帮扶、产业化路径、市场化操作”的思路。目前,江苏农垦与淮安市政府签订战略合作协议,已完成苏北 12 个村水稻生产示范基地和全农服务点建设,建成 2 个烘干中心,实施“一宅一花”、瓜菜订单种植、豆丹养殖推广 3 个特色产业扶贫项目,为 4 937 户贫困残疾人家庭安装分布式光伏电站。未来,江苏农垦将全面推进产业帮扶,积极探索垦地品牌农业示范、土地流转、特色种养等合作方式,立志在苏北扶贫攻坚中切实发挥好江苏农垦作用。

四、坚守初心使命,打造现代农业航母“江苏号”

打造中国现代农业航母“江苏号”,是贯彻落实习近平总书记重要指示精神和省委省政府推动高质量发展走在前列的要求,按照全国农垦的总体战略部署和江苏省属企业建设“一流企业”目标提出的宏伟愿景,也成为江苏农垦推动现代农业高质量发展的主攻方向。江苏农垦将按照“一加二合三精四规五制”的“12345”技术路径推动这一目标从愿景变成现实。

“一加”,就是以土地资源为核心的“资源＋”,盘活存量资源,优化资源配置,深化土地节约集约高效利用,持续提升土地资产收益,拓展产业高质量发展新空间。“二合”,就是以资源整合、产业融合为载体的“整合融合”战略,即依托优势整合资源,依托资源融合优势,通过“横向整合融合”强化规模效应,“纵向整合融合”实现优势互补,“专业化整合融合”优化资源配置。“三精”,就是以产业精深、技术精准、产品精品为导向,推动现代农业绿色发展、特色发展、高端发展,让“苏垦”品牌深入人心,更好地发挥引领示范作用。“四规”,就是产业发展、城镇建设、生态环保、土地利用四规合一,融入地方经济社会发展总体规划和专项规划,使垦区生产、生活和生态空间布局得到改善和优化。“五制”,就是不断完善决策、执行、监督、激励、约束五大机制,形成治理结构更加完善健全、企业运行更加规范高效、风险管控更加全面有效的运行机制,建立严管厚爱的激励约束机制和健全科学的考核评价体系。

新时代呼唤新作为,江苏农垦将不忘初心、牢记使命,紧抓机遇、乘势而上,将改革进行到底,将创新推向前进,努力塑造百年苏垦品牌,在苏垦大地上打造出中国现代农业航母“江苏号”,高质量建设具有国际竞争力的一流现代农业企业集团!

省沿海开发集团：沿海风帆正高扬

——省沿海开发集团发展回眸

应时而生，启征程

黄海之滨勾勒出千里金色的海岸线，馈赠江苏人民丰厚的财富——广袤的滩涂湿地。一千多年来，勤劳的沿海人民在这里留下了垦荒的足迹和不朽的传奇。新中国成立特别是改革开放以来，江苏沿海开发蓬勃兴旺，开发机构应时代变迁几经更替。2009 年，江苏沿海开发上升为国家战略，2010 年，江苏省沿海开发集团有限公司（简称“省沿海开发集团”）应运而生。

数十载艰苦创业，矢志不渝；数十载耕耘跋涉，春华秋实。作为省级沿海开发主力军、重要投融资平台，集团紧紧围绕沿海开发国家战略，以推动江苏沿海区域经济发展为根本宗旨，解放思想、锐意进取，科学有序推进土地综合开发利用，发展现代农业，拓展沿海产业投资，为加快我省沿海开发开放做出了积极贡献。截至 2018 年底，集团经营管理 50 余万亩土地，资产总额 132.6 亿元，净资产 97.6 亿元，下属全资、控股、主要参股企业 29 家。

聚力主业，谋大局

在党的十八大、十九大精神指引下，以习近平新时代中国特色社会主义思想为统领，集团践行“创新、协调、绿色、开放、共享”发展理念，构筑土地资源保护与开发、现代农业和海洋经济投资三项主业平台，不断改革创新，加强党的建设，审时度势，谋篇布局。

远望大海，沿海人负重前行，与大海相伴，坚持生态优先、“保护与开发并重”，有序推进土地资源保护与开发，集团主导开发并完成沿海开发战略重点工程——条子泥围垦一期工程，匡围土地 10.12 万亩，为全省稳增长、调结构、促转型提供了新空间；强化生态治理，推进土壤改良，构建技术创新平台；大力实施土地整治，为全省经济发展提供了土地后备资源,实现补充耕地1万亩,取得指标交易收入近18亿元,释放了存量土地资源价值;策应我省"1+3"功能区布局,介入湖泊生态环境治理领域,论证推进退田还湖项目,拓展埒子口等综合开发利用项目,获取土地增量资源。

回望大地,沿海人勤勉务实,耕耘沃野锦绣,收获硕果满仓。集团以沿海农发公司为龙头,探索定向生产作业承包等"六统一"的经营体制,建设农业产业化基地,截至2018年底,自营种养3万余亩,实施优质农业项目并购,积极构建生产体系、产品体系、品牌体系、营销体系,发展高效农业、生态农业。集团所属农业企业立足区位生态资源优势,转变发展模式,加快转型升级,因地制宜打造特色现代农业产业基地。

勇立潮头,沿海人锐意进取,挖掘投资潜力,实现价值飞跃。集团以沿海投资公司为主体,推进以清洁能源为先导产业的优势产业投资,参与沿海天然气管网等能源基础设施建设,投资沪苏大丰产业联动集聚区建设;培育拓展海洋新兴产业,新设立海洋产业基金,推进沿海投资布局转向海洋战略性新兴产业;发起设立了沿海系列产业基金,认缴规模达256亿元,大力支持沿海区域产业投资,截至2018年底,累计完成投资项目22个,投资总额达22.89亿元,涉及高端制造、新材料、生物医药、农村电商、新能源等领域,成为推动沿海地区加快发展的重要引擎。加快资产证券化,集团参股的多家企业登陆主板市场,有力推动了国有资本的放大功能与保值增值。

强基固本,沿海人臻于至善,外化于行,内化于心。集团完善法人治理结构,健全"三重一大"决策机制,加强制度体系建设,强化提升内控体系,实施"三项制度"改革,推进依法治企,加快信息化建设,提升了企业治理水平。集团深入推进全面从严治党,不断强化党委作用,加强基层党组织、干部人才队伍、党风廉政建设,开展党建主题实践活动,深化党建品牌创建和企业文化建设,模范履行社会责任,为改革发展提供坚实保证。

服务战略,筑未来

沿海而兴,成惠民大业,行稳致远,筑时代华章。国家战略叠加、沿海经济发展、产业转型升级、国资国企改革,为集团发展提供了新的机遇。集团将全面实施转型升级、创新驱动、品牌战略、绿色高效、人才强企、党建夯基六大工程。推进多渠道、跨区域、可持续的土地综合利用开发投资,构建集团盐碱地土壤改良的"技术成本优势、开发模式优势、投资融资优势"核心竞争力；设立并主导运营管理江苏海洋产业投资基金，选择重点领域优质项目实施投资，培育发展海洋战略性新兴产业；坚持"生态精耕、绿色沿海"，构建现代农业生产经营体系，建立引领生产端发展的农产品营销体系，打造"一心两园多基地"；坚持和加强党的全面领导，深化体制机制改革，强化内部基础管理，引领集团改革发展，构筑蓝色未来。

展望未来，沿海人豪情满怀，将以更高的站位、更宽的视野、更大的力度，实现战略规划高质量、资产布局高质量、发展模式高质量、投资结构高质量、经营管理高质量、人才队伍高质量，为建成国内领先的自然资源保护与开发平台，集现代农业与海洋产业于一体的投资运营集团而阔步前行！

苏盐集团:以“三品”战略锻造“淮盐”品牌

淮盐历史悠久,文化传承源远流长,历经西汉“煮海为盐”、北宋“淋卤煎盐”、明清“晒海成盐”的沧桑变迁。自古淮盐甲天下。在璀璨的华夏文明史上,淮盐文化是中华民族文化重要一脉分支。近年来,江苏省盐业集团有限责任公司(以下简称“苏盐集团”)按照高质量发展要求,大力实施增品种、提品质、创品牌“三品”战略,传承淮盐悠久历史文化,致力打造中国健康食盐第一品牌、中国民族品牌,续写了千年“淮盐”精彩华章。

创新产品品种

苏盐集团始终坚持“天然、健康、品质”的产品核心定位,加大产品研发,丰富产品链,扩大盐产品中高端供给,不断满足消费者日益增长的消费需求。

与清华大学、南京大学、南京医科大学等大院大所加强战略合作,依托集团拥有的博士后科研工作站、江苏省制盐工业研究所等科技创新平台,大力研发具有高科技含量、专利技术的绿色健康淮盐新品,形成了天然健康食盐、天然盐生活品、天然盐植系列、天然盐保健系列、天然盐医疗康复系列、天然千年盐灯六大产品系列。在全国首创的“天然三零食盐”“海藻碘食用盐”,成为市场明星产品。“唐宋元明清高端系列礼盒”淮盐新品,荣获“2019 第 100 届全国春季糖酒会明星产品”称号。

提速以品质健康产品为核心的健康产业发展,与南京医科大学组建“协同创新中心”和“江苏苏盐医疗科技公司”,共同研发人体碘离子快速检测技术、针对心血管疾病人群的调味盐、新型运动盐丸、中药盐洗剂、牙本质过敏治疗系统和钛种植体盐储液配方等具有高科技含量和广阔市场前景的盐及盐健康产品。研发的“苏盐生活家冠军动能盐丸”,成为上海国际马拉松和南京马拉松官方唯一指定的盐丸,天然盐植个护系列产品荣获中国最具含金量的化妆品行业大奖——“中国美伊风尚榜”奖。

铸就卓越品质

产品质量是企业的永恒生命，是产品竞争力的基石，关乎着企业的未来发展大计。苏盐集团视“淮盐”产品质量为生命，坚持“产品质量不是100分就是0分”的工作方针，加强“两化融合”，坚持高科技与品质保证，推动科技与产业深度融合，打造智能制造示范企业，着力提升产品品质。

通过优化、新建和集成PDM(产品数据管理)系统、MES(制造执行系统)、ERP(企业资源计划)系统、PLM(产品生命周期管理)系统、WMS(仓库管理系统)及工业大数据智慧决策系统六大系统，加快推进智能工厂建设，全面提升生产车间智能化、柔性化程度和产品质量全过程自动化控制水平。苏盐集团装备了国内行业领先的机器人自动装箱系统、全自动盒装生产线、全自动罐装生产线，在全国盐行业率先建立了二维码食盐质量安全电子溯源系统，食用盐生产项目被列为江苏省级智能工厂建设项目。

集团创成国家级企业技术中心、国家级博士后科研工作站、国家级食品安全示范企业、国家级绿色工厂示范企业、国家级电子商务示范企业五个国家级创新发展平台，建成国家高新技术企业三家，主板及新三板上市公司三家。集团被中国管理科学研究院授予“中国管理创新先进单位”，荣获省委省政府表彰的“江苏省制造突出贡献奖”等荣誉，被列为国务院国资委国有企业改革“双百行动”和全国两化融合管理体系贯标试点企业，被授予“2018年度中国轻工业百强企业”“中国轻工业食品行业五十强企业”，位列“中国轻工业食品行业五十强企业”第22位。

打造民族品牌

千年淮盐，国之瑰宝。“淮盐”在中国悠久的历史长河中留下了深深的烙印。近年来，苏盐集团传承“淮盐”千年历史文化底蕴与现代品牌传播、国际化运营有机融合，“淮盐”成为行业领军品牌。集团成功举办了落实国家“三品”战略，打造中国民族品牌——中国淮盐品牌及新品发布会；成功并购重组了四川自贡新三板上市公司——百味斋食品股份有限公司，“淮盐”联姻“自贡味”，共同打造“千年淮盐”和“千年盐都”品牌文化；积极融入大运河文化带建设，组织拍摄的《盐河旅行记》微电影，阐述了千年“淮盐”与京杭大运河相生相伴的精彩故事，荣获“中国·扬州首届运河主题国际微电影展组委会特别奖”。投资拍摄《大清盐商》电视剧，与中央电视台联合制作《千年淮盐　国之瑰宝》纪录片,冠名“淮盐”号高铁专列,组织参加国际国内各类品牌展会……一系列品牌传播组合拳,使千年“淮盐”广为赞誉。

“淮盐”品牌荣获中国消费者最喜爱民族品牌、中国调味品产业老字号著名品牌、中国安全食品十大消费者满意品牌、第十九届中国(北京)国际食品及进口食品博览会金奖、中国(国际)调味品及食品配料博览会金奖、第十九届中国绿色食品博览会金奖、第58届2019年世界品质评鉴大会两项金奖等数十个重要奖项。在第16届世界品牌大会上,“淮盐”以261.68亿元人民币品牌价值位列第220位,是全国盐行业唯一入围品牌。“淮盐”通过美国FDA(食品和药物管理局)认证,成为内地首个在香港销售的食盐品牌,荣登美国纽约时代广场和北京中关村大屏。

推进国际运营

苏盐集团紧抓国家“一带一路”倡议和盐业体制改革战略机遇,加强品牌国际化高端化运营,苏盐品牌国际知名度和影响力不断提升。

贯彻落实中央“长三角一体化协同发展”战略部署,携手上海东浩兰生国际(集团)有限公司,实现进博会“6天+365天”一站式进口交易服务平台落户南京,充分放大中国国际进口博览会的带动效应和溢出效应。集团在香港成立了中国国际盐业集团公司,积极开展海外高端食盐并购,应邀参加世界盐业大会和亚洲盐业大会,展现“苏盐”品牌和“淮盐”品牌国际影响力。

“淮盐”“大清淮盐”“苏盐生活家”商标在香港特别行政区政府知识产权署注册,“GR'FASH”商标在英国知识产权局成功注册。集团与美国、英国、德国、西班牙、瑞典、澳大利亚等国的企业加强战略合作,不断扩大国际贸易规模。“淮盐”产品已远销日本、韩国、蒙古国、越南、印度尼西亚、马来西亚、柬埔寨、斯里兰卡等10多个国家;氯化钙产品已远销美国、日本、意大利、韩国、马来西亚、泰国等多个国家。集团率先将制盐工程技术输出印度尼西亚、泰国。

时代催人奋进,使命激荡人心。苏盐集团将深入贯彻落实供给侧结构性改革、国企改革、盐业体制精神,大力实施“三品”战略,传承“淮盐”文化,弘扬工匠精神,加强科技创新,全力打造中国健康食盐第一品牌和中国民族品牌,致力将天然健康“淮盐”新品奉献给社会,更好地满足人民群众对美好生活的需要。

江苏省盐业集团有限责任公司党委书记、董事长　童玉祥

苏粮集团:聚焦粮油主业,努力奋斗前行

江苏省粮食集团有限责任公司(以下简称“苏粮集团”)是全省最大的国有粮食流通企业,在全国同行业位居第一方阵。2001 年 6 月,经省政府批准组建,注册资本为 6.34 亿元,作为国有独资企业,由省国资委履行出资人职责,是粮食安全省长责任制的重要支撑和抓手。截至 2018 年末,苏粮集团资产总额 56 亿元,净资产 22 亿元;2018 年实现营业收入 75 亿元,利润 1.3 亿元。全资和控股企业 49 家,粮油总仓(罐)容 142 万吨,粮油年加工能力 200 万吨,年粮油经营量 435 万吨。

苏粮集团连续多年蝉联“中国粮油最受尊敬企业”“中国十佳粮油集团”“中国粮油企业 100 强”“中国服务企业 500 强”,全国首批“中国好粮油”示范企业,2018 年被评为“中国粮油领军企业”。苏粮集团着力打造“禾为先”产品品牌,拥有中国驰名商标“苏三零”,省著名商标“苏畅”“苏星四季”等优质品牌。排名全国同行业前列的张家港物流产业园是粮油物流集聚中心、“中国十佳粮油产业园”和“江苏省重点物流企业”。集团所属苏三零面粉公司列“中国十佳粮油成长型企业”第 1 位、“中国小麦加工企业 50 强”。

随着张家港物流产业园二期油厂的扩建和苏三零海安公司的投产运营,苏粮集团年物流吞吐量将超过 1 000 万吨,年小麦加工量将达到 30 万吨以上,中转吞吐能力和小麦加工能力将进一步增强,集团公司经营规模和经济效益将进一步提升。

一、苏粮集团发展历程

苏粮集团成立之年恰逢“十五”规划的开局之年,这五年苏粮集团主要是理顺关系、摸清家底、转变思路、开展经营的五年;“十一五”期间,苏粮集团以“突出主业,壮大产业,培育品牌,差别发展”为发展战略,夯实粮油主业经营,营业收入从成立之初的 10 亿元增长到 30 亿元、利润从成立之初的年均 3 000 万元增加到年均 7 000 万元;在此基础上,“十二五”打造以“粮油储备、粮油工业、粮油物流、粮

油贸易、粮油期货和综合创收业务”为主要内容的“5＋1”产业链，营业收入稳定在50亿元以上，利润稳定在年均8 000万元以上；以粮油贸易为基础，粮油加工、粮油物流稳定增长，苏粮集团稳健迈进“十三五”，营业收入稳定在60亿元以上，年均利润稳定在1亿元以上。2019年苏粮集团党委换届，在新一届党委班子的正确领导下，苏粮集团提出了2019年“营业收入80亿元、利润1.4亿元”的经营目标，在此基础上将苏粮集团按照“江海粮油板块”“面粉加工板块”“粮食储备贸易板块”“资本运营及其他板块”四大业务板块实现集成推进。

二、坚定履行政府职责

苏粮集团现承担省级储备粮规模34万吨，占全省的34％；省级储备油规模1.5万吨，占全省的50％；截至2018年末代保管国家储备粮24万吨（含托市收购和临时储备）。苏粮集团拥有储备粮库14个，总仓容80万吨，储备油库1个，总罐容8.3万吨。上述库点全部取得省级储备粮油及中央储备粮承储资格。苏粮集团储备粮规模34万吨，省级储备油为1.5万吨，共35.5万吨。截至2018年末，各种在库储备粮43万吨，其中，省级储备粮19万吨、托市粮和临时储备粮24万吨，全部处于安全状态。

为保证储备粮油数量真实、质量完好，苏粮集团采取“苏粮集团负总责、二级企业经营、储备库保管”的管理模式，实际管理效果较好，在历次储备粮油大检查，特别是在全国粮食清仓查库大检查中，得到了表扬。

三、坚定不移服务“三农”

苏粮集团努力在省政府实施粮油宏观调控、保证全省粮油安全、推进粮食产业化经营中，积极参与市场化粮食收购，在服务“三农”中发挥了主力军和重要载体作用。始终把保障粮食安全、维护市场稳定、增加农民收入、丰富百姓生活作为立身之本和神圣使命，突出粮油主业，瞄准国际市场和国内同行，重新审视发展定位，重新调优发展规划，重新完善发展举措，深化粮食供给侧结构性改革，不断提高粮油供给质量，全面参与市场竞争，努力做强做优做大企业，全力服务全省粮油保供稳价大局。

针对我省粮食供求“一多一少”现象（即粮食数量多、油脂数量少），为解决全省油脂短缺问题，在张家港物流产业园（含仪征）建成36万吨油罐，年油脂吞吐量位列全国单体港口第一。食用油脂中转量超过全国年进口量的10％，能够满足江苏人民全年食用油总需求量的70%。张家港物流产业园被国家发改委、国家粮食局誉为长江粮食流通走廊的“龙头”。

未来，苏粮集团将矢志不渝地以习近平新时代中国特色社会主义思想为指引，以高质量打造全国粮食行业一流企业为目标，突出保障全省粮食安全，坚持稳中求进总基调，聚焦主业主责不动摇，以增强核心竞争力为重点，整合集聚产业资源要素，做大主业、做精专业、做强存量、做优增量，深化改革创新，全力提质增效，高质量持续推进全国一流粮食企业建设，到2023年末，初步建成具备较强核心竞争力的区域性大粮商，切实发挥保障全省粮食安全主力军作用。

在新一届党委领导班子的正确领导下，苏粮集团将进一步聚焦主业，培育产业，奋进前行，以实际行动向新中国成立70周年献礼！

省惠隆公司改革开放 40 周年情况综述

江苏省惠隆资产管理有限公司(以下简称“省惠隆公司”)为省政府直属、省国资委监管的国有独资企业。公司的前身是江苏省物资局(江苏省物资集团总公司)。公司现有控股、参股企业 40 余家,职工近千人。

2017 年 12 月 8 日,公司总部和所属主要企业从南京市鼓楼区中山北路 283 号江苏物资大厦整体迁入玄武区玄武大道 108 号江苏惠隆大厦(聚慧园 4 号楼)办公,是首家公司总部入驻南京徐庄高新技术产业开发区的省属企业。

省惠隆公司的主营业务为省国资委核定的“贸易、资产管理和废弃资源综合利用”三大领域。经营范围是省政府授权范围内的国有资产经营、管理、转让、投资,企业托管、资产重组,房产租赁等,煤炭、钢铁、石油、天然气、汽车、化工产品、金属材料、民爆产品的销售,以及汽车二手车经营、报废汽车拆解、房地产开发等。

省惠隆公司所属的核心子企业江苏省燃料集团有限公司,在全国省级国有煤炭贸易类企业中位置领先,也是省内煤炭供应的国有骨干企业,多年来为全省能源供应发挥了重要作用。

省惠隆公司控股的江苏金长安科技有限公司是省级高新技术企业,在智能实验室建设方面具有良好发展前景。

省惠隆公司按照省委省政府“高质量发展”的要求和省国资委新一轮国资国企改革的部署,正在实施“十三五”“一体两翼”发展规划,拓展“三大业务板块、九个业务单元”,落实“争创一流企业三年行动计划”:能源贸易、报废汽车拆解业务在全省同行业中争创一流;资产管理业务取得实质性突破,努力争取成为省属专业化资产管理公司。力争经过五年左右的努力,到“十四五”初期,基本实现“一体优强”(传统主营煤、钢、油、气、汽车等贸易业务)、“两翼伸展”(资产管理业务和循环经济业务)的发展目标,努力建成“主业核心竞争力突出、经营管理特色鲜明、质量效益明显提升、整体稳定局面持续巩固”的省属企业集团。

一、物资根脉，改革前锋（1978—1996）

1996年5月28日，在中山北路283号江苏物资大厦门前，一场庄严隆重的仪式正在举行。时任江苏省委书记陈焕友同志亲自拉开红绸，“江苏省物资集团总公司”的新标牌取代了“江苏省物资局”的旧标牌，江苏省物资局成建制转为企业，全省物资系统全面深化改革，一个新的时代开始了！

江苏省物资局作为全省物资系统的主管机构，成立于1954年，承担全省物资计划、分配和保障供应等任务。1960年，更名为江苏省革命委员会物资局。1962年，全国物资系统建立起从中央到地方的垂直管理供应体系。1973年，办公地址迁入中山北路283号。1980年4月，江苏省革命委员会物资局改名为江苏省物资局。

在长达40多年的物资计划供应调配过程中，为服务全省经济社会发展和人民群众生活，物资人无私奉献，努力拼搏，形成了广为传颂的“四千四万精神”：“走遍千山万水，说尽千言万语，吃尽千辛万苦，经历千难万险”。几代人的身影，出没在南方的丛林里；几代人的脚步，奔波在北方的雪原上。在万家团圆的春节，干部职工还在拜访客户；周末假日，驻矿驻港员工，还在一线岗位值守。他们用汗水甚至泪水，换来电厂用煤足量供应，满足千家万户烧饭取暖需要。

老一代物资系统职工，在今天回忆当年峥嵘岁月时，最爱说的一句话是“物资人最听党的话”。说这句话的时候，他们豪情满怀，无怨无悔。

他们是这样说的，更是这样做的。在创造计划经济时代江苏物资系统辉煌业绩的时候，是这样做的；在向市场经济转轨的关键时刻，也是这样做的；在迎击充分竞争的市场波涛时，更是这样做的。几代人延续物资系统的优良传统，一往无前冲在改革开放的最前沿。在需要从行政机关成建制转为企业的时候，党和政府一声号令，物资人一马当先冲在最前面！继江苏省物资局转企改制后，市县物资系统也陆续转为企业。全省物资系统数万名干部职工，用实际行动，开启了一段波澜壮阔的历程。

江苏省物资系统的供应规模、经营效益和服务质量，曾经连续多年一直在全国物资系统名列前茅，创造了令人叹为观止的宏伟业绩。早在20世纪80年代，当改革开放的春风吹遍全国大地的时候，省属物资系统已经迈开了敢闯敢试敢为人先的奋进步伐，其中在生产资料市场建设领域，成为全国物资系统改革开放的样板。

1985年,苏州物资贸易中心成立,短短几年间,发展成为当时一流的物资贸易市场,以规模大、功能全、交易层次高等闻名全国。1987年,贸易总额达到17.26亿元,占全省物资贸易业务总量的40.93%。这为在全国建立"有调控的生产资料市场"积累了经验,时任党和国家领导人多次前来视察,赞誉其为"物资流通体制改革的先声"。此后,钢材、煤炭、木材、汽车、水泥等专业交易市场相继在全省各地涌现,常州市武进区、南京、徐州等形成具有强大辐射能力的区域性生产资料交易市场,为地方改革开放、经济社会建设发挥了突出作用。

1986年江苏省物资工作会议会场

整体转制之后,经营活力进一步释放,主业之外的多种经营也呈蓬勃发展之势。

据统计,转企改制的1996年当年,全省物资系统销售总额高达627.01亿元,仍居全国省级物资系统第一位;销售钢材538.5万吨,煤炭2 882万吨,木材48.17万立方米;主要物资品种在全省的平均市场占有率为10.28%。

在"一业为主,多种经营"思路指导下,全省物资系统经营范围开始向实业、商业、外贸、仓储运输、建筑装潢、房地产、拍卖、租赁、期货、旅游、宾馆、休闲娱乐等多个领域延伸,呈全面开花之势,1996年多种经营收入达到24.8亿元,盈利4 656

万元，一度成为传统主业之外的增长点。

1996 年底，全省所辖市、县(市)物资局机构改革基本结束，各省辖市先后建立物资集团总公司。县(市)一级机构改革更彻底，大多一步到位面向市场，经营实体绝大多数不再保留国有资本成分。

二、接受考验，维护稳定(1996—2000)

随着改革开放的逐步深化，物资行业业态转型迅速，钢材、煤炭、木材等主营品种供应完全市场化，物资流通进入充分竞争领域，省物资集团的改革进入十分艰难的时期。

江苏省物资集团总公司(以下简称“省物质集团”)成立的 90 年代中期，是物资供应从计划到市场转轨最关键的时期，适逢全国经济过热，市场外部环境失序，内部管理体制和运行机制没有来得及根本转变，所属绝大部分企业还是全民所有制企业，难以由计划经济体制直接过渡到市场经济环境。在主营业务市场占有率迅速下滑的严峻形势下，省物质集团仓促面向市场，盲目开展多种经营，所属企业很快开始出现对外大量投资、对生产厂家大量赊购、对下游用户大量赊销、对金融机构大量举债、重要资产大量抵押、企业之间连环担保等情况。随着经济热潮过去，生产资料市场价格大幅回落，企业状况迅速恶化，多数陷入困境。1997 年，“东南亚金融风暴”来袭，外贸业务出现风险事件，导致银行全面断贷，这等于切断了贸易类企业的“主血管”，成为压垮骆驼的最后一根稻草。集团所属 36 家企业中，绝大部分被迫陷入停止经营的状态。

省物资集团的改革，进入“壮士断腕”阶段。职工要安置、企业求生存，成为全系统十分紧迫、必须完成的首要任务。按照党的十五大提出的通过发展股份制、实现经营权与所有权分离等推进国有企业进一步深化改革的思路，全系统开始了以分流安置职工为首要目的的“切块式改革”。一是对债务沉重，无力偿还贷款，已经陷入困境的部分企业，实行关、停、并、转，进入留守状态，处理遗留问题。二是针对部分保留少量有效业务的企业，将有效业务切割分离出来，动员职工自愿入股，组建一批小型有限责任公司，作为新的生存平台。三是多渠道多形式安置职工。一部分进入搭建的新平台，通过壮大业务求生存；一部分“买断工龄”，终止劳动合同，通过自主创业求生存；一部分“下岗”、提前退休或自动离岗，进入社会求生存。

在不到三年的时间里，省物资集团所属企业职工总人数从超过 3 000 人，下降到不到1 000人。无论选择哪种出路，绝大部分职工得到了不同类型的安置，大大减轻了企业负担，也最大限度化解了可能集中爆发的矛盾，为稳步推进全省国企改革、维护稳定大局做出了贡献。在这个过程中，物资系统广大干部职工，无论是选择走还是选择留，绝大部分表现出了支持改革、投身改革、服务改革的高度政治觉悟、艰苦奋斗的坚韧能力和无私奉献的良好品德。

1996年5月，时任中共江苏省委书记陈焕友为江苏省物资总会、江苏省物资集团总公司揭牌

在今天回望改革开放40多年峥嵘岁月、总结改革开放40多年伟大成就的特殊时刻，我们要向这批先行者、奋斗者和奉献者表达诚挚的敬意和衷心的感谢！

三、坚守主业，负重前行(2001—2015)

2000年12月28日，省政府批准成立江苏省惠隆资产管理有限公司，其为国有独资企业，省政府是出资人，分批投入2 000万元作为资本金。省惠隆公司承担授权范围内国有资产的保值增值责任，并负责所属企事业单位的改制重组工作和国有资本金核实工作。同期成立的省级资产管理公司还有轻工、机械、贸易、纺织等七家企业。省惠隆公司由省物资集团党委领导。当时最紧迫的现实任务，就是进一步积极安置职工，稳妥处理债权债务等历史遗留问题，维护企业的整体稳定。

2001 年 4 月 17 日，江苏省惠隆资产管理有限公司完成注册手续，悄然开张，没有举行开业仪式，更没有鲜花锣鼓。大家肩上扛着沉甸甸的责任，心中怀着不辱省委省政府赋予的使命、不负广大干部职工重托的信念，投入紧张的工作之中。

按照省政府的决定，省燃料总公司等企业划入省惠隆公司，同期划入的还有省租赁公司等企业的国有资产和持有的股权。2002 年底，省惠隆公司注册资本金为 1 000 万元，总资产为 6.8 亿元，当年销售总额 15.31 亿元，实现利润 1 018 万元。比较而言，在所有由经济主管厅局转制而来的省属资产管理公司中，体量最小，历史负担却最沉重，承担的任务十分艰巨。

省物资集团和省惠隆公司的改革，进入攻坚期！

在省物资集团党委领导下，省惠隆公司领导班子，团结带领全体干部职工，开始反思前面 20 多年的改革进程，总结经验，吸取教训，探索下一步国有企业深化改革的路径。广大干部职工认为：企业既不能躺在过去曾经辉煌的业绩上不思进取、坐等消亡，也不能被市场经济的大风大浪吓到，畏惧改革、错失良机，而是应该按照省委省政府部署，奋起直追，赶上改革开放的时代节拍，弘扬“四千四万精神”，再创企业的崭新未来。

公司党委决定，省惠隆公司新的改革发展思路是：坚守主业，负重前行，拼搏奋进，再启新征程。省惠隆公司的基本任务，概括为两句话，就是“一手抓主业发展，一手抓整体稳定”。发展是硬道理，稳定是硬任务，两手都要硬，两方面都不能偏废。教育干部职工牢固树立“推动发展是业绩，维护稳定也是业绩”的理念。

坚持主业发展，是企业改革的重中之重。过去取得优异成绩，依靠的是发展主业；过去吃过的苦头，是因为经营偏离了主业，投资冲击了主业，因此也削弱了主业，导致企业运行质量和效益双滑坡。

通过总结正反两方面的经验，大家一致认为，作为物资根脉延续下来的省惠隆公司，业务资源、渠道资源、人力资源等基本要素主要还是集中在生产资料贸易领域，如果想在市场的大海里搏击风浪，战胜困难，成功到达彼岸，应该也只能扬长避短，有所为有所不为，才能创出一条适合自己发展的道路，煤炭、钢材、油品和废钢等主营品种，必须重归主位，先做精做细，再做优做强。多种经营业务再诱人，也不能再匆忙上马；主营业务之外的项目再火热，也不能盲目对外投资。必须收缩战线，主攻生产资料贸易主战场。

为此，采取的改革措施主要有：

一是“忍痛割爱”，轻装上阵。在国家政策对期货、金融租赁等提出强制性增资标准，而公司确实无力增资扩股的情况下，坚决支持省政府将上述业务重组进入实力更强的兄弟省属企业的决策，先后出让两家企业股权，集中现金××万元，用于解决主业发展的燃眉之急。同时，针对拍卖、房地产、宾馆娱乐、对外贸易、媒体经营等自身没有优势资源的业务，分别采取转让、停止经营和委托经营等措施，逐步分批稳步退出。最大限度削减弱势业务，规避风险，减轻负担。

二是聚焦主业，整合资源再出发。为了发展主营业务，公司决定整合业务资源、资金资源和人力资源，集中用于核心企业、核心业务发展。1978年，在改革开放启动之年成立的江苏省燃料总公司，30多年来坚持煤炭、钢材、油品等主业经营，已经成长为省惠隆公司的核心子企业、全省煤炭保供的骨干企业和全国国有煤炭经营的第一方阵企业，在上下游供应链建设、服务精品客户、打造增值业务、提升创效能力等方面形成了核心竞争力，已经承担起企业保生存的重任，必须集中资源推动企业深化改革，壮大实力。首先进行内部分配制度改革，划小业务单元，实行销售任务、考核指标和奖励指数相挂钩的经营考核办法，最大限度调动业务部门和干部职工的开拓市场、壮大规模、创造效益的积极性，多年实践证明这是符合企业实际、行之有效的办法。其次是延长、做实供应链。专业从事煤炭贸易业务的企业，上端是资源企业，下端是终端客户，虽然在供应链中位于上联下通的中间位置，但煤炭市场供需不平衡转化较快，价格波动较大，只有兼顾上中下游企业的利益，才能保证有效供给，提升主导市场的能力。多年来，通过投资、组建合资企业等方式，分别与处在供应链上游的陕西陕煤化集团、山西同煤集团、新疆广汇能源等资源企业，和处在供应链下游的扬子发电厂等重点客户结成紧密合作关系，确保资源紧张时拿得到、供得上，资源宽松时销得出、流得动，稳定“产销用”战略关系，共享效益，共担风险，增强抗击市场风险的能力。最后是锤炼抢抓市场机遇的能力，精准研判市场变化趋势，旺销时及时补充货源，滞销时有效出清库存，最大限度捕捉机会利润，努力实现效益最大化。同时合理化解因担保形成的债务负担，尽力争取信贷支持。拆船公司、生资公司等企业，2005年前后抓住循环经济带动废旧钢材销售转旺的机遇，适时壮大废钢贸易规模，争取到了部分效益。

一分耕耘一分收获，省惠隆公司在持续深化改革中站稳了脚跟，企业经营规模、绩效逐年攀升，2007年、2008年、2011年和2012年四年实现销售收入分别超过100亿元，2008年、2009年和2010三年实现利润超过1亿元。2008年，省惠隆公司更是创造了公司成立以来的经营新高峰，实现销售收入突破 135 亿元、实现利润 1.6 亿元，为改革开放 30 周年献上了一份厚礼。省委省政府和省国资委对此充分认可，2008 年×月×日，省国资委特意发来贺信以示嘉奖。

在企业经营攀上新高峰的同时，省物资集团连续 20 多年来保持整体稳定，成绩同样来之不易，创造了一套适合企业实际情况的信访维稳工作机制。

2009 年，江苏省人民政府国有资产监督管理委员会成立，省物资集团和省惠隆公司同时列名为省国资委监管的省属企业，实际是“一套班子，两块牌子”。在省属企业中，省惠隆公司承担的历史遗留问题处理和维护企业整体稳定的任务比较繁重，承受的压力也相对突出。1998—2000 年间的“切块式改制”，主要是为了在短时间内最大限度分流职工，仓促之间难免遗留下一些具体问题。到 2000 年，职工分流接受市场化洗礼之后，也会有新的诉求，加上 2004 年“事改企”遗留问题和 20 世纪五六十年代部分返乡职工进入老年等原因，多年来信访、来访和上级有关部门交办的案件一直接连不断，甚至间或出现“闹访”现象。

据不完全统计，自 1996 年以来的 20 多年间，省惠隆公司接待信访、来访高达千余人次，有的是反复来访、循环信访。经过大量细致、艰苦的工作，绝大部分信访案件得到依法依规、以人为本的认真处理，绝大多数在基层得到解决、在企业内部消化，多年来没有发生大的越级上访、集访等影响恶劣的事件。20 多年来，省惠隆公司为处理包括信访维稳在内的遗留问题支出的成本较大，耗费的时间、精力更是难以计算。2016 年底，省国资委召开省属企业信访维稳工作会议，省惠隆公司 2 家企业、4 位个人获得表彰。

回顾 20 多年来的信访维稳工作，我们有以下体会：一是公司党委高度重视信访维稳工作，牢固树立经营是业绩，维护稳定也是业绩的理念，坚持既依法依规，又以人为本的原则，积极、主动、有效化解各种矛盾。二是公司主要负责人始终担当信访稳定第一责任人，始终带头坚守在处理问题的第一线，及时回应各种利益诉求，面对个别缠访甚至“闹访”问题，不躲不推，直面问题，全力化解。三是建立上下贯通的信访维稳工作体系，落实落细工作责任制。四是有一支敢于担当、勇于负责的基层干部，长期坚守在信访维稳工作第一线，任劳任怨，忍辱负重，默默无闻，无私奉献。五是稳定的环境为企业改革发展发挥了重要作用。很难想象，如果没有从上到下众多干部职工的全力维稳，企业的生存空间很难赢得，改革的成果也会失去。

四、转型发展，重新起航(2016—　)

2017 年 12 月 8 日，一场简朴、庄重的仪式，在刚刚启用的江苏惠隆大厦举行。省惠隆公司用举办“学习十九大精神特殊党日活动”的方式，庆祝企业乔迁之喜：省惠隆公司总部和所属主要企业，搬迁至玄武大道 108 号江苏惠隆大厦，入驻南京徐庄高新技术产业开发区。江苏惠隆大厦所在的聚慧园 4 号楼，共有 12 层，建筑面积 1.8 万平方米，为一栋独立的 5A 级智能化办公楼，搬入前对该楼做了简单装修，新建了职工食堂，可提供近 300 人同时就餐。入驻之后，企业的办公经营条件和职工的生活条件都有较大改善。

在这场简朴、庄重的特殊庆典上，现场的每一位“物资人”“惠隆人”的脸上，都洋溢着开心的笑容，心中荡漾着自豪的情感。

2017 年 12 月 8 日，省惠隆公司位于玄武大道 108 号徐庄高新技术产业开发区的江苏惠隆大厦新址揭牌，公司总部和重要子企业正式入驻

是的，每一位经历风雨的“物资人”，都应该展现笑容，每一位“惠隆人”，都应该感到自豪。从中山北路 283 号江苏物资大厦到玄武大道 108 号江苏惠隆大厦，短短十几公里的距离，省惠隆公司干部职工跨越这段距离，用了整整 16 年时间。这绝不仅仅是时间空间的跨越，标志着企业经过艰难腾挪，初步形成

“一城两地”的发展格局，企业经受住了市场经济大潮的洗礼，战胜了惊涛骇浪，不但终于生存下来，更经过十多年持续深化改革，拼搏奋进，逐步发展壮大，在省属企业方阵中，已经成长为内贸主业特色鲜明、资产状况良好、运行质效基本稳定、职工收入稳步增长的国有企业集团，赢得了转型发展的历史性机遇，开启了高质量发展的新征程。

2002—2017年的16年间，省惠隆公司的注册资本从0.2亿元增加到1.22亿元，总资产从6.8亿元增长到15.81亿元，增长2.325倍，年销售总额从最初的15.31亿元，几经起伏，基本稳定在现在的60亿元，实现利润从1 000万元，几上几下，基本稳定在现在的1 200余万元。

2016年，在改革开放40周年前夕，省惠隆公司继续深化改革，“转型出关”的历史时刻，终于到来！

省委省政府和省国资委一直关注、关心、关爱省惠隆公司的改革发展和稳定，一直大力支持省惠隆公司求生存、谋发展、促转型。2016年1月，省委决定成立中国共产党江苏省惠隆资产管理有限公司委员会，陆宏平同志担任首任党委书记，同时组建新一届企业领导班子。2016年6月，经省委省政府同意，省国资委决定省物资集团由省惠隆公司托管，不再列名省国资委监管企业。至此，两家企业的关系得到理顺，开启了省惠隆公司在新的历史时期转型创新高质量发展新征程。

2018年1月14日，在新启用的江苏惠隆大厦，第一次举行一个庄严隆重的会议：中国共产党江苏省惠隆资产管理有限公司第一次代表大会。按照上级党委统一部署，省惠隆公司500余名党员，根据程序推选出73名代表（特邀代表），齐集一堂，共议企业党的建设和改革发展稳定大事，总结过去，开辟未来，选好班子，绘好蓝图。在上级党委正确指导、公司党委高度重视和全体党员共同努力下，严格按照上级规定，精心筹备，周密安排，第一次党代会气氛热烈，风清气正，选出了由7名委员组成的新一届党委班子，审议通过了陆宏平同志代表公司党委所做的工作报告，胜利完成各项任务。会议决议指出：第一次党代会提出的未来五年发展思路和奋斗目标，符合企业实际，回答了广大干部职工的期盼，鼓舞了人心，振奋了精神，标志着企业进入凝心聚力抓党建、一心一意谋发展、全力以赴促转型的新阶段。

按照党的十九大提出的国资国企改革的指导思想、省委省政府建设“强富美高”新江苏总体部署和省国资委关于国企改革的系列要求，省惠隆公司未来五年

"转型出关"高质量发展的定位、基本思路、主要目标、重点任务和转型发展的主攻方向已经明晰。

（一）发展定位

按照省委省政府"六个高质量发展"的要求和省国资委新一轮国资国企改革的部署，学习行业领军企业中国诚通集团、物产中大集团等坚守主业、转型发展的成功经验，结合省惠隆公司的资产、业务和人才资源等现状，制定了"十三五"时期"一体两翼"发展规划：经过五年左右的努力，到"十四五"初期，基本实现"一体优强"（传统主营煤、钢、油、气、汽车等贸易业务）、"两翼伸展"（资产管理业务和循环经济业务）的发展目标，在省属企业中争创一流业务板块，努力建成"主业核心竞争力突出、经营管理特色鲜明、质量效益明显提升、整体稳定局面持续巩固"的省属企业集团，努力转型为省属专业化资产管理企业。

（二）基本思路

未来五年，企业发展的基本思路："聚焦主业，聚力转型，开启高质量发展新征程"！全面深入学习贯彻落实党的十九大精神，以习近平新时代中国特色社会主义思想为指导，认真学习贯彻中央经济工作会议、省委十三届三次全会、省国资委监管会议精神，落实公司第一次党代会各项部署，坚持党对国有企业的领导，坚持稳中求进工作总基调，坚持新发展理念，按照高质量发展要求，聚焦主业，聚力转型，深化改革，加强党建，统筹做好主业经营、深化改革、资源整合、风险防控、托管和稳定等各项工作，加快培育具有核心竞争力的一流企业，为加快建设"强富美高"新江苏做出新贡献。

（三）主要目标

大力实施"争创一流企业三年行动计划"，能源贸易、报废汽车拆解业务在全省同行业中争创一流业务板块；资产管理业务板块取得实质性突破，努力争取成为省属专业化资产管理公司；努力提高薪酬水平，不断提升职工的获得感和幸福感。

（四）重点任务

根据省国资委核准的贸易、资产管理、废弃资源综合利用三个主营业务领域，按照省政府和省国资委提出的指导意见，学习同行业领军企业转型发展经验，优化企业"一体两翼"发展规划，努力拓展"三大业务板块、九个业务单元"。

一是改造提升贸易板块。省燃料集团等企业继续深化体制机制改革，全面提升能源贸易、汽车和危化品贸易三类业务的销售规模和创效能力，稳固主业，夯实转型发展的基础。

二是拓展资产管理板块。资产管理业务上规模，服务省属国有企业新一轮改革，服务现代物流业发展。在不良资产处置、资本运营和不动产经营等方面，为转型发展提供新的支撑。

三是壮大循环经济板块。整合物资回收相关政策、业务和人力等资源，提升循环经济业务，为全省践行绿色发展理念发挥重要作用。

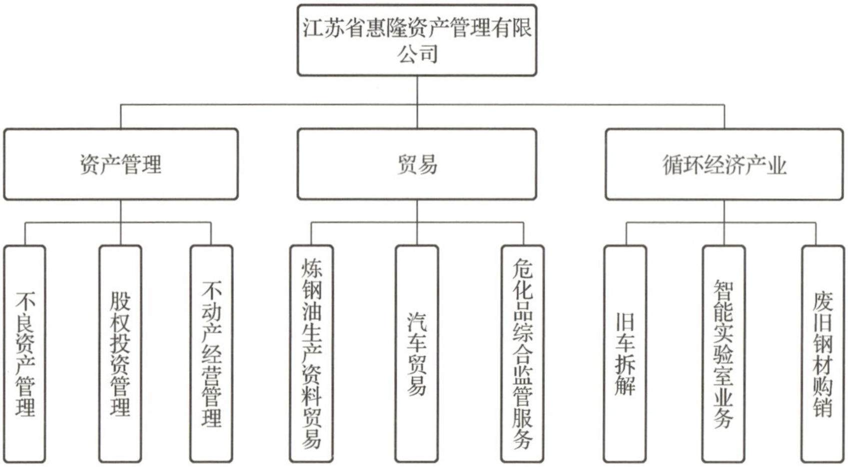

省惠隆公司“一体两翼”发展示意图

（五）转型发展主攻方向

经过近 20 年的拼搏努力，省惠隆公司进入转型发展的新时期。我们转型发展的主攻方向，就是争取成为江苏省省属企业中的专业化资产管理公司，复制中国诚通集团受托处理央企不良资产的模式，受省国资委委托处理省属企业的不良资产。

2018 年，省属企业深化供给侧结构性改革进入新阶段，主营业务进一步压缩控制在 3 个以内，集中优质资源把主业做精做深，“资产证券化”的步伐进一步加快，对低效无效存量资产的清理整合力度进一步加大，非主业剥离的速度进一步加快。服务于新一轮省属国企改革的专业化资产管理公司呼之欲出。目前，省惠隆公司作为省属资产管理公司，有望承担起新的历史使命，迎来转型发展的新机遇，进入转型发展的新时期。

一是争取省国资委支持，受托处置新一轮国企改革中的不良资产，参与省发改委“债转股”业务，服务省属国企高质量发展。经过三年左右的努力，推动省惠隆公司成为专业化资产管理公司。

二是与银行和专业投资机构合作,拓宽融资渠道,积极筹措能源贸易、资产管理业务所需资金。

三是继续做好自有"资产包"处置业务,探索业务模式,积累操作经验。

五、加强党建,固本培元(1978—2018)

回顾改革开放40多年来公司走过的不平凡历程,公司改革发展稳定取得的所有成绩,是始终不渝坚持党的领导的结果,是上级党组织正确领导的结果,是公司各级党政工团组织创造性开展工作的结果,是全体党员、广大职工辛勤努力的结果。我们有这样几点启示:

(一)坚决贯彻落实党中央和省委省政府决策部署,是国有企业一切工作的根本遵循任务

党的十八大以来,中央准确把握宏观形势,及时做出"新常态"战略判断,深入实施供给侧结构性改革,及时指明国资国企改革方向。省委省政府提出建设"强富美高"新江苏的总体目标,省国资委围绕进一步深化国企改革实现高质量发展推出一系列重大举措,对省惠隆公司的改革发展稳定做出一系列具体指导和有力支持。这些为我们指明了方向,提供了保障,是我们应对并战胜各种困难挑战的信心之源,是我们取得改革发展稳定各项工作成就的力量之基。

(二)充分发挥党的政治核心、领导核心作用,是推动国有企业改革发展稳定的根本前提

党组织对企业发展负有政治领导责任,这也是国有企业的独特政治优势。多年来,公司之所以能克服困难,保持公司平稳发展,与各级党组织的坚强领导密不可分。全面推进党的政治建设、思想建设、组织建设、作风建设、纪律建设,把制度建设贯穿其中,坚持党对公司一切工作的领导,是公司改革发展稳定坚强有力的政治保证。

(三)持续增强基层党组织活力,是加强企业党的建设的根本途径

基层党组织是党在社会基层组织中的战斗堡垒,是党的全部工作和战斗力的基础。只有基层党组织坚强有力,党员模范作用突出,企业发展才有保证,才有活力。不断探索基层党建工作新途径、新方法,增强基层党组织的活力,充分发挥基层组织的战斗堡垒作用和广大党员的先锋模范作用,企业才能永葆活力。

（四）坚持依靠职工办企业，是企业发展的根本落脚点

职工是国有企业的力量之源、发展之本。要牢固树立依靠职工办企业、办好企业为职工的理念，强化形势任务教育，弘扬先进文化，为职工谋利益、办实事，赢得职工群众的信任、支持和拥护，调动和发挥广大职工的积极性、主动性和创造性，为企业注入旺盛的生命力。

省惠隆公司改革开放40多年的实践证明，始终不渝坚持全面从严治党，始终不渝发挥公司党委把方向、管大局、保落实作用，始终不渝坚持发挥党的基层组织战斗堡垒作用和广大党员的先锋模范作用，是省物资集团和省惠隆公司度过艰难时期、迎来转型发展新时期的根本保障。困难时期，站立潮头搏击风浪的是共产党员；发展时期，冲在干事创业担当作为最前沿的，是先进集体、劳动模范。今天，省惠隆公司站在转型发展、高质量发展的新起点上，让我们向各个历史时期涌现出来的先进集体和劳动模范们致以最崇高的敬意和最美好的祝愿！

使命呼唤担当，奋斗开创未来。在新时代，推进高质量发展、建设一流企业，是省惠隆公司必须担负的历史责任，是全体物资人、惠隆人必须扛起的共同使命！广大党员、干部要不忘初心、牢记使命，充分发挥政治核心作用、领导核心作用、战斗堡垒作用和先锋模范作用，团结带领全体员工砥砺奋进，迎难而上、真抓实干、开拓创新，为开创公司转型创新高质量发展而努力奋斗，为建设“强富美高”新江苏做出新的更大贡献！

江苏淮阴发电公司：守初心担使命，推进企业发展和党建工作高质量

在开国总理周恩来的故乡淮安，有一座 60 多年历史的火电企业——江苏淮阴发电有限责任公司(以下简称“江苏淮阴发电公司”)，2003 年 6 月，根据国家电力体制改革方案，江苏省人民政府将该公司省属资产划拨至江苏省国信集团有限公司(以下简称“江苏省国信集团”)，这是新中国成立后苏北地区第一座国营电厂。该公司建厂以来为地方工业和经济发展做出了突出贡献。

目前，该公司是上市企业江苏国信股份有限公司下属的二级子公司。公司始终秉持“利国敦行、诚信致远、勤奋务实、自强感恩”的核心理念，统筹兼顾经济效益、生态效益、社会效益，坚持高质量发展道路，不断提升公司核心竞争力。作为集常规能源与清洁能源为一体、容量近两百万千瓦的区域性大型热电联产企业，公司总装机容量为 194 万千瓦，是淮安市最大的发电企业，下辖 4 个子公司(江苏国信淮安燃气发电有限公司、江苏国信淮安第二燃气发电有限公司、淮安国信热力有限公司以及苏淮国信热力有限公司)，其中公司本部位于江苏省淮安市清江浦区，装机容量为两台 33 万千瓦燃煤供热机组，下属子公司江苏国信淮安燃气发电有限公司位于淮安区，装机容量为两台 18 万千瓦燃气供热机组；子公司江苏国信淮安第二燃气发电有限责任公司位于盐化新材料产业园区，装机容量为两台 46 万千瓦燃气供热机组。

近年来，该公司在企业发展、党的建设等方面均取得了丰硕成果，安全生产已连续 15 年无事故。企业先后荣获“全国五一劳动奖状”“全国模范职工之家”“全国厂务公开民主管理示范单位”“全国安康杯竞赛优胜单位”“江苏省电力安全生产工作先进单位”“江苏省节能减排先进单位”“江苏省廉政文化示范点”“江苏省军民共建精神文明活动示范点”“淮安市先进基层党组织”等国家和省市荣誉，连续 25 年第 10 次荣获“江苏省文明单位”荣誉称号。

一、解放思想担当作为，推进企业发展高质量

（一）根据国家能源产业政策，拆除多台小机组上马大机组

2006年，正值电力体制改革实行“厂网分开、竞价上网”，很多发电企业因市场供需发生变化和装机容量小、能耗高等因素，使企业生存和发展举步维艰。江苏淮阴发电公司也同样面临这样的阵痛，当时全厂装机容量只有23.4万千瓦，是江苏国信集团所属发电企业中机组最小、效益最差的小火电厂，在同行业竞争中已处于劣势。对此，淮电人充分认识到如果不谋求发展，企业生存空间也就最多维持三到五年必将被市场淘汰。该公司领导班子经过深思熟虑和广泛调研后认为，必须有置之死地而后生的决心，才能带领企业走出困境。在江苏省国信集团的正确领导和大力支持下，经过超前谋划，该公司抓住了国家“上大压小”产业政策，2008年和2011年两台33万千瓦热电联产工程分别获得国家发改委核准。随着百米烟囱轰然倒下的同时，总计23.4万千瓦容量的多台小机组先后分两批全部拆除。一个“拆”字说起来容易干起来可不轻松。该公司地处淮安城区中心地带，占地面积仅16公顷，一边要拆除多台小机组，一边要在原址建设一台33万千瓦新机组，还要安全运行好紧靠在一起的两台5.5万千瓦在役机组，真是螺蛳壳里做道场！一张33万千瓦机组总平面布置图就被改了20多稿，设备布局精心设计、精打细算。另外，几十米高厂房，数千吨重的设备以及地下星罗棋布的各种管道和电缆线路，有一点失误，都可能造成重大安全生产事故。最终，淮电人利用3个月时间就成功完成了小机组拆除任务，创造了国内拆迁史上“工期最短、安全最好”两个奇迹。在老机组被拆除的同时，淮电人还积极开展第二台33万千瓦机组项目的核准工作。2008年和2011年，两台33万千瓦热电机组在原址成功建成投产，使一个有着60多年的老国有企业重新焕发出蓬勃生机。

（二）根据国家鼓励发展清洁能源产业政策，做强做优多元化发电企业

淮电人充分认识到如果企业原地踏步，必将危机重现。从2009年1月起，该公司积极谋划跳出围墙求发展。2010年10月，苏北首个燃气电厂——江苏国信淮安燃气发电有限公司两台18万千瓦燃机热电机组，在淮安区建淮乡的旷野上浇铸下第一罐混凝土，淮电人完成了第二次重大抉择，也跨出了跳出围墙谋发展的第一步。淮电人还充分运用建设燃气发电项目的丰富经验和人才优势，迅速开展淮安第二燃气发电项目相关工作，并力求做大做强做优燃气发电项目。2017年

2008 年,江苏淮阴发电有限责任公司第一台 33 万千瓦热电联产机组成功建设投产

2011 年 8 月 1 日,江苏淮阴发电有限责任公司在公司办公楼前举行第二台 33 万千瓦热电联产机组竣工投产仪式

夏天，苏北地区单机容量最大的燃气发电机组——江苏国信淮安第二燃气发电有限公司两台46万千瓦燃机项目相继建成，实现了“当年投产，当年达效”，经营指标全省最好，荣获江苏省“标杆电厂”称号。至此，一个有着60多年历史的老国有企业，成功转型发展为集燃煤、燃气为一体，容量近两百万千瓦多元化的发电企业。

二、落实全面从严治党，推进企业党建高质量

（一）认真落实党委主体责任

公司党委领导班子建设重视理论武装，坚持中心组理论学习制度；坚持民主集中制，严格按照公司重大事项决策实施细则进行议事与决策；将党建工作总体要求纳入企业章程，明确国有企业党组织在公司法人治理结构中的法定地位；把党风廉政建设和反腐败工作紧密结合，切实把主体责任落实到位，时刻保持自警自省，以从严治党带动从严治企，主动适应全面从严治党新要求。

（二）全面深化企业党建工作

坚持党委负总责、支部抓落实。严格落实党内政治生活，强化党员宗旨意识。坚持每月召开公司政工例会、定期召开党建工作会议，研究解决企业党建工作中的重大问题。认真组织开展党支部组织生活会和民主评议党员活动，创新开展企业党建“强基提质”工程，形成了一批以公司党建台账标准化管理和公司党委下设燃料部党支部为代表的可借鉴、可推广、可复制的“微型党课”全省基层党建优秀创新案例等多项党建工作经验，创建了全市“党支部书记工作室示范点”，有效提升了企业党建工作水平，也为推进企业高质量发展提供了坚强的组织保证和政治保证。

（三）加强党员干部作风建设

组织党员干部参观周恩来纪念馆，弘扬恩来精神、重温入党誓词、学习总理家规，征集全体党员家规家训，用良好家风为党风助力，推动公司全体党员家规家风建设深入开展。组织党员干部学习《中国共产党章程》《中国共产党廉洁自律准则》《中国共产党纪律处分条例》，经常性教育公司广大党员干部做到守住底线、不越红线、筑牢防线，把作风建设不断引向深入。坚决将落实中央“八项规定”、反对“四风”形成常态化，常抓不懈、保持长效。2019年6月下旬和7月上旬，公司党委先后组织两批党员干部共67人，分别到革命圣地延安和西安爱国主义教育基

地，开展“不忘初心、牢记使命”主题党性教育，让公司党员干部重温革命历史，真切感受先烈的坚强党性与家国情怀。同时，公司党委还使公司党员干部切实地感悟习总书记在梁家河七年知青生涯中吃苦耐劳、勤奋好学、务实为民、追求真理的精神，以及为人民谋幸福的初心和担当。

江苏淮阴发电有限责任公司 2019 年全面从严治党大会会场

三、推进“三大攻坚战”，构建企业良好发展环境

（一）坚决防范化解企业重大风险

公司党委严格执行《“三重一大”决策制度实施办法》。在重大事项决策方面公司党委认真履行法人治理结构工作制度，按时组织召开股东会、董事会及监事会，充分发挥监事会、审计部门、纪委等的监督作用，对年度重大事项进行监督、审议和决策，研究年度工作计划与财务预算方案制订、项目建设、供热市场开拓、机组超低排放环保改造等多项议题，有效保障公司各项工作协调可持续发展。在人事任免、选人用人方面，公司党委认真贯彻有关干部选拔任用文件精神，严格把关选人用人等各个环节，一律通过党委会集体研究，严格细致地履行程序，绝不搞临时动议。公司严格按照组织程序调整中层干部岗位，没有出现干部带病上岗现

象。重大项目安排方面，凡基建项目、房屋修缮、大宗物资、设备采购等，均通过董事会或党委会、总经理办公会讨论研究，形成一致意见。在大额度资金使用方面，公司严格加强全面预算管理和大额度资金管理，大额资金的使用均由公司领导班子集体讨论通过后，按有关制度规定使用。公司强化工程经济签证、款项支付等关键环节监管，确保项目资本金及时足额到位和科学合理使用。从源头上防范化解重大风险和有效防止领导决策失误、行为失范以及不廉洁现象的发生。

（二）认真落实污染防治环保工作

近年来，始终坚持主动环保、优先环保、超前环保，全面落实清洁生产、节能减排、保护环境工作，着力打造资源节约型、环境友好型城市花园式热电联产样板企业。目前，公司老厂两台机组所有环保设施通过技术改造后，均达到了预期效果，脱硫、脱硝、除尘系统投入率均在99%以上。公司下辖的江苏国信淮安燃气发电有限公司、江苏国信淮安第二燃气发电有限公司，共4台燃气发电机组各项排放指标均符合环保要求。公司节能减排和环境保护工作先后得到国家、省市等各级环保部门的一致好评。

（三）突出党建引领，帮扶精准脱贫

公司党委根据中央、省、市关于深入开展脱贫攻坚的有关文件和会议要求，积极履行国有企业社会责任，充分发挥省级文明单位的示范引领带动作用。明确并积极上报挂钩帮扶的分管领导和联络员，与联系的帮扶挂钩点——淮安市淮安区溪河镇孙李村进行对接，共同探索帮扶措施和思路，2017—2019年为淮安市淮安区溪河镇孙李村扶贫点共投入帮扶资金32万元。公司还与淮安市涟水县东胡集镇复兴村开展省级文明单位与经济薄弱村共建工作，并先后投入帮扶资金20万元。同时，我们还按照市委组织部的要求，在公司党群部门选派一名社区共建党建指导员，与共建社区——淮安市清江浦区清浦街道淮三路社区共同探讨社区党建工作，并每年给予10多万元经费支持和党建工作帮助指导。

综上所述，推进企业发展和党的建设高质量，只有进行时，没有完成时，我们将在习近平新时代中国特色社会主义思想指引下，不忘初心、牢记使命，始终保持艰苦奋斗、干事创业的激情，不断谱写企业高质量发展和党的建设新篇章，以优异的工作业绩向新中国成立70周年献礼！

江苏淮阴发电有限责任公司党群工作部主任　孙　清

国信协联:在创新发展中“破茧成蝶”

烟波浩渺的太湖,映照着叠嶂的天目山余脉,蓬勃郁积的江南宜兴,有大美的溪山,更有厚重的文脉。江苏国信协联能源有限公司(以下简称“国信协联”),就从这片浓重底蕴色彩的土地上振翼追梦。33 年的风雨洗礼,国信协联早已从一家名不见经传的小热电厂,蜕变为一家拥有能源和生化两大板块、主要经济指标领跑全市、环保清洁生产水平行业领先的明星企业。能源供应:发电总装机容量 112.2 万千瓦,供热管主管线总长度超 280 公里,热用户 280 余家,是江苏省最大的热电联产企业之一。

一个振翅追风逐日、不断超越的时代,有梦想才有追求,才能孕育生机,才能承载希望和获取成功。33 年来,国信协联在创新发展中破茧成蝶。

自强求变谋求发展

多年来,以热定电、热电联产一直是国信协联发展求变的基石,但刚开始的热电联产之路,走得并不轻松。

早在 1993 年,瞅准小热电机组发展的有利时机,公司多方筹措资金,引进泰方外资,大手笔投资 6 000 万美元上马 2 台 50 兆瓦燃煤热电机组。起初几年,日子过得“有滋有味”,但 1999 年,企业就面临着这样一个难题:受国家产业政策和行业高参数大容量机组兴起的影响,主要依靠发电获利的中小型热电企业生存发展困难重重。当时,时任宜兴热电厂总经理的宗伟刚刚从别的厂调来不久,他敏锐地意识到不求变就没有出路。

这个时候的协联周围已出现一大批建材、电线电缆企业,但企业周边 5 公里范围内几乎没有热力市场。“企业必须在经营导向上向供热转移。”在新思路的指引下,经过仔细的市场调查和可行性分析后,向外拓展用热客户。当时也是“摸着石头过河”,彼时宜兴经济技术开发区还没有建立,周边乡镇受产业结构和规模影响,供热规模有限,个别热用户甚至拒绝使用集中供热汽源,调研下来仅有 10 家热用户,总量只有 10 吨左右每小时。一些人不理解,认为建设热网管道明摆着是

“赔本的买卖”。但是，当时的掌门人宗伟刚则坚定地认为：只要供热管网建了，热用户会慢慢发展起来，市场自然会大起来。为打开市场，协联在有些人的质疑中，克服各种困难果断地建设第一条热网管线，并承诺把蒸汽管道接到热用户的“门口”。为吸引更多的热用户用协联的蒸汽，采用把蒸汽价格调到全省最低，并对用汽大户实行更加优惠的政策，渐渐地，尝到“甜头”的热用户纷纷对协联质优价廉的蒸汽做起了免费宣传，一传十，十传百，越来越多的热用户选择了用协联的蒸汽，供热量也由 1999 年不足 20 万吨，跃升到 2018 年的 380 万吨。

2004 年，在电力紧张初露端倪时，公司大胆上马 2 台 135 兆瓦机组，全公司发电成本降低三分之一，企业核心竞争力大大增强。2012 年与江苏省国信集团“联姻”，完成了从外资控股民营企业向国有企业的身份转变，建设 2 台 420 兆瓦(9F 级)燃机热电联产机组，实现了从小热电企业到超百万装机电厂的华丽转身。

2004 年新办公大楼落成

致力创新推动发展

没有创新力的企业，等于没有生命力，国信协联的发展离不开创新。

国信协联从 1986 年建厂一直到 2003 年，可以说一直在一个安乐窝里面。2000 年左右，5 000 大卡(约 2 092 千焦)煤炭到厂价只要 170—180 元/吨，电价是按照全行业能够盈利的计算方式来确定的。但 2003 年以后，在煤炭价格高企的

10年间,电价却只有小幅上涨,许多煤电企业处于亏损状态,而国信协联又在“体制”外,没有价格优惠的长协煤,只能苦练内功,节本降耗。

在能源板块积极开展能效对标。无论是煤机还是燃机,我们积极开展能效对标。为减轻煤价上涨带来的经营压力,创新入炉煤掺配方式,加大煤泥、褐煤掺配比例,降低生产成本。煤机单位千瓦利润位列全省最好水平,供电标煤耗、单位供电成本、可靠性等指标行业领先。燃机工程创造了国内燃机工程项目单位千瓦最低造价,获得了“国家优质工程奖”、江苏省“标杆机组”和“标杆电厂”等荣誉。

加强管理创新。早在2002年,投资200万元,实施了ERP(企业资源计划)项目,通过变革管理模式,再造管理流程,通过建立财务、库存、基本供应销售等功能模块,同时将电网监控信息、热网监控信息共享,成功上线ERP系统后,大大推进了国信协联标准化管理的进程,消除了部分人为因素的干扰,为科学管理奠定基础。2015年,国信协联又对ERP系统进行升级改造,加强了生产、经营、管理全流程的监控和协调,为公司管理工作的规范、高效、有序运行奠定了基础。2012年,国信协联开始推行6S(整理、整顿、清扫、清洁、素养、安全)管理,随着6S管理的不断深入,公司现场管理水平、员工素养得到了提高,为建造“最美工厂”打下了扎实的基础。2013年,实施全面预算管理,提高了生产经营的计划性,优化了资源配置,降低了企业成本。2015年,实施内控体系的建设和廉洁风险防控机制建设,加强了公司内部控制,提升了公司风险预防和管理水平,为公司健康持续发展提供了强有力的保障。在燃机工程建设期间,运用信息化管理手段,实施基建MIS(管理信息系统),规范审批流程,确保公开透明、阳光操作,降低了工程成本,提升了管理绩效。2016年,根据内控和廉控的要求,新增和修订完善了132项制度,进一步规范了决策权限、决策内容和程序。

2016年厂区航拍全貌

绿色低碳持续发展

推进产业升级，发展低碳经济，成为企业决策者心里的一盏明灯。近年来，随着原煤、石油等一次能源的日益紧张，能源利用效率高、发电耗能低的大型燃气热电机组受到关注，2011 年，2×400 兆瓦级燃机热电联产项目由此进入视野。“只要对环境有利，再大的投资也值，更何况从长远来看符合产业发展趋势。”国信协联始终坚持经济和社会效益双赢的经营理念，致力用高效清洁能源替代传统能源。

2012 年，公司选择与江苏省国信集团合作，成立了江苏国信协联燃气热电有限公司，推进燃机项目建设。为响应国家节能减排和大气污染防治的要求，公司关停 4 台燃煤小热电机组（1×C60 兆瓦＋1×C50 兆瓦＋2×C12 兆瓦），建设 2 台 420 兆瓦（9F 级）燃机热电联产机组。2014 年 3 月，燃机项目正式动工，2015 年 6 月 13 日和 8 月 8 日 2 台机组相继投运发电并供热，企业总装机容量超百万千瓦，实现了从小热电到大能源蝶变之后的华丽转身。同时，两台燃机的建成，每年可减少标煤耗用 50.02 万吨，减少 SO_2 排放 1 123.9 万吨、NO_x 排放 3 210.33 吨、烟尘排放 1 268.28 吨、灰渣排放 45 599.2 吨。以此为依托，国信协联成为现代化热电联产清洁能源的标杆企业。同时，公司又投入 1.8 亿元，对现有的 2×135 兆瓦燃煤热电机组进行脱硫脱硝除尘等环保设施的综合改造，改造后 SO_2 排放量小于 50 毫克/米^3，NO_x 排放量小于 100 毫克/米^3，烟尘排放量小于 20 毫克/米^3，取得了良好的经济与社会效益。

“环保先行，绿色低碳”，这八个字融入国信协联的每一步发展，就像血与肉。2015 年，国信协联投资近 2.5 亿元，建设长距离供热管线，最远供热距离 46 公里，对和桥镇工业园区、芳桥、周铁、分水、洋溪进行集中供热。项目建成后，关停了 53 台小锅炉，每年减排 SO_2 约 2 632.58 吨，同时大大减少 NO_x 和烟尘的排放。利用现有热电联产机组的蒸汽等级差资源，建设背压汽轮机拖动大型空压机对外集中供应压缩空气，淘汰周边企业大量的低效小空压机，提升了公司用能效率，为用户降低了生产成本。围绕废弃物的无害化、资源化、高值化利用做文章，2018 年建成年处理 13 万吨宜兴市城镇和工业污水厂污泥的烘干焚烧处置环保项目，还正在配合当地政府研发实施年处理 5 万吨太湖蓝藻的烘干焚烧处置的公益项目等。今年初又投资 6 000 多万元向环科园供热，替代关停的华润热电 2×60 兆瓦供热机组供热。

国信协联坚持不懈追求“绿色、低碳、环保”，赢得了想象不到的经济与社会效益，反哺企业持续健康的发展。

“协联式”文化助力发展

十年企业靠管理，百年企业靠文化。而国信协联文化中首推的就是以诚立信。“利益面前，始终考虑双方，你的机会就越来越多，紧密的战略合作伙伴也会越来越多。”这是国信协联掌门人宗伟刚经常说的一句话，也是企业出其不意的“制胜之法”。

拓展供热市场时，国信协联把蒸汽价格调到全省最低，为吸引用汽大户，表态：用国信协联的汽，绝不比用小锅炉的成本高！对方还是不相信，最后承诺：按照你上年的蒸汽成本价，国信协联先承包一年！结果，那一年，煤炭价格从每吨200多元涨到400多元，这单生意显然要亏本。客户以为要加价，但最终仍执行了最初的价格。这件“奇怪事”不胫而走，一些原本坚持用小锅炉的企业纷纷找上门来。而那家用汽大户，则成了国信协联的忠实客户。

倡导奋斗者文化，一以贯之地坚持“让奋斗者有地位，让奉献者受尊重，让老实人不吃亏”的价值导向。薪酬分配上摒弃平均主义，不断提高和技术、绩效挂钩的收入所占的比例，突出技术骨干受优待的原则。设立模范技师专用车位，为优秀员工著书立传，用生动鲜活的语言，展现国信协联年轻工匠的精神面貌。对于优秀技术人员，国信协联不仅施行薪酬激励、住房贷款基金、股权激励等物质激励，还从职业技术培训、出国旅游等方面施行精神激励。

倡导和谐的“家”文化。国信协联高管团队出资200万元成立慈善基金，目前慈善母本基金已达500多万元，对员工生活中的实际困难及时帮扶。让每一位员工置身国信协联，有仿佛在家里的感觉，让员工时刻感受到“家”的关爱和温馨。

推动全能值班员、多技能技术工、经营管理岗的培训，实行以岗位薪酬制为主，其他多种薪酬模式为补充的“积木式”薪酬分配制度，资源重点倾向高技能人才。在用人方面不唯学历，不唯资历，公开竞聘，“能上能下，能进能出，能高能低”，从机制上确保用人的公平和公正。在这样的用人机制下，一大批高技能人才涌现，全公司范围内比、学、赶、超的氛围更加浓厚，钻研技术有奔头、有成就的思想深深地扎根在广大员工心中。

未来，我们将把国信协联打造成传统能源高效利用的探索者、清洁能源低碳发展的先行者。

鸿雁翔天，展望百年。

江苏国信协联能源有限公司　路　敏

江苏东部高速:跳好融合“双人舞”,铸就基业“长青树”

江苏东部高速公路管理有限公司(以下简称“江苏东部高速”)是由原江苏汾灌高速公路管理有限公司与原江苏沿海高速公路管理有限公司合并重组而成,属于江苏交通控股有限公司(以下简称“江苏交控”)的全资子公司。江苏东部高速管辖路段北起 G15 沈海高速苏鲁省界,南接苏通长江公路大桥;西起 G25 长深高速苏鲁省界,东至宁连高速宋跳互通,途经连云港、盐城、南通三市,犹如蜿蜒的巨龙,连接南北,纵贯整个江苏东部大地,是我省沿海交通运输“大动脉”。目前,公司运营管理里程 455 公里,职工总数 1 481 人,负责所辖路段的国有资产管理以及道路桥梁养护、通行费征收、服务区经营、清排障等相关业务的经营管理工作。

G15 沈海高速步凤互通枢纽

江苏东部高速按照省委、省政府和省国资委党委关于加快高质量发展走在全国前列的总要求,围绕“创建一流企业”的总目标,在江苏交控的领导下,坚持以供给侧结构性改革为主线,为着力解决“钱从哪里来、人往哪里去、险从哪里防”三大难题攻坚突破,持续发力。融合发展工作持续推进,经济效益稳中向好,公司总资产、净资产、净利润总额、上缴税款四项指标均实现了跨步式增长。

新成立的江苏东部高速聚焦主业、深化改革、创新发展，为肩负起新时代"交通强省、富民强企"的新使命努力奋进。

坚持高效能运营，全面助推路桥企业改革发展进程，展现"东部速度"

经济发展，改革先行，江苏东部高速贯彻落实关于深化国企改革的战略部署，坚持问题导向，坚持以效为先，积极落实政策，优化完善管理体系，抢抓效率求突破，不断增强公司的活力、控制力和影响力。

跑出合并重组"加速度"。江苏东部高速的合并重组是响应江苏沿海大开发战略，是落实省委及江苏交控关于路桥企业区域化管理改革的要求，是在新时代大发展浪潮中主动作为的生动实践，在构建大格局、融入大战略、实现大发展上指导意义重大。公司坚持"公平、公正、公开"原则，迅速传达政策，统一思想抓落实；提高站位，稳中求进促整合；精细谋划，统筹兼顾提效率，仅用了一个多月的时间，相继完成了清产核资、控股合并、工商登记变更等一系列工作，整个合并重组过程平稳有序、务实高效。合并重组工作的成功，为日后更大、更多的改革创新提供了切实依据与实践经验。

2018 年 12 月 28 日江苏交控董事长蔡任杰、总经理张迅为江苏东部高速公路管理有限公司成立揭牌

按下撤站工作"快捷键"。取消高速公路省界收费站是国家收费体制改革的重要举措，江苏东部高速作为省界站撤除的全国首批试点单位，坚持服务大局，根据交通运输部统一部署和江苏省工作总体安排，全力筹划，仅用 5 天时间

2018 年 12 月 28 日 15 时苏鲁省界主线站取消收费工作并顺利通车

完成主线站硬件拆除、软件升级、人员协调等各方面前期工作，如期完成交通运输部试点取消省界收费站的工作部署，顺利实现了苏鲁两省高速互联互通。针对撤站富余人员，在“充分开发内外部人力资源市场、推动优化人力资本利用方式、鼓励员工创新创业”三个方面加速推进分流工作。公司高效完成省界撤站任务的系列举措成为全国省界收费站撤除工作试点的范本。

装上自由流通行“强引擎”。在收费体制改革的大背景下，江苏东部高速为实现 ETC（电子不停车收费系统）自由流无感支付操作，加快实施安装 ETC 门架系统、入口拒超设施安装、混合车道物理设施改造等工程。2019 年以来，公司抢抓工期，压实责任，已完成 ETC 门架全部基础开挖 180 个、成套门架基础浇筑 68 个、入口拒超土建施工完成 20 个。2019 年 7 月 22 日 16 点 37 分，在 G15 沈海高速往南通方向的 ETC 门架吊装现场，随着施工人员把最后一颗螺母牢牢地拧紧在基座上，一座横跨近 18 米、高 6 米、重达 5 吨的高难度 ETC 门架吊装工程正式完成，标志着江苏东部高速向实现 ETC 自由流无感支付操作又前进了历史性一步。

坚持高质量发展，主动服务全省经济社会发展大局，贡献“东部力量”

围绕推进江苏大沿海战略，以服务地方经济社会发展为己任，江苏东部高速强化与地方各级政府、相关部门的协调合作，做到发展相融、信息互通、资源共享，重点提升产业运营效益和服务效率，加快培育新的业务增长点，推动公司做强做优做大。

除雪防冻保畅

打响营运安全服务保畅“守卫战”。始终以服务保畅和安全生产作为营运管理的首要任务，公司以“苏高速·茉莉花”品牌创建为引领，加强营运精细化管理，提升服务保畅质量。应对节假日交通大流量，多举措力保道路安全畅通，通过加强对重点路段、重点道口的车辆分流引导和管理，确保节假日期间收费道口无车辆积压；针对冰雪大雾等恶劣天气抢险情况，联合多方开展应急保畅

江苏响水“3・21”爆炸事故发生后开辟专项“生命通道”，为驰援赢取“黄金时间”

处置演练，强化联勤联动、协作配合和快速反应的能力。公司 2019 年以来累计服务保畅通行车辆合计 3 445.68 万辆，完成节假日免费放行 178 万辆，通行费减免 8 909.68 万元，清障 30 分钟到达率、清障 1 小时畅通率均保持在 95%以上。2019 年大雪期间，东部高速人决战在扫雪防冻保畅第一线，彻夜无眠，挑灯夜战，累计出动人员 6 595 人次，出动机械 96 台，完成除雪作业 291 次，累计撒布融雪剂 2 214 吨，确保所属道路桥梁的全线安全畅通；江苏响水“3・21”爆炸事故发生后，公司勇挑国企担当，迅速反应，全力支援配合抢险救援工作，在离事故发生地只有 20 公里的响水收费站和六套收费站开设专项“生命通道”并提供便民服务，事发 12 小时内共协同配合 220 辆消防、救护和各类救援车辆快速通过，为驰援现场及抢救伤员赢取“黄金时间”。

打好路桥养护品质提升“持久战”。紧扣江苏交控“十三五”战略规划任务，围绕养护管理提档升级、打造“苏式养护品牌”的战略部署，不断深化路桥品质提升。江苏东部高速是省内单线管养里程最长的一家路桥公司，全线共计桥梁 480 余座，辖区道路通车运营路龄已逾 10 年的路段超过 90%，养护工作呈现“里程长、桥梁多、病害急、管养难”的现状。江苏东部高速人真抓实干，肯下功夫，全线道路综合指数 MQI（公路技术状况指数）平均值始终保持在 96 以上，道路优良率为 100%。在 2019 年淮沭新河大桥腹板剪切裂缝抢险加固中，公司首创“梁端腔内注浆＋植筋”桥梁加固方案，为江苏交控系统乃

江苏东部高速首创桥梁腹板剪切裂缝“梁端腔内注浆＋植筋”桥梁加固方案

“刚性自锁式预应力 CFRP 板锚固系统”等多项国家认证专利

至全国的板梁抗剪加固工作提供了一种高效的处理方案；在路面养护、桥梁维修中相继取得了“一种混凝土自动养护装置”“一种桥梁结构加固模具及加固方法”“刚性自锁式预应力 CFRP（碳纤维增强复合材料）板锚固系统”等多项国家认证专利，其中“刚性自锁式预应力 CFRP 板锚固系统”所属的“预应力 CFRP 板在箱梁加固中应用研究”项目成功入选交通运输部 2018 年度交通运输重大科技创新成果库，成为交通运输科技成果推广项目。江苏东部高速人深入钻研的韧劲、良好的科研技术支撑为进一步强化路桥养护品质提供了源动力。

江苏东部高速射阳“丹顶鹤”区域主题服务区

打赢服务区高质量发展“攻坚战”。坚定落实江苏交控“一主两翼”发展战略，紧扣“交通＋旅游”产业链的重大战略部署，推动“交通＋”产业链升级和价值链更新。公司主动开拓经营思路，着力转型升级，按照江苏交控对服务区经营“双提升”的要求，推进服务区由自营向“租赁＋监管”转型、向“自营＋平台”转型，整体实现服务区经济效益扭亏为赢、稳中进好、硬件提升的突出效果。公司同时将“交通＋旅游、服务区＋生态”理念深入贯彻，将地区旅游元素融入服务区品牌创建，打造射阳“丹顶鹤”，大丰“麋鹿”，如皋“江海明珠”，连云港“花果山”“海州湾”等区域特色服务区。公司还围绕“小厕所”做好服务“大文章”，推进“厕所革命”，优化提升服务环境。其中灌云服务区建成了江苏交控系统首家 AAA 级旅游厕所。公司深化“服务区＋”和推进更高质量、更具价值的公共服务举措，为实现服务区经营价值最大化和服务最优化积累宝贵经验。

坚持技术创新,积极助力现代交通信息化体系建设,创造“东部智慧”

根据江苏交控信息化战略规划顶层设计,江苏东部高速充分发挥信息化在引领企业转型升级、提高内控管理能力、激发模式创新、催生新型业态,以及提供路网管理与服务水平方面的助推作用。充分利用新技术、新设备、新方法,逐步融合物联对接5G,在信息化工作上率先取得了“三项首创、两大应用”的优异成绩。

“云值机”系统荣获江苏省经信委、人社厅、总工会联合举办的江苏省第二届职业经理人创新大赛一等奖

“三项首创”。一是首创“云值机”系统。公司在国内首次提出了“云值机”的管理方法。云值机是以信息化技术为支撑,采用“互联网”和云技术,实现随机、均衡分配处理值机业务,共享值机数据信息的系统,有效解决了传统值机模式存在的弊端问题。中国公路学会对“云值机”给出“达到了国内领先、国际先进的技术开发和应用水平”的综合技术评价。目前,云值机已被江苏交控作为管理模式创新示范在系统内推广应用。二是首创“指挥调度救援平台”。指挥调度是高速公路营运中的焦点、难点和痛点。该平台的研发,将调度救援处理从接警、建立事件、救援车辆出发、现场处置、电话和对讲沟通、回访、结案等流程形成闭环,处置过程中监控视频、可变情报板、气象监测站等信息实时调用或发布,具有高效、经济、实用的特征。为此,公司受中国公路学会邀请连续在第19届、第20届中国高速公路信息化研讨会上作了经验交流。三是

第20届中国高速公路信息化研讨会上作经验交流

江苏交控系统普及使用的绿优移动端查验系统

首创“绿色通道信息管理系统”。2011年，国家实施高速公路绿色通道优惠政策，大量的绿优车辆减免巨额的通行费。受利益驱动，假冒绿优车辆暗流涌动，偷逃通行费行为猖獗。绿优车辆查验存在验货难、弹性大、矛盾集中等问题。该系统对所有绿优车辆的车辆特征、产品属类、逃费特征等进行自动统计、分析、检索、排查，摆脱了烦琐的手工台账，有效预防假冒“绿优”逃费，提高了绿优车辆的放行质量和效率，并形成了当前江苏交控系统普及使用的绿优移动端查验系统。

“两大应用”。一是“营运大数据应用分析平台”。公司通过建立分布式云计算系统来处理海量的营运数据，摆脱了传统关系型数据库的运算和存储能力的限制，提升了大范围、大跨度的数据挖掘和分析能力。营运大数据应用分析平台实现了打击偷逃通行费数据分析、实时打逃预警功能，营运数据稽查由“事后稽查”向“事前预警”“实时稽查”转变，打逃工作由“被动打逃”转向“主动发现”。二是“高速公路团雾（雾霾）与能见度智能预警系统”应用上线。为了更好地处理高速公路“流动杀手”团雾，公司组织研创的高速公路能见度实时播报与团雾智能预警系统和高速公路恶劣天气分级管制辅助决策系统采用独创视频流人工智能分析方法及创新发明专利算法，实时、自动、精准定位低能见度路段及团雾发生的位置，同时以短信方式将报警信息推送给相关人员，便于及时给予处置。当团雾消散或能见度升高达到取消管制条件时，系统会实时地发送信息给值班人员，及时取消管制，有效缩短分级管制时间，提升道路保畅效率。

“高速公路团雾（雾霾）与能见度智能预警系统”应用上线

坚持示范引领，努力深化企业新时代党建文化底蕴，铸就“东部品牌”

江苏东部高速组建以来，始终坚定不移地把加强党建文化建设作为企业高质量发展的先导工程，紧扣新时代特征和企业改革发展的新要求，做到党建工作有新品牌，队伍建设有新气象，文化塑造有新高度，形成“心齐、气顺、劲足、风正、实干”和“快乐工作、健康生活”的氛围，不断涌现党建文化建设的新样板、新模式、新典范。公司先后被评为全国交通运输廉政文化建设优秀单位、中国高速公路管理创新示范单位、全国交通运输企业诚信建设示范单位、江苏省交通运输企业文化建设先进单位、江苏省交通运输文化建设示范单位。

多元投入，致力构建“锋之路”文化阵地。以“争当高速先锋，服务高质发展”为定位，建立健全支部书记工作室、党员活动室、为民服务站等，不断巩固党建文化阵地。按照“规范有序、重点突出、醒目美观、简洁鲜明”的要求，规范阵地设置。同时公司坚持党建工作引领、支撑和保障企业发展的原则，凝聚了发展合力，涌现出“最美中国路姐”、省交通运输厅2018年度“最美交通人”刘保玮、江苏交控“创新创效先锋”、省国资委“优秀共产党员”杨会超等先进典型。

江苏东部高速收费员刘保玮同志荣获江苏省交通运输厅2018年度“最美交通人”

积极探索，致力健全“创之路”文化制度。以构建“推动创新发展、提升党建效能”为目标，坚持“以制度管人，以程序管事”，全面落实党章党规党纪要求。其中，《“三字诀”工作法推进支部建设标准化》案例准确把握基层党支部的党建特点和规律，构建出融合式、实效型的党建工作体系，夯实支部工作基础。该案例荣获2019年江苏省国企党建“强基提质”提升工程优秀案例一等奖，并入编《发展之魂——2019年全省国企党建“强基提质”提升工程优秀案例》。

《“三字诀”工作法推进支部建设标准化》创新案例喜获江苏省国企党建“强基提质”提升工程优秀案例一等奖

“六位一体”，致力打造“廉之路”文化品牌。以“建树东部清风，永葆政治本色”廉政文化建设为抓手，丰富党建文化体系。突出“崇德尚廉，律己笃行”主题，实施“以理想信念凝聚人心，以艺术品位陶冶情操，以文化底蕴传递知识，以‘互联网＋倡廉’弘扬正气，以创新载体辐射全线”等“六位一体”举措。公司开办了廉洁教育大课堂，选树“廉洁示范岗”76 个、“廉洁标兵”76 人次，精心打造江苏东部高速“廉之路”文化品牌。

寓教于乐，致力开展“爱之路”文化活动。以“汇聚民智民力，激发内生活力”为导向，坚持全面从严治党管党与关心关爱党员干部并举，通过党建文化活动丰富了党员干部和职工的文化生活。组织开展了建党 98 周年党建工作知识竞赛、庆祝新中国成立 70 周年“5 个 7”系列活动、“五亮五比”党员主题实践活动、党员干部职工书画作品展、首届“金猴奖”自创作微电影大奖赛等，特别是充分依托公司沿线红色资源开展红色党性教育，让党员干部在活动中受教育、在教育中受关怀。

江苏交控党委副书记杨飞、江苏东部高速董事长孟春麟为江苏东部高速企业文化研究会成立揭牌

厚植底蕴，致力推进“融之路”文化特色。推进企业文化深度融合，着力打造独具公司特色的企业文化，让江苏交控“通达之道”文化体系和公司特色文化在潜移默化中为全体员工所熟知、认同，成为内化于心、外化于行的自觉行动。通过聘请央视百家讲坛主讲人员为公司企业文化研究会名誉顾问，通过邀请江苏省重点高端智库研究员走进公司，吸收优质文化资源，传承优秀传统文化，发挥文

化人作用，深植文化底蕴，推进企业文化深度、特色融合。

新成立的江苏东部高速在国企改革大发展浪潮中为跳好重组融合“双人舞”进取拼搏，同时作为国有资本投资运营的省属企业，更是站在了改革发展的最前沿。全体江苏东部高速人以勇当“弄潮儿向涛头立，手把红旗旗不湿”的精神，共同铸就“信和 安道 融合 有为”的企业内在气质，着力提高政治站位和发展定位，加快制度和流程的优化统一、管理和文化的充分融合，不断提高运营管理能力、“交通＋”经营拓展能力、大数据应用能力，努力实现“人员变少、机构变简、品牌变优、效率变高、效能变强、效益变好”的“六个变”目标，发挥出合并重组“1＋1＞2”的叠加效应，争创江苏交控系统路桥企业区域化管理改革的“先导区、试验区和示范区”，为推动交通强省和高质量发展再上新台阶做出新贡献！

扬子大桥公司:岁月峥嵘二十载,砥砺奋进新征程

20世纪90年代中期,为落实江苏省委、省政府"挥师北上,加快苏北地区高速公路建设"和"奋战五年,决战苏北,实现全省高速公路联网畅通"的决策部署,江苏省开始了江阴大桥,广靖、锡澄等过江高速通道的建设。经江苏省人民政府批准,1992年12月31日成立了江苏扬子大桥股份有限公司(以下简称"扬子大桥公司"),1997年9月16日成立了江苏广靖锡澄高速公路有限责任公司(以下简称"广靖锡澄公司")。

一桥飞架南北,天堑变通途

1999年9月28日,经过100多个参建单位、万余名建设者近5年团结拼搏,过江高速通道终于在新中国成立50周年大庆之际胜利建成通车。其中,江阴大桥是国务院批准的国家"九五"重点基础建设项目,是同江至三亚、北京至上海两条国道主干线的跨江"咽喉"通道。大桥于1994年11月22日正式开工建设,全长3 071米,主跨1 385米,"千米之跨"跨越了浩浩长江,也跨进了世界造桥业的先进行列,它成为20世纪"中国第一、世界第四"的特大钢箱梁悬索桥。作为江苏"九五"高速公路建设的开篇之作,广靖锡澄高速是G2京沪高速的过江通道江阴大桥连接线、江苏省内第一条双向六车道高速公路,下设堰桥服务区是国内第一座跨线式钢结构空中服务区,其工程建设达到了当时国内领先、国际先进水平,实现了江苏省委、省政府提出的"创国优,争一流"的建设目标。

2000年5月23日,扬子大桥公司、广靖锡澄公司成为江苏交通控股有限公司的控股企业。在江苏交控党委的正确领导下,两家公司着力推进路桥管养、安全营运、投资经营、内部管理等工作的细化、优化和提升,切实承担好"政治、经济、社会"三大责任。它们先后获得国际桥梁最高奖"尤金·菲戈奖"、全国建筑行业最高荣誉"中国建设工程鲁班奖""中国土木工程詹天佑奖",全国五一劳动奖状、

全国模范职工之家、全国青年文明号、全国工人先锋号、全国百佳示范服务区、全国交通行业抗灾保通先进集体,江苏省文明单位、江苏省五一劳动奖状、江苏省企业文化示范单位,涌现出全国交通系统劳动模范、全国三八红旗手、全国交通行业青年岗位能手,党的十八大、十九大代表钱燕等一批优秀员工。截至 2018 年,扬子大桥公司主营业务年收入由 1.69 亿元增长至 14.08 亿元,累计达 157.73 亿元,实现净利润 63.33 亿元、实现分红 40.3 亿元、上缴税收 29.48 亿元,总资产由 31.37 亿元猛增至197.82 亿元;广靖锡澄公司总资产从当初的 25 亿元增至 100 亿元,注册资本从8.5 亿元增至 25 亿元,公司营业收入从 2000 年的 1.43 亿元增至约 13.2 亿元,利润总额从当初的 0.76 亿元增至 7.89 亿元,利润达到了历史最高水平。

江阴大桥

联动融合扬子江,聚力同创新坦途

“一路走来一路歌”,公司始终紧扣时代改革发展脉搏,正确把握企业发展方向,坚持聚焦主业深耕细作、坚持创新引领锐意改革、坚持开放包容砥砺前行,不仅有力推动江苏南北的经济建设,而且对长江三角洲和我国东部地区乃至全国的经济和社会发展都起着积极作用。2019 年 6 月 28 日,江苏扬子江高速通道管理有限公司(以下简称“扬子江公司”)应运而生,新公司成立是江苏交控探索实践高速公路区域化、集约化、专业化管理模式,助力现代综合交通运输体系建设,实现“高质量发展走在前列”目标进程中落实的重大改革举措。该公司主要由扬子大桥公司、广靖锡澄公司以及委托经营管理企业等 5 家路桥公司整合而成，整体采取“1＋N”模式统一管理“2 桥 8 路”，包括：江阴大桥、沪通大桥和广靖高速、锡澄高速、锡张高速、环太湖高速、苏锡高速、锡宜高速、在建的常宜高速与宜长高速，管理总里程 281 公里，共有 32 个收费站和 7 对服务区，员工总数 1 500 人。公司本部设 8 个部门和 1 个总调度中心，下设江阴大桥管理处、沪通大桥管理处、锡宜管理处。

众志成城保畅通，优质服务展风采

枢纽作用不断凸现。公司进入营运期以来，始终坚持为社会提供优质的高速公路通行服务和全天候的通行条件，让公众体验高速公路服务的“温度”。江阴大桥是全省十几条高速公路的过江汇聚点，日均通行量由 1.5 万辆增加至 9.8 万辆左右，最高达到 16.9 万辆，现累计通行车辆突破 3 亿辆。在连接南北交通、推动区域经济发展的进程中，江阴大桥、广靖锡澄高速让苏北、苏南由“一江之隔”变成“一桥相连”，长三角各城市之间真正实现了“无缝衔接”。2008 年，面对 50 年一遇的特大冰雪灾害，公司及时启动应急处置预案，承担了省内 80％的过江流量，始终确保过江通道的畅通；2012 年，公司的“大流量保畅”工作法被省公安厅作为全省高速公路大流量保畅指导性文件下发推广；在北京奥运会、上海世博会、G20 峰会等国家重大会议以及重大节假日小客车免费放行期间，公司上下一心，众志成城，多次圆满完成了保畅任务，受到了社会公众及同行的肯定。

标准化服务礼仪

服务品牌不断升级。公司坚持以顾客为中心，不断提升公众服务水平，制定了《温馨服务管理办法》《收费稽查工作手册》等管理制度，率先引入第三方监督机制，将明察暗访测评结果与“窗口”单位负责人的考核工资挂钩，强化管理力度。在营运管理上，优化道路道口保畅，提高突发事件和恶劣天气综合处置能力和效率，打造广靖锡澄应急保畅特色品牌。2014 年，大桥收费站成功打造了江苏交通优质服务品牌“五心彩虹”；2017 年，大桥收费二班被评为第四届最美中国路姐团队。在服务区"双提升"上,推进广陵服务区改造、宜兴服务区业态完善和招商工作,抓好"吴韵堰桥"品牌特色宣传和品牌推广。同时,坚持把文明创建与发展管理有机结合,一方面,围绕社会主义核心价值观,不断推进各项文明创建,累计获得集体、个人荣誉百余项;另一方面,按照省文明办和江苏交控要求,做好"城乡结对、文明共建"帮扶工作,每年组织各类社会公益活动,切实使文明创建发挥内强素质、外树形象的促进作用。

管理能力不断提升。在安全生产管理方面:大力开展标准化建设,形成了安全生产制度汇编、安全生产标准化手册,建立了安全生产标准化信息系统,安全生产工作呈现系统化、科学化、信息化的良好局面。在质量管理方面:2003 年,公司就开展了以 ISO 9001 质量管理、ISO 14000 环境管理和 OHSAS 18000 职业健康安全管理为主要内容的国际标准体系认证工作,并编制下发了质量管理手册、环境管理手册和职业健康安全管理手册,其中质量管理手册附有综合管理、工程养护、收费管理、服务区管理分册,基本涵盖了公司各项工作范围。通过贯标查找在制度、工作流程、方法等方面的薄弱环节,并加以完善,逐步实现了管理规范化、系统化、程序化。在内控和项目审计方面:内控评价做到业务流程全覆盖,有效防范了经营管理风险;项目审计逐步走向规范化,为加强工程建设管理提供了有效保障。在物资采购方面:根据人员变化,及时调整招投标与采购管理组织机构,完善招投标与采购制度,进一步规范物资采购方式,加强供应商履约考核管理,形成相互协调、相互监督、相互制衡的内部监督管理机制。

上下求索破难题,科研攻关结硕果

加强科学管养能力。江阴大桥长期与大桥原设计、施工单位强化合作,在解决一些由于设计考虑不全面导致的问题基础上努力优化相关构件的维护方案,共完成桥梁及路面维修工程、预防性养护工程 30 余项,解决了营运初期出现的各类难题。公司相继解决了因大桥纵向大位移造成的主桥毛勒伸缩缝、支座等附属设施损坏问题,主缆、吊索和南北锚锚室渗漏水问题,锡张线桥梁支座损坏问题等,摸索出了最适合江阴大桥钢桥面的双层热拌环氧的桥面铺装结构形式。同时,公司编制了《江阴大桥维护手册》,并进行了 4 次改版,为桥梁养护规范奠定了制度基础。2014 年开展的江阴大桥全桥结构状态检测评估结果表明,大桥各项指标和参数均在原设计控制规范内;在 2016 年交通运输部组织的国家干线公路网 40 座长大桥梁监测中,江阴大桥的养护管理规范化检查评分排名全国第一,印证了公司长期以来通过科学管养，切实承担好保证路桥安全耐久的政治责任。

加大科研创新力度。扬子江公司与中交第一公司勘察设计研究院、省交科院、同济大学、东南大学等单位强强联合，组织 30 余个科研和技术开发项目，投入科研经费 2 767 万元。2016 年成立“悬索桥养护技术研究中心”“江苏省研究生工作站”，积极探索产学研结合的新模式。先后开展针对大桥钢箱梁裂纹和疲劳损伤识别、吊索状态评估、桥梁橡胶支座更换等一系列具有前瞻性的路桥管养课题攻关和技术研究，很多成果在其他大型桥梁建设和养护中得到应用，并获得了近 20 项省部级科研技术奖项，其中“基于十七年养护大数据的江阴长江大桥钢桥面铺装技术”荣获中国公路学会科学技术一等奖、“大跨钢桥疲劳损伤评估与开裂维护关键技术”等多个科研成果获中国公路学会科学技术二等奖等。同时，公司相继开发了全景可视化的养护管理系统、基于 BIM(建设信息模型)技术的江阴大桥桥梁养护管理系统，提升了养护信息化程度，为进一步建设“数字化大桥”和“智慧大桥”奠定基础；在主缆上安装了永久性全景观察窗，并增设了主缆除湿系统，这在国内已建桥梁中尚属首次；采用船舶 AIS(船舶自动识别系统)信息、结合视频系统监控，研发了“桥梁防撞预警系统”；按照跨江大桥示范的要求，推进了“一个数据中心、五个平台”的信息化建设等。

加强预防性养护管理。在养护管理上，践行五大发展理念，推进养护精细化管理，努力创建“畅、安、舒、美”的行车环境。广靖锡澄高速开展了多个实用性、前瞻性技术项目研究应用，其中，“江苏省高速公路养护技术体系和决策支持体系研究”项目获年度中国公路学会科学技术一等奖；“ECA 沥青混凝土在高速公路车辙处治中的应用研究”荣获中国公路学会科学技术二等奖；“隔离栅快速开闭装置”取得国家实用新型专利；“小修保养管理系统”成功申请著作权。此外，公司致力于打造一支勇于探索、敢于创新的工程技术队伍，工程技术人员累计在省部级以上刊物发表论文达 200 余篇。

开创集中养护新模式。为减少路面大修工程对超饱和流量路段的道路通行和路网收费的影响，公司联合现代路桥公司首创“单方向全封闭集中养护”模式，认真遵循蔡董事长有关“三抓三保一实现”和“三个在前”的指示讲话精神，通过集中优势资源实行 24 小时全天候施工、制定分流保障应急预案、建立区域多方协作体系的方式，有效破解了时间紧、工程量大、流量大、交通组织难、区域广和协作要求高等难题，施工工期大大被压缩，仅是原来的十分之一，施工质量有充分保障，施工安全实现零事故，开创了国内高速公路大流量“集中养护”之先河，创造了“中国速度”，形成了可推广、可复制的“苏式养护”新样板，铸造“苏式养护”品牌。

不忘初心强党建，优化机制提效能

党建引领强基固本。公司作为党领导下的省属企业，始终将党委研究讨论作为董事会、办公会决策重大问题的前置程序，并注重思想、组织、制度、作风和反腐倡廉建设。坚持运用各种教育载体，开展理想信念和反腐倡廉教育；坚持强化基层党支部工作制度化、规范化建设，坚持探索决策权、执行权与监督权相互制约、相互协调的运行机制，逐步建立健全党员学习、党风廉政、内控监管等方面共20余项制度，扎紧制度的“笼子”；坚持以党的群众路线教育实践活动、“三严三实”专题教育、“两学一做”学习教育和“不忘初心、牢记使命”主题教育为契机，持续改进作风；坚持标准从严、执纪从严，始终保持惩治腐败的高压态势，切实为公司经营发展提供强有力的政治保障。同时，深入探索“党建＋”模式，提高党建与队伍、业务、安全、文化的深度融合，涌现出一批特色品牌。其中，“责任靖江”将党建与业务充分融合，党员在保畅、打逃等业务工作中以身作则、勇挑重担、攻坚克难、冲锋在前，时时刻刻起到表率作用。“人文江阴”将党建与文化融为一体，开展了“为你悦读”音频专栏和“人文江阴讲堂”两个文化阵地，党员带头说、嘉宾特色说、文化大家说，为党员群众搭建舞台，分享经验，展现风采。“‘四精’江阴南”将党建与队伍建设相融合，以打造“精细管理、精品值机、精英班长、精彩生活”收费站为主线，创建了一支活力高效的团队。“悲鸿故里　墨彩屺亭”将党建与安全相结合，打造了四个骏马“安畅”班组。

企业文化全面推进。公司坚持把企业文化建设作为固企生存之本、强企发展之基、铸企兴旺之魂。2012年，引入第三方专业力量，在大量查阅管理文献、工作信息，全面了解和系统分析的基础上，形成包括宗旨、价值观、优良传统、管理原则、行为准则五个部分的公司《价值理念》手册；理念需要实践来验证，公司采取试点先行、以点带面、逐年深入的渐进方法，组织29家实践单位结合实际分别确立实践主题，让实践推进价值理念与经营管理的相互渗透和深层融合。同时，大力营造“心齐、气顺、劲足、风正、实干”的良好氛围，“爬山虎”青年创新工作室被团省委和省科技厅授予了“江苏省青年创新工作室”称号；公司选送的三人小合唱“粉墨人生”荣获了“喜迎十九大，国企好声音”省部属企业职工歌手大赛组合组银奖；自编、自导、自演，拍摄了反映各岗位员工践行价值理念的多部微电影。用身边人、身边事来例证价值理念，潜移默化地影响员工的思想和行为，真正做到知行合一。

以人为本锻造队伍。公司不断完善培养机制，建立合理的人才梯次结构，为高效运作提供保障。按照“评聘分离、竞争上岗”的原则，2004 年起持续开展专业技术职称评聘工作，累计 142 人次受聘于各级专业技术岗位；按照“三公”原则，2015 年底选拔建立管理员和主办两个层次、44 名学员的人才库，并探索实践“动态培养＋学分管理”模式；为弘扬工匠精神，2018 年启动技师评聘工作，7 个生产岗位的 26 名基层员工被聘为技师。三项创新举措共同构建了管理、技术、技能三个职类发展通道，让各岗位员工看到努力方向。此外，公司立足全局，多年来向其系统内多家公司输送各类技术和管理人员 50 多名，占公司职工总数的 1/12。

主题活动集体合照

守正出奇谋主业，稳健投资促增值

推进区域经济发展。2003 年 6 月底，省委、省政府正式启动实施“沿江大开发”战略，为方便两岸百姓走亲访友、资源共享、文化交流，公司积极组建江阴和靖江两市城际公交，努力搭建两岸便捷的人流、物流和信息流通道。2003 年 9 月 13 日，在省委、省政府的大力支持下，江阴至靖江跨江公交线路正式开通，这是国内第一条跨地区公交线路，现累计运送旅客约 2 200 万人次，受到了两岸百姓的欢迎。2017 年，挂牌成立了江阴经济开发区——靖江园区，这是江苏省实施沿江开发战略，利用江南的资本优势、人才优势和管理体制优势带动和加快江北经济发展的第一个跨江联动开发的先导区和示范区。在这一创先之举中，公司为促成江阴和靖江两市突破行政区划、实施跨江合作提供了可能，加速了区域经济一体化进程。

构建多元化融资平台。公司在风险防范控制的基础上,坚持拓展融资渠道、创新融资产品、提高融资效率、降低融资成本。2010 年起,创新使用并购贷款和保险资金债权计划产品,从市场募集资金 25.5 亿元;2016 年,成功申报低成本金融专项债 9.45 亿元用于对接沪通项目资本金,固定年利率为 1.2%和 4.2%,期限为 20 年;2017 年,率先在银行间市场发行全国首单信托型收益权类资产支持票据 ABN(资产支持票据)募集资金 5 亿元用于补充沪通项目资本金;2015 年起,适时将融资方向转向直融市场,在当年发行首单 6 亿元 CP(短期融资券)之后,2016 年成功将主体信用评级调级(AA+),此次调级为路桥类企业首例,并在市场连续发行数单 SCP 信用累计募集资金 16 亿元,顺利完成长期债务短期化;2017 年,在货币政策趋紧形势下,再次从银行获取跨境风投和海外直贷等境外资金 5.14 亿元用于债券兑付,资金价格均控制在基准以内。通过多元化的筹融资平台,公司累计募集资金 177.95 亿元,优化了资产负债结构,加大了融资储备。

围绕主营做大做强。在江苏交控的统一部署下,利用自身经营、金融市场和资本市场,积极滚动投资交通基础设施。广靖锡澄公司投资参股了江苏沿江高速公路有限公司、江苏金融租赁股份有限公司等单位,并投资建设常州至宜兴高速公路、宜兴至长兴高速公路江苏段新建项目。扬子大桥公司从 2003 年起共参与 6 项重大项目投资,投资总额达到 92 亿多元,其中,对江苏金融租赁股份有限公司投资 2.92 亿元,占股比12.45%;对苏通大桥投资 6.44 亿元,占股比 25%;对泰州大桥投资 13.104 亿元,占股比 40%;对锡张高速投资 45 亿元,占股比 100%;对沪通大桥公路桥部分及南北连接线项目投资 24.01 亿元,占股比 63.19%;对海通证券股份有限公司初始投资 7 865.13 万元,占股比 0.356 5%。至此,公司参股(含全资控股)的单位已达到 8 个,切实为江苏加速交通基础设施建设、高速公路网络快速形成做出了应有贡献。

沧海横流方显英雄本色,艰难困苦砥砺精神品格。公司历年来取得的这些成绩是所有扬子江人不畏困难,勇于拼搏,改革创新发展的最好缩影。时代给予我们光荣与梦想,更赋予我们责任与使命,在迎来新中国成立 70 周年历史交汇之际,在扬子江高速通道开通 20 周年之时,扬子江人将接过历史的接力棒,按照“四个全面”的总体要求和“六个高质量”部署,结合“强富美高”新江苏建设发展定位,不忘初心、牢记使命,以知难而进、自强不息的创业精神,服务大局、拼搏奉献的责任担当,崇尚科学、敢为人先的创新勇气,继往开来、砥砺前行,为江苏交控高质量建成国际先进、国内一流的省级国有资本投资运营公司贡献力量!

沿江公司:勠力同心十五载,献礼新中国成立七十年

——砥砺奋进的江苏沿江高速公路有限公司

2019年,是中华人民共和国成立70周年,也是江苏沿江高速公路有限公司(以下简称"沿江公司")组建运营的第十五个年头。

十五年,繁荣昌盛的祖国孕育了沿江公司的茁壮成长。

十五年,茁壮成长的沿江公司见证了祖国的繁荣昌盛。

十五年,是沿江公司从无到有,通行费收入从2.7亿元到19亿元,实现增长超6倍,服务区餐饮、商品、租赁收入从1 066万元到1.1亿元,实现增长超9倍的大发展。

十五年,是沿江公司品牌打造和文明创建工作取得长足发展,"全国学习型先进班组"、中华全国总工会"工人先锋号"、"交通运输行业质量管理优秀企业"、"全国交通行业五星级现场"、"全国交通运输行业诚信企业"等殊荣纷至沓来的大台阶。

十五年,是沿江公司不断在实践中创造经验,软硬件"组合拳"出击,打赢保畅攻坚战,出色完成上海世博会、上海亚新峰会、G20杭州峰会、南京青奥会等重大政治会议保畅任务的大跨步。

回顾过去十五年,沿江公司不忘初心,砥砺前行

经济效益不断提高。主要经营指标列江苏交控前茅,2018年末全口径总资产115.8亿元,较2004年末增长138.5%;营业收入和利润总额分别达20.4亿元和8.8亿元,较2004年末分别增长486%和2 013.6%。

营运管理服务水平不断提升。自江苏交控系统提出"苏高速·茉莉花"的服务品牌后,沿江公司主动对标,自加压力,将"苏高速·茉莉花"服务品牌创建活动

在全公司内深入开展，不断拓展服务内涵，创新服务形式、提升服务品质，全面推进星级现场管理评价体系，增强主动服务意识。从着装到言行举止——微笑服务和文明用语，手势动作标准化、规范化，实现了由“文明服务”向“温馨服务”的转变，打响了沿江温馨服务品牌。沿江高速自开通以来，车流量持续高速增长，进出口流量从2004年的742万辆增长到2018年的6 317万辆。在出入口交通量不断大幅增长的情况下，沿江公司仍然能够通过采取多种措施，保证沿江全线车流量保持高位平稳运行。通过提前研判、科学调度，保畅工作更加协调顺畅，清排障30分钟到达率97%，1小时通车率92%，保畅能力有效提升。标准化、示范化站区建设取得成果，目前公司有苏沪主线、太仓港站获得“全国交通行业五星级现场”荣誉称号、苏沪主线站获得中国质量协会“质量信得过班组”称号、锡常养护大队获得“全国优秀质量管理小组”称号。

道路养护质量不断增强。沿江公司公路技术状况指数（MQI）值始终保持95分以上，路面使用性能指数（PQI）平均值达94.5分，SCI、BCI、TCI等指标均接近100分，路桥技术状况持续保持“优秀”等级，养护科技创新能力加强，道路与桥梁安全始终保持良好受控状态。以全寿命周期成本最低为目标，在流量超饱和的情况下，能够以小投入换好成绩，使公路技术状况指数一直保持较好的状态，2018年，公司全年投入路面专项养护经费不到1 000万元，但全线平均技术状况指数（MQI）为96.6，总体质量为优。QC（质量控制）小组工作方面也取得了一定成果，申报的课题不断增加，2018年共申报了15个课题，立项了11个，QC小组的“智能发光标志牌的研制”项目荣获2018年江苏省交通行业优秀成果发布会一等奖，成功入选2018年江苏省优秀质量管理小组成果交流会，并获得“全国优秀质量管理小组”称号。

服务区经营不断突破。2015年以来，公司四个服务区以创建百佳示范服务区为契机，进行以“体现特色、丰富业态、完善功能、规范服务”为特色的升级改造工程，改造后的服务区内部环境更加现代化、公益性功能更为突出，服务也更加多元化。此外，各服务区还加速增值便民服务，提供母婴室、第三卫生间、汽车充电站、免费Wi-Fi、手机充电等，打造“沿之味”自营品牌，不断丰富服务的内涵与延伸。

沙溪服务区营业额稳居江苏省前三名，但不满足于经济指标，自加压力，围绕江苏交控双提升要求，明确发展思路，确立公共服务、经营效益兼顾的经营管理理念，保障基本服务、开展延伸服务、深化特色服务，最大限度地满足顾客的更高品质和多样化的需求。一方面引入知名品牌，来伊份、研磨时光、国家地理标志农产品等 14 个经营业态在服务区竞相开放；另一方面，全力打造自主品牌——“沿之味”自营快餐品牌。2015 年 5 月，沙溪服务区率先推行“一菜一价”自选式快餐，菜肴品种从 18 种增加到 50 余种，推出特色套餐，实行分档消费，相同价格的套餐分 A、B 两档，满足要求快捷、消费档次较高的顾客群。当前，沙溪服务区正在进行升级改造，预计于 2019 年年底完成，届时，中国首个 5.0 版本服务区将向世人亮相。

改造后的沙溪服务区效果图

内控管理不断完善。作为江苏交控系统内控体系建设的试点单位之一，公司高度重视内控建设，做好内控流程风险点的排查、内控诊断和意见交流等工作，目前内控手册已编制完成，内控体系初步建立，并在全控股单位进行全面推广。近年，还以人力资源管理提升工程为抓手，采取多项措施，进行了“三项制度”改革、实施了薪酬激励机制，让公司保持持续竞争优势。在抓实全程管控方面，公司成本费用实现了逐年整体下降。本着实用、节约、适当从紧的原则，公司重新制定了日常费用预算的定额标准，对业务招待费、车辆使用费、房间维修费进行了大幅压缩，对基层单位的日常费用预算实行奖惩考核。同时，提高资金使用效率，降低资金成本。为避免资金沉淀，积极联系财务公司做好对系统内公司的委贷放款，仅 2017 年，便实现委贷收益近 4 000 万元。2017 年，公司还作为控股系统内双重法律审核的试点单位之一，参与了上海交通大学法学院的专项课题。

综合投融资能力不断强化。十五年累计完成项目投资 104 亿元，股权投资 6 137.53 万元，包括太仓港疏港高速、张家港疏港高速等。2016 年沿江公司正式与沪苏浙公司进行合并重组，向沪苏浙公司增资 27.36 亿元，公司的资产结构进一步优化，公司投资运营的高速公路总里程从最初 134.6 公里增加到 222 公里。公司资信等级始终保持 AA+。

党的建设全面深化。公司党建水平不断提升，构建了“红·沿”党建品牌。党建氛围浓厚，党委班子带头落实党建工作责任制，自上而下层层传达，与中心工作同部署、同推进、同考核、同奖惩，形成了“抓好党建有责任、融入中心分不开、发挥作用看得见、喜闻乐见受欢迎”的党建思想政治工作体制机制。坚持党管干部原则，树立良好的选人用人导向，形成了干部队伍“派得进、调得出、流得动”的运行机制。以系统思维和“工匠”精神抓好基层党支部精细化管理和标准化建设，建成“标准化、特色化、品牌化、体系化”的“四化”党支部。涌现出一批政治素质优、岗位技能优、工作业绩优、群众评价优的“四优”共产党员，多位同志获得省国资委表彰，在生产、工作、学习和社会生活中勇于担当作为，在本职岗位上做出优异成绩，党员的先锋模范作用发挥明显。大力推动“廉洁国企”建设，通过整合“纪检监察、财务审计、干部人事、行业业务、群团民主、效能监察”六大监督平台，完善监督体系。构建公司网站、微信公众平台、内部报纸、微信群、江苏省文明单位在线“五位一体”的宣传工作平台，打造综合性、多渠道、全方位的思想政治、发展研讨、工作交流、文化建设等的宣传阵地。积极营造“让运动成为习惯，让生命更加精彩”的氛围，在全公司开展“我运动、我健康、我快乐”全员体育活动，打造“活力沿江”运动品牌，提高了公司的凝聚力、向心力。公司团委被共青团江苏省委授予 2017 年度“五四红旗团委”荣誉称号，《沿江 12 小时》获得首届全国公路微视频大赛三等奖、全省青年文明号微电影大赛优秀奖。

十五年的风风雨雨，走过的是岁月，经历的是故事，留下的是历史，沉淀的是文化。经过十五年的积累，公司形成了“沿之道，畅若水”企业文化体系。2018 年，公司被省交通运输厅评为“第三批全省交通运输文化建设示范单位”，被江苏省交通企业协会评为“江苏省交通运输文化建设先进单位”。

面对新时代新要求，沿江公司牢记使命、推动发展

行程万里，不忘来路；饮水思源，不忘初心。今天的祖国比历史上任何时期都接近实现中华民族伟大复兴的目标，今天的沿江公司正处于高质量发展的新征途上。纪念是为了更好地传承，传承是为了更好地发展。站在历史与未来的交汇点上，沿江公司将牢记使命，发扬“红·沿”党建精神，聚焦“四个争一流”，以实际行动推动沿江公司高质量大发展，奋力担当“交通强省、富民强企”光荣使命，为实现

中华民族伟大复兴中国梦贡献力量。

科学发展争一流。公司将继续对标《江苏交通控股有限公司高质量发展走在全国前列暨创建一流企业三年行动计划》，高点定位，高标准推动各项工作落地。大力推进“苏高速·茉莉花”营运管理品牌建设。增强交通事件自动识别能力和应急响应效率，进一步整合信息发布渠道资源，进一步强化道路的安全管理，进一步提升通行效率，改善社会公众出行体验。开源节流、提质增效，持续提升服务区的经营水平，深化降本、提质、创效，以沙溪服务区改扩建为抓手，全面提升服务区综合盈利能力、持续发展能力，大力实施品牌战略，发挥品牌引领和助推作用，以自营中餐品牌创建为抓手，全面提升服务区文明服务品牌建设，提升服务区发展核心竞争力。

沿江公司进行“不忘初心、牢记使命”主题教育

改革创新争一流。公司将以高标准严要求，按时完成撤除省界收费站工作、沙溪服务区的改扩建任务，着力推进全线改扩建。突出抓好迎接五年一度全国干线公路养护管理大检查的各项准备工作，确保实现“争先夺冠”的目标，并以此为契机，全面推动路桥管理实现新提升，继续保持在全国同行业中领先发展的优势。积极应对省界站撤除等收费变革，通过大数据分析研判、视频巡查、现场调研等多种形式，进一步摸清路网拥堵节点、特点和环节，进一步推进“高速公路＋互联网”建设，加大创新技术成果应用。创新服务区发展模式，一区一策，努力打造沙溪田园综合体特色示范服务区、平望古镇主题服务区，深化智慧服务区建设运营水平。

党建工程争一流。公司将严格落实全面从严治党要求,严明政治规矩,强化“四个意识”,坚定“四个自信”,践行“两个维护”,确保上级各项部署在公司落地生根。提升思想引领力,用好中心组学习、沿江大讲堂、党校等载体,持续深入开展“不忘初心、牢记使命”主题教育,推动党员干部对习近平新时代中国特色社会主义思想入脑入心入行。提升党的组织力,加强党建责任制考核和成果运用,推动落实基层党支部“强基提质”(2019—2021年)三年行动计划,打造“标准化党支部示范点”。提升担当执行力,严把德才标准,坚持以德为先,把政治过硬作为第一标准,突出“讲担当、重担当”的鲜明导向,选用敢于负责、勇于担当、善于作为、实绩突出的管理人员。提升自我净化力,坚持不懈改作风,严格落实中央八项规定精神,坚决破除“四风”,持之以恒执纪问责,坚持挺纪于前、抓早抓小,用好监督执纪“四种形态”,建立健全问题线索监测预警机制。

和谐稳定争一流。沿江公司将立足和谐稳定,突出党委领导作用,破解“钱从哪里来、人往哪里去、险从哪里防”三大“难题”。充分认清在破解难题中肩负的重大政治责任,不断增强与之相应的能力,在推进难题破解中发挥好领导核心作用,精心谋划,科学决策。确立与破解难题相适应的思想观念,建立健全责任制,确定各项具体任务的责任主体,上下贯通,层层负责,努力做到全局与局部相配套、渐进和突破相衔接。积极主动掌握员工的思想动态,运用多种方式营造“快乐工作、健康生活”的良好氛围,弱化消解内部稳定风险,保证公司在撤除省界收费站、改扩建等改革过程中的和谐稳定。

京沪公司：不忘初心谋发展，砥砺奋进开新篇

2000 年，当新世纪的钟声敲响，在苏北这片广袤的土地上，京沪高速如巨龙腾空而起，众志成城的京沪人肩负着“交通强省、富民强企”的企业责任，以此为广阔舞台，精彩发轫。

2000 年 12 月 15 日，京沪高速公路沂淮江段开通运营；2004 年 10 月 12 日，启扬高速公路扬州西北绕城段开通运营；2012 年 12 月 8 日，沪陕高速公路宁扬段开通运营；2017 年 12 月 28 日，新扬高速扬州段开通运营，公司经营管理的高速公路总里程达到 396 公里；2018 年 9 月 26 日，枣林湾收费站正式通车运营。至此，公司在三级管理体制框架下，下辖收费站 32 个，服务区 9 个，清障大队 5 个。

黄董在服务区调研“服务区＋扶贫”项目

19年来，江苏京沪高速公路有限公司(以下简称“京沪公司”)遵循“让社会更美好，让员工更幸福”的企业愿景，提出“六个一流”的企业发展目标，在路桥品质、营运管理、窗口服务、文化创建和队伍建设等方面进行大胆探索，用创新的智慧和奋斗的汗水托起一项项荣誉：公司先后被评为全国交通运输系统先进集体、全国先进基层党组织、全国交通运输文化建设卓越单位、2016—2017年度全国“安康杯”竞赛优胜单位，江苏省文明单位、模范职工之家、省属企业信访维稳工作先进单位、2018年江苏青年志愿者服务春运“暖冬行动”先进集体，获得了江苏省青年志愿服务事业贡献奖、“江苏省五四红旗团委”的荣誉称号，连续三年被评为江苏交通控股系统先进集体等。

构建养护管理新模式，铸就优质可靠路桥品质

大道为公，通行致远。在道路养护方面，京沪公司始终遵循“以路为本”的指导思想，坚持“标本兼治、治本为主”的养护方针，高标准严要求，求真务实，以桥梁为重点、以路面为中心全面开展道路养护工作，保持道路品质优良，确保了道路安全畅通。

京沪高速开通后，主线交通呈现“货车占比高、超载严重”的特点，交通荷载的重载程度在省内高速公路中相当罕见，道路桥梁养护形势严峻。公司以安全畅通为首任，不断加大对道路养护及技术与管理创新的投入。2007年开始探索、试验路面大修方案，在省内高速公路上率先开展全路段罩面大修道路养护方案。2011年底完成了京沪高速沂淮江段全线235公里(不含桥梁)双向罩面大修养护，同时加强对道路各种病害防治，保证道路品质优良。“十一五”“十二五”期间，公路技术状况指数MQI始终保持在95以上，一、二类桥梁比例为100%。路容路貌明显改善，路桥品质得以保持，在交通运输部多次养护检查中均取得优异成绩。

公司日常养护模式经历了自养、自养和社会化养护相结合、社会化养护三个阶段。在经历了多次管养模式变革后，公司总结出适合管辖道路特点的日常养护管理模式，采用部分总包的社会化养护模式，减少了日常养护管理的环节和难度，实现了在道路保洁、交安设施维修、路面维修、桥下安全等方面的长效管理。完善日常养护管理制度，采取路面巡查和监控巡查相结合、管理处月度与公司季度养护检查考核相结合的方式，保证了路面坑塘24小时修复、损坏护栏板48小时复原、路基边坡稳定、排水系统通畅、桥涵结构物以及沿线设施完好、绿化完整美观协调、护栏线型顺适的效果。

为加强桥梁维修加固工程的质量管理，推进精细化管理工作，公司在桥梁维修加固工程中推行“首件工程认可制”的基础上，加强施工全过程控制，采取“监理抽检＋业主突检”的形式，变“首件”为“过程件”，避免施工单位重视首件而弱化中间质量控制，使得工程质量管理贯穿项目实施全过程，也使工程质量控制做到了常态化，同时也实现了管理的长效化。实施联合巡视制度，在以往的桥梁维修工程管理过程中，因桥梁工点分散，工程管理中存在“工序质量检查不及时、检查范围覆盖小”的缺点，鉴于此，公司设立了由“业主＋监理”的“联合巡视制度”，并通过微信群进行现场实施管控，有效提高了工程管理效率。

创新管理模式，标准化信息化助推营运水平新突破

风雨兼程，乘风破浪。在安全营运业务上，京沪公司不断探索、深入总结，管理方法日渐丰富，管理模式日趋成熟，管理效能日益凸显，从最初的摸石头过河，到循着经验不断创新发展，再到信息化引领支撑，安全营运工作不断迈上新台阶。

在安全管理方面，京沪公司深入开展安全生产标准化建设，在全公司推行安全生产标准化管理，并于 2015 年底顺利通过了省交通运输厅的安全生产标准化验收。在收费业务方面，狠抓查逃管理，建立常态化的查逃交流和激励机制，从最初的换卡、假军车到货车使用千斤顶，再到假冒绿优、写假卡、ETC 大车小标、假冒节假日优惠车等，新的逃费方式不断被查处，逃费形势得以有效遏制，收费环境得以不断净化，2019 年，公司为有效应对省界收费站撤除后全国“一张网”的新形势，率先开展数据稽查模式探索，运用信息化手段，在公司沭阳北收费站先行先试治逃“1・3・3”孵化项目研究，并取得了一定成效。

在道路保畅方面，重视保畅能力建设，成功处置了“3・29”液氯泄漏、“6・24”丙烯腈爆炸等有影响力的重特大危化品车辆事故。2012 年，坚持问题导向，开展了清障作业现场警示装置研发工作，2013 年研发出第一代“便携式声光电警示装置”，被江苏交控推广至全系统。经过不断优化升级，依托“胡海平劳模创新工作室”创新团队，成功研制了高速公路作业车多功能警示装置，通过了省交通运输协会专家评审，并被列入 2019 年交通行业 QC 推广项目，进行量化制作，在高速公路上推广应用。

2013 年，公司以问题为导向，先后开发了电子值机、智能稽查、综合交调、三大系统管理、安全标准化、标准化收费站、标准化清障大队七大管理系统，为生产业务和文明服务的集中监管提供了强大的信息化支撑。这些系统较好地解决了

管理科学化“有和无”的问题。但是随着形势的发展，迫切需要一种新的手段来整合这些系统，从而解决“有和优”的问题，实现“指令传达一条线，安全防护一张网，运营管理一盘棋”。2019 年 7 月，公司组建了运营管理中心，充分利用信息化手段，采取远程稽查和人工现场检查相结合方式，对安全生产、收费业务、经营服务、清障作业、道路施工、交通调度、机电设备等，实施 24 小时全天候、全方位、专业化、常态化监督检查，发挥了“千里眼、顺风耳”的作用。

注重服务品牌创建，社会影响力和满意度不断攀升

不忘初心，牢记使命。公司不断拓展服务的内涵和外延，不断丰富服务公众的形式和内容，创造了一个又一个响亮的服务品牌，赢得了广大司机乘客（以下简称“司乘”）的一致好评，产生了良好的社会效应。

“快乐车轮”活动

相继出台文明服务创建实施方案，制定服务工作标准，定期举办服务技能培训，广泛开展文明服务竞赛活动。收费系统不断优化服务流程，推进收费站客货分道，组织服务标兵评选活动，通过典型的培养塑造，掀起向典型学习的热潮，锻造出一支服务意识强的团队；服务区开展服务项目需求化、服务功能多元化、服务

设施人性化、服务消费品质化的服务质量等级评定，对大部分服务区进行布局调整，重点完善公厕、母婴室、第三卫生间、休闲广场、商业空间等功能性设施，用心打造“温馨的驿站”。公司于 2014 年 1 月，创建了“快乐车轮”服务品牌，经过五年的打造，“快乐车轮”打破了参与人员与服务时空的界限，全线 46 家基层单位“24 小时温馨驿站”及 208 个临时“便民服务点”、46 家爱心基金会，不断拓展“快乐车轮”的服务内涵和外延，引导广大团员青年积极争创青年突击队，号召他们广泛深入窗口服务、安全保畅通和志愿服务等第一线，为企业经济效益和社会效益的双提升积极贡献青春力量。

公司开展“感动服务”评选活动，提炼出“让顾客满意、让顾客惊喜、让顾客感动”三层服务境界，想司乘之所想，急司乘之所急，及时帮助受困司乘。随着“感动服务”的深入开展，感动服务的种子在京沪坦途上生根、发芽、成长、蔓延，使“感动服务”文化品牌成为江苏京沪又一块闪亮的招牌。2019 年，公司推出了“用心做事奖”“京沪工匠”系列评选活动，挖掘始于岗位担当、精于岗位创新、乐于岗位奉献的优秀员工，让更多以完成任务为目的的“用手做事”员工，向着主动思考、讲究方法步骤的“用脑做事”，朝着注重细节、勇于创新、享受工作过程快乐的“用心做事”转变。

创新发展转型，服务区成为城市的延伸、旅途的驿站

创新驱动，勠力同心。公司不断优化服务区经营方式、理念、内容，致力于为公众出行提供更优质的旅途驿站，致力于让服务区成为“城市的延伸、旅途的驿站、文明的窗口、温馨的家园”。

公司所属新沂、沭阳、川星、六洞、范水、高邮（原龙奔）6 个服务区于 2000 年开通运营，餐饮、百货、汽修、加油等经营项目均为租赁经营。2001 年 12 月，餐饮、百货、汽修项目收回自营。瘦西湖（原双沟）服务区于 2004 年 10 月随启扬高速（扬州西北绕城段）同步开通运营，除加油站外，其他经营项目均为自营。仪征服务区于 2012 年 12 月随宁扬高速同步开通运营，除加油站外，其他经营项目均为自营。陈集服务区于 2017 年 12 月随新扬高速同步开通运营，除超市为自营外，餐饮、汽修等经营项目均为租赁经营。充分发挥自主经营优势，结合“品牌、品质、品位”经营管理要求，积极探索“自营＋合作＋加盟＋外包租赁”多元化经营方式，将服务区建设成集休闲、商业、旅游、文化为一体的新型服务区综合体。

按照“要打造一批在世界有知名度、在全国有地位、在江苏有影响力的服务

区，以更好地满足社会公众多样化、品质化的需求”的新时期发展新定位，推进服务区转型升级，深化服务区商业模式创新、经营管理创新建设。公司自建了“合麦龙”“汇苏特”“乐绒绒”等经营品牌，加盟“粉客来”“马兰拉面”等连锁品牌，引进“肯德基”“猫屎咖啡”“谢馥春”等知名品牌，为顾客提供了品质消费环境。2016年至今，仪征服务区连续两届获评“全国百佳示范服务区”，2018年7月，全国政协副主席、交通运输部党组书记杨传堂到该区调研，对服务区党建和生产经营工作给予了高度评价。2018年9月，仪征服务区管理团队荣获中国高速公路服务区30年优秀团队奖，成了江苏省内唯一一家获得该项殊荣的单位。同年，六洞服务区也获得“全国百佳示范服务区”殊荣。

坚持党建引领，努力提升职工队伍精神文明建设

红色力量，聚力凝神。公司始终坚持以党建工作为引领，遵循“主动担当有责任、融入中心分不开、发挥作用看得见、喜闻乐见受欢迎”的工作思路，积极营造“心齐、气顺、劲足、风正、实干”和“快乐工作、健康生活”的氛围。

结合公司地处周总理家乡，与周恩来纪念馆结成了党建共建对子，围绕京沪高速行业特点、人文特质，总结提炼了象征京沪高速人品质的“朴实、向上、团结、顽强、坚守、奉献”的品牌核心价值。邀请周恩来总理生前生活秘书纪东亲自为“驿路海棠”党建品牌题字，确定“驿路海棠”品牌标识，设立“海棠驿站”，建立“驿路海棠书记工作室”，组建“驿路海棠”党员志愿服务队，全方位深化“驿路海棠”党建品牌内涵。以“党的一切工作到支部”为导向，充分运用“三融两动一组织”党建工作法，全力推进“标准化＋示范”建设，制作标准化党支部工作指南，制定考评标准，确立16个争创示范点党支部，以点带面全力推进基层党支部“标准＋示范”建设，找到了把点上的“盆景”变成面上的“风景”一条可操作、可实践的路径。继仪征服务区“红色加油站”党建品牌之后，扬州管理处“红立方”党建品牌、六洞服务区“蜂巢六面”党建工作法脱颖而出，先后获得全省国有企业党建“强基提质”优秀创新案例三等奖、控股系统基层党建十佳创新案例、控股系统基层党建优秀创新案例，形成了可复制、可推广、受欢迎、有实效的基层党建新模式。基层各党支部党员突击队，在危化品事故处置、服务区改扩建等“急难险重”任务面前，在重大节假日免放、车辆分流等道路保畅关键节点，敢于担当，冲锋在前，充分发挥了模范带头作用，涌现出全国劳模胡海平、全国交通行业青年岗位能手李通、全国最美路姐马欢等员工公认、实绩突出的标杆。

京沪公司——员工电子阅览室

在关爱员工方面，加大硬件投入力度，为员工营造了温馨舒适的工作和生活环境。倾力打造满意食堂，为广大员工提供有力的后勤保障；基层单位全部建成“谈心吧、职工书屋、电子阅览室、健身房”四位于一体的职工小家，为员工班后生活时间提供悠闲舒适的场所；不断补充升级慰问制度，形成“九个一”慰问体系，让员工深切感受到来自企业的关怀；搭建“家企互动”亲情关爱平台，组织“小手拉大手，共建幸福家”“京沪萌娃”“京沪好少年”等活动，以员工子女为纽带，密切安全生产与家庭幸福、快乐工作与健康生活、履行企业社会责任与建设和谐社会的联系。

19年来，公司形成了具有京沪特色的文化理念，通过不断地摸索实践，提出了“古韵坦途、魅力京沪”的企业文化主题，修订《企业文化手册》，明确企业文化理念，创新企业文化载体，推动文化建设落地生根，形成了“美好宁扬”“幸福扬州”“活力淮安”“亲情徐宿”基层企业文化建设基调。本着“大家的文化大家建”的原则，开展主题站区品牌建设，涌现出的“诗画广陵”文化主题，获得了时任江苏省委书记李强肯定，“古韵扬州西”“品位仪征”“复兴号动车组”等站区品牌在控股系统也具有一定影响力。

志之所向，金石为开。展望未来，京沪高速改扩建完成后，在“交通强省”战略布局中的地位和责任将会更加突出，在江苏高速版块上“主脊梁”的优势将更加凸显，“新京沪”是一条黄金路段，必将产生黄金效益。新时期的京沪公司立足“国内一流，控股领先”总目标，凝聚“二次创业”强大的精神力量，站在现在和未来交汇点的高度，思考谋划京沪的发展，深度挖掘沿线的经济、旅游、红色文化等资源优势，聚焦“交通＋”大主业的发展，积极布局启动“交通＋金融”“交通＋能源”“交通＋传媒”“交通＋教育”“交通＋物流”“交通＋旅游”等，着力构建具备竞争优势的“交通＋”产业体系，有效反哺交通主业，真正以产业链延伸提升竞争优势，努力打造具有国际视野、国内一流，集文化、生态、景观、休闲、旅游于一体的多功能的“新京沪”，用高瞻远瞩的智慧和勇立潮头的胆识，推动企业踏上科学发展的新征程！

工程养护公司：聚焦“五力”抓党建，“红色引擎”促发展

——江苏高速公路工程养护有限公司以党建引领企业高质量发展纪实

迢迢高速路，见证着江淮大地的沧桑巨变；浩浩运河水，聆听着高速养护的强音新曲。

江苏高速公路工程养护有限公司（以下简称“工程养护公司”）成立于2001年11月，隶属于江苏交通控股有限公司，是一家现代化、专业化的高速公路养护企业，承担着江苏苏北高速公路路网的养护任务。

秉承“特别能吃苦、特别能担当、特别能奉献”的企业精神，肩负“保障路网品质，畅行美好江苏”的历史使命，践行“诚信、责任、卓越”的核心价值观，工程养护公司艰苦奋斗，砥砺前行，走过了18年不平凡历程，发生了“三个跨越”：从被动养护到绿色养护的跨越，从粗放养护到科学养护的跨越，从人才劣势到科技创新的跨越，在打造一流高速公路养护企业的征程上迈出了一个又一个坚实的脚步。

今年是新中国成立70周年，同时也是公司深化改革发展的“攻坚突破年”，工

程养护公司坚持党建引领，围绕“党建工作做实了就是生产力，做强了就是竞争力，做优了就是发展力，做细了就是凝聚力，做严了就是保障力”工作思路，扎实开展“不忘初心、牢记使命”主题教育，实施“五大工程”，凝聚“五种力量”，不断筑牢“根”和“魂”，以党建引领企业不断走向改革创新的高质量发展之路。

做实党建，实施“党建磐石工程”
为公司高质量发展注入生产力

工程养护公司党委围绕江苏交通控股公司党委“有责任、分不开、看得见、受欢迎”的党建工作要求，扎实开展标准化党支部建设，充分发挥党建工作对中心工作的引领和推动作用。

一是规范达标，党建基础实。公司党委以“党的一切工作到支部”为导向，制定出台了《基层党支部标准化建设实施细则》和《基层党支部“强基提质”三年行动计划》，全力推进基层党支部“标准＋示范”建设，实现全公司基层党支部标准化建设全面达标，并积极创建江苏交通控股系统“标准化党支部示范点”。公司党委制定出台了《基层党支部目标管理考核方案》和《基层党员目标管理考核方案》，推行“双考核”目标管理，对党建工作进行过程控制，充分发挥了目标管理考核“指挥棒”“风向标”和“助力器”作用，基层党建呈现新气象、新成效。基层党支部成了团结群众的核心、教育党员的学校、攻坚克难的堡垒，为推动公司高质量发展提供了有力保障。

二是把关定向，引领作用实。公司党委充分发挥党组织“把方向、管大局、保落实”的政治核心作用，推动“三重一大”事项决策制度全覆盖，落实公司党委会议事规则和决策程序，着力强化公司党委在选人用人、重大事项决策上的把关定向

作用，进一步构建完善了公司“五位一体”治理架构。公司党委强化战略引领，明确主业发展目标和重点，做强、做实、做精主业，扎实推进各项基础及专项工作，为公司高质量发展保驾护航。积极推动从被动养护理念向主动养护理念转变，将养护工作的实践经验充分融入路面大中修工程管

理、设计、施工过程中，在江苏苏北路网两条高速公路大修工程中首次采用养护设计、施工一体化的模式，全面开启了公司大中修工程项目设计—施工总承包工作新模式。

三是融入中心，服务大局势。公司党委坚持围绕发展抓党建，实现党建工作与企业中心工作目标同向、工作同步、措施同力、发展同行。根据2019年养护作业项目多、任务重的实际情况，公司党委开展“党建跟着项目走，支部建在工地上”主题活动，以在施工专项项目中成立临时党小组的方式，填补公司党建工作“空白点”，先后成立了25个临时党小组，将党建工作延伸到施工现场最后一公里，将关心关爱送到基层职工身边，让流动党员有了“家”、项目工地有了“魂”、一线职工更有劲。充分发挥党建工作对中心工作引领推动作用，让党建真正成为推动公司跨越发展的“红色引擎”。

做强党建，实施“党管安全工程”
为公司高质量发展增强竞争力

工程养护公司党委以落实党建工作责任制为主线，深度融合党建工作目标与经营目标，实施“党管安全工程”，强化安全责任落实，持续营造安全生产的良好氛围。

一是强共融，拴牢党管安全责任链。建立和落实安全生产分片包干责任制，实行“公司党委—职能部门—二级单位党组织—职能科室”四级责任机制，按片按级划分好安全责任区、党员责任区，推进党建工作与安全发展深度融合、同向发力、相互促进、共同提高。创新打造“党管安全”实践教育“五部曲”活动、“党管安全”实践教育“六个一”工程和“党管安全”实践教育“三提升”工程，多措并举，切实将“党管安全”工作落实到实处，全面强化安全管理保障体系，充分落实公司安全生产“党政同责、一岗双责”责任制。

二是强教育，架设安全宣传扩音器。构建强大安全宣传舆论场，做强做优做

实宣传工作阵地，开展“专家讲安全、党员抓安全、职工懂安全”等教育宣传活动，提高了安全宣传工作的传播力、引导力、影响力。充分发挥党员干部作用，让党员干部走进施工现场，来到职工身边，开展安全形势教育、安全知识讲解、事故案例剖析、安全建议征集及分享安全小故事等活动，营造人人事事讲安全的良好氛围，引导职工牢固树立安全意识、杜绝违章行为的行动自觉。

三是强考核，筑牢安全监督防护墙。立足“党员抓、抓党员”，实施党支部“3＋2”“党建＋安全”工作法，通过“设立党员安全员、党员督查员、党员宣讲员，成立党员突击队、党员科技攻关组”的方式，筑牢安全监督防护墙。同时，将各党支部党管安全工作实际情况作为综合考核的重要内容，通过“述、问、评、测”，让各级党员干部聚焦“第一安全责任账”。建立并落实了全员安全生产风险抵押金责任制度，建立个人收入和安全生产绩效挂钩的安全考核制度和奖惩机制，调动员工参与安全生产工作的积极性和责任心，为企业安全生产构筑了坚实防火墙。

做优党建，实施“创新引领工程”
为公司高质量发展增添发展力

工程养护公司党委认真践行“融入中心分不开”的党建理念，把党的建设贯穿到生产经营全过程，以发展中的热点难点问题为党建工作的着力点，扎实推进管理创新、技术创新，助力公司高质量发展。

一是组织建设创新。建立“先锋荟”信息化党建平台，把支部“建在线上”、党员“连在网上”，推动智慧党建建设。同时，通过在公司党建微信公众号建立“心声社区”网络诉求通道，搭建线上“民意直通车”，开展支部书记谈心活动，设立线下“书记谈心时间”，全力打通服务党员职工群众的“最后100米”。

二是党建品牌创新。组织开展“基层支部党建创新案例”征集评选工作，以基层支部的智慧和经验推动基层党建的实践和发展，努力构建具有养护特质、高养特色的党建工作品牌体系，在公司层面打造有影响力、叫得响的党建品牌。公司“‘3＋2’‘党建＋安

全’工作法”在2019年被江苏交通控股党委评为优秀党建创新案例。在2019年“不忘初心、牢记使命”主题教育工作中,开展了“学习强国”主题知识竞赛、“不忘初心、牢记使命”主题文艺汇演,“听党员故事抒爱国情怀”主题党课等系列活动。组织“我身边的共产党员”主题微视频网络评选大赛,宣传公司基层一线党员的先进事迹,网络阅读量超过3万人次,扩大了公司党建文化品牌影响力。

三是科技攻关创新。围绕高速公路养护施工过程中的难点和痛点,在各党支部成立党员科技攻关小组,积极开展职工群众“五小”发明、青年创新创效工作室、劳模创新工作室、QC小组创新等岗位创新建功活动。近年来,陆续研发出“公路护栏液压内撑式取桩设备”“桥梁中央护轮带积雪清扫器”“道路交通安全智能预警装置”“4G实时多路视频行车监控系统”“LED发光标志牌”等实用性成果数十项,6项技术成果获得了国家实用新型专利,并取得专利证书,已广泛应用于高速公路日常养护及冬防除雪保通实践中。

做细党建,实施“党群连心工程”
为公司高质量发展汇集凝聚力

工程养护公司党委践行以人民为中心的发展理念,密切联系职工群众,关心关爱职工群众,不断提升职工群众获得感、幸福感和安全感,持续增强企业凝聚力和向心力。

一是发挥党员干部的先锋模范作用。积极开展“五亮五比”党员主题实践活动,强化“示范岗”“责任区”“突击队”“先锋车”等载体建设,发扬党员“先锋人”的事迹和精神,在全公司打造一批闯劲足、干劲实、钻劲深、韧劲强的党员先锋形象,以示范引领汇聚“养护力量”。开展了“向孙海青同志学习”专题活动,广泛宣传江苏交通控股系统“思想道德先锋”孙海青“扎根一线十六年,甘做高速守桥人”的先进事迹,弘扬“爱企如家,甘于奉献”崇高精神,让身边人讲述身边事,用身边事感化身边人。

二是强化思想政治工作的价值引领作用。深入推进“不忘初心、牢记使命”主题教育、“两学一做”学习教育常态化制度化,坚持融入日常、抓在经常,引导全体党员做合格的共产党员。持续宣传思想工作,倡导公司“养诚护道、厚道载物”的文化理念,把导向、管阵地、强队伍,把员工的智慧和力量凝聚到“打造一流养护企业、建设员工幸福家园”的共同愿景上。在全公司开展创新型职工思想关怀工作,引导基层党支部结合实际创新思想政治工作方法,及时帮助职工群众化解不良情

绪、缓解心理压力、解决实际困难，努力做职工群众的贴心人。

三是突出关心关爱职工的凝心聚力作用。公司党委围绕职工群众衣食住行等实际困难，开展了领导干部“下基层、进工地、送关爱”活动，公司领导深入项目工地与一线职工“同吃、同住、同工、同行”，亲身感受基层工作环境，听取职工意见建议，帮助解决实际困难，努力为职工群众做好事、办实事、解难事。同时结合各基层单位实际，强化满意食堂、温馨宿舍、快乐班车、职工之家、心灵驿站等管理升级，努力营造了“心齐、气顺、劲足、风正、实干”和“快乐工作、健康生活”的良好氛围。

做严党建，实施“廉洁清风工程”为公司高质量发展提供保障力

工程养护公司党委始终把全面从严治党的主体责任作为政治责任、第一责任，将全面从严治党贯穿于重点工作当中，多方入手，积极营造风清气正的政治生态。

一是严明政治纪律。加强对所属单位政治生态情况的整体把握和定期分析，形成动态评价意见，及时采取针对性措施。注重防微杜渐，经常性开展批评和自我批评、约谈提醒，让“咬耳扯袖、红脸出汗”成为常态。公司党委开展“对照党章党规找差距”主题活动，以彻底的自我革命精神进一步剖析短板，全面查找违背初心和使命的问题，真刀真枪加以解决，不断提升党员干部政治、思想、道德境界。

二是严抓风险防控。坚持把纪律和规矩挺在前面,组织每“月”一部警示片、每“季”制作宣传图片教育,提升纪律规矩意识。持续加强反腐倡廉教育,创新载体、丰富内容,充分发挥先进典型的引领示范和反面典型的警示教育作用,让党员干部知敬畏、存戒惧、守底线。完善综合监督保障体系,按照《岗位廉洁风险目录及防控措施表》,定期对所属单位“机、财、物、工程”等重点岗位风险防控措施落实情况进行检查,提升全面风险防控的实效性。

三是严格正风肃纪。公司党委、纪委坚持定期开展谈心谈话活动,突出重点工作、紧盯关键环节,始终把全面从严治党主体责任作为根本政治任务,牢牢扛在肩上、抓在手上。综合运用内部监督平台,加大对重点领域、重大工程、关键岗位和重要环节的风险防控,确保权力在阳光下运行。同时,公司党委2019年上半年在各党支部中全面开展了一次内部巡察工作,对支部中存在的问题进行全面“诊断评估”,给各重要岗位人员进行全面“健康体检”,为公司发展营造风清气正的良好氛围。

以宏伟目标凝聚人心,以苦干实干开启未来。这是工程养护人砥砺奋进的实践经验,也是工程养护人合力攻坚的必胜信念!公司党委将继续坚持以习近平新时代中国特色社会主义思想为指引,不忘初心、牢记使命,深入贯彻落实党的十九大精神,以踏石留痕的激情和作风,以革故鼎新的魄力和勇气,在实干中担当作为,在发展中坚定前行,争创国内一流养护企业,以优异成绩向新中国70华诞献礼。

江苏高速公路工程养护有限公司　曹晓飞

邳州农商银行：“党建＋”为发展注入强大动能

近年来，江苏邳州农村商业银行（以下简称“邳州农商银行”）已成为推动地方经济高质量发展的一支主力军，激活了当地金融市场的“一池春水”。截至 2019 年 7 月末，各项存款 240.03 亿元，各项贷款余额 165.12 亿元，其中涉农贷款余额 137.67 亿元，占比 83.38％；综合指标位列江苏省农商行系统“第一方阵”。

党建引领是金融企业发展的“根”和“魂”。邳州农商银行党委作为扎根基层、服务地方的金融主力军，坚持把党建工作作为改革转型的制胜法宝，牢牢抓住“党建＋”这个“牛鼻子”，在牢牢夯实党建基础工作的同时，不断增强服务实体经济能力，积极为实体经济提供综合金融支持。

一、深挖红色资源，为金融企业党建注入“灵魂”

邳州农商银行结合本土红色资源、深挖红色内涵、吸收红色文化精髓，打造了中国首个红色主题银行——“王杰支行”，将其作为全行党员红色教育基地，目前已被徐州市纪委评为徐州市廉政教育示范点。邳州农商银行创造性地开展了“寻找小萝卜头 · 从邳州出发”爱国主义教育活动和“传承红色基因，弘扬王杰精神”系列主题活动，一系列“党建＋文化”活动取得了巨大的社会反响，先后获得了江苏省委宣传部“第五届江苏网络文化季”优秀项目奖、江苏省国资委党建“强基提质”案例一等奖及中国搜索“精彩中国 · 精彩故事”奖、“中国正能量传播企业”、江苏省农商行党建十佳创新案例等奖项，极大地激发了员工立足岗位、服务基层、奉献“三农”的热情，让红色基因绽放出了新时代光芒。

二、做好制度保障，强化金融企业党建“筋骨”

构建党委统筹的公司治理机制。近年来，邳州农商银行将党建工作融入经营管理全过程，把贯彻党的金融方针政策与坚持金融市场化运作相结合，建立强有力的党委班子,筑牢发展的“红色底盘”。

建立健全党建工作责任制。邳州农商银行严格落实主体责任清单,层层签订《党建工作责任书》,依托党委班子党建联系点、包挂片区,形成党委统一领导,主要领导亲自抓,分管领导具体抓,其他领导协同抓,各单位齐抓共管、各负其责,一级抓一级,层层抓落实的党建工作责任机制。

强化党建监督考核机制。完善党建考核办法,创造性地把绩效管理引入党建工作,将组织建设、组织生活、党员管理与发展、基础工作规范化、思想政治、党风廉政、党建创新七大模块量化成分值,使党建考核更加具体化、科学化。

强化基层党支部建设。针对基层企业容易出现的轻党建、重业务的现象,邳州农商银行党委压实各级党组织的主体责任,抓好关键少数和规范化建设,以“五好党支部”建设和支部书记“五个一”为导向,让基层党组织成为员工们的“主心骨”;在日常工作中基层党支部严格落实“三会一课”制度和主题党日活动,并不断创新活动形式,将“三会一课”开到田间地头、开

到客户身边、开到企业厂房、开到晨会夕会上。哪里有突出问题、就把会开在哪里,哪里需要党员发挥作用、就把会开在哪里,让“三会一课”真正“接地气”,筑牢红色“主阵地”;培养大批信息员队伍,提高舆论引导水平,定期分析研判职工思想动态、舆论舆情,把好思想“方向盘”。

三、用好人、干好事,为经营发展输入新鲜“血液”

以党建为引领,塑造坚强干部队伍。认真落实新时期好干部标准,始终把政治标准放在首位,注重考察干部的政治素养和政治品质,树立选贤任能的选人用人导向;以“润和学院”和党员红色教育基地为依托,开展多岗位、多层次、全覆盖、常态化的员工轮训,提升员工综合素质水平,打造学习型组织;以政银互派干部金融挂职为契机,强化党对“三农”工作的领导,深入宣传国家富农强农惠农政策、推进普惠金融建设、履行金融支农强农责任,努力建设一支“懂农业、爱农村、爱农民”的干部队伍,全面助推乡村振兴战略的实施。此外,将党的作风建设、纪律建设嵌入队伍管理,牢固树立强执行、重实干、真落实的工作意识,严肃查处党员干部违纪违法案件,积极防控化解风险,“管住人、看住钱、扎牢制度防火墙”,推动全面从严治党向纵深发展,塑造“忠诚担当”干部队伍。

以普惠为使命,打通金融服务“最后一公里”。持续加强普惠金融建设,现已建成 170 个离行式自助区,615 个金融综合服务站,配套金融 POS 机 1 500 余台,惠及 490 个行政村、102 万客户,真正做到了将全方位的金融服务延伸到农民家门口,构建了立体化、多维度、全覆盖的金融服务网络,为城乡一体化发展打造了功能齐全、便捷高效的支付结算渠道,让老百姓足不出村就能享受便捷的金融服务,打通了农村金融服务的“最后一公里”。充分发挥流动银行车的功能,在重大节日和大蒜收购季节开赴需要的地方,将其打造成为邳州金融服务的“110”,为“三农”客户提供更为便捷的服务。

以党员为旗帜，助推金融精准扶贫工作。全面贯彻落实金融支持"精准扶贫、精准脱贫"的要求，坚定不移地推进建档立卡低收入农户脱贫致富，创新产业扶贫模式，重点投放于小微农企生产经营，建立起"公司＋农户""龙头企业＋基地＋农户"等新型金融扶贫方式，有效解决贫困户创收难题。截至 2019 年 7 月末，累计发放扶贫类贷款 11 809 万元。充分发挥党员先锋模范作用，设立党员先锋岗，以精准扶贫、不良压降等经营发展的难点、重点问题为切入点，以党员带头攻坚克难为手段，广泛开展党员"挂牌攻坚"活动，把党员的先进性体现在争创一流业绩、推动经营发展上来。

四、创好鲜明特色，让金融企业党建彰显"个性"

近年来，邳州农商银行扎实开展党建系列活动，不断开创党建工作新模式，健全内部党建工作机制，坚持把党建工作与中心工作同布置、同考核，推动党建与经营发展深度融合。

一是"党建＋政银互派干部"，开启服务乡村振兴新篇章。同邳州市委组织部联合开展政银互派干部挂职活动，双方定期开展挂职干部工作交流和金融业务培训，帮助挂职干部及时熟悉政策、掌握重点、互通信息，不断提高挂职干部服务群众的能力和水平，全面助推乡村振兴战略实施。截至目前，通过政银挂职，已累计支持现代农业 21 户，金额 1.81 亿元，投放新型农业经营主体 232 户、金额9.34 亿元，"政银互挂"为双方干部队伍建设注入了新活力，激发了推动经济发展提升金融服务的新动力。

二是"党建＋校企合作"，打造普惠金融"产学研"合作新模式。为深入推进农村金融体系研究，紧跟"三农"新形势、新变化，深耕"三农"市场，邳州农商银行与上海交通大学合作对农村金融体系建设作系统性研究，同时上海交通大学将邳州农商银行作为"普惠金融研究中心实践基地"，通过战略合作，保证了该行能紧跟农村经济产业结构变化，更好地把握发展机遇，实现资源共享、优势互补、相互支持，共同推进农村金融事业的发展。

三是“党建+互联网”，提升党建工作质效。大胆创新、积极实践，充分运用信息化技术，创造性推出“智慧党建”平台并成功上线。该款智慧党建App主要突出“党建+互联网”功能，智慧党建系统主要包括党建咨询、党员任务、党建课堂、党员积分、党群活动和党员互动等功能模块。该系统实现了在线学习、党建任务发布、互动交流、业绩排名等功能的一体化，真正实现了“指尖上的党建”，有效提升了基层党组织和全行党员的工作质量和效率，为全行以党建引领业务发展创造了有利的条件。

四是“党建+文化”，激活发展内生动力。在长期的“党建+文化”探索中，邳州农商银行形成了每年一部党建专题纪录片、一个红色主题学习活动、一部文化主题微电影、一本最美人物故事集、一家文化主题支行、一个结对共建基地、一项增进员工福祉政策的“七个一”的“党建+文化”活动体系，并取得丰硕成果，一系列主体鲜明、影响广泛、效果显著的活动，激活了“党建+文化”动力引擎，激发全员自觉、自主、自愿地参与到经营发展中来。

五是“党建+金融服务站”，践行社会责任担当。为提升服务“三农”质效，同时推进党建阵地向乡村进一步延伸，邳州农商银行升级、优化金融服务站点，在原有“金融业务代办站、金融产品营销站、金融知识宣传站、客户经理驻村站、客户信息采集站、创新产品研发站、互联网金融体验站”七大功能的基础上，将党的基层组织建设融入金融服务站，升级加入“党员先锋示范站”功能，使邳州农商银行遍布乡村的金融服务站实现了“八站合一”。在解决农户实际需求、宣传主题教育精神、方便党员集中活动方面发挥了重要的作用，还让金融服务站成为宣传党的主张、凝聚人心人气、团结动员群众的重要载体，真正成为“党旗高飘的堡垒、凝聚人气的磁石、党员教育的阵地、服务‘三农’的旗帜”，体现了邳州农商银行的社会担当和责任使命。

下一阶段，邳州农商银行将以“不忘初心、牢记使命”主题教育开展为契机，持续打造党建工作新机制，凝聚文化认同、强化责任担当，让党建为邳州农商银行高质量发展注入强大动能。

江苏省东辛农场有限公司：牢记初心使命，突出高质导向奋力推动“强富美高”新东辛建设

2019年是新中国成立70周年，是决胜全面建成小康社会第一个百年奋斗目标的关键之年。面对新形势、新任务，江苏省东辛农场有限公司党委以习近平新时代中国特色社会主义思想为引领，坚持稳中求进工作总基调，深入践行新发展理念，围绕乡村振兴战略规划，坚持高质量发展导向，加快打造“3＋X”新型产业体系，做强做优核心产业，积极盘活存量资源，加快培植新业态，进一步推动产业经济强、职工居民富、生态环境美、社会文明程度高的新东辛建设。

一、发挥核心作用，全面提升党建工作水平

坚持围绕发展抓党建，抓好党建促发展，切实增强领导核心和政治核心作用，以党建工作新成效推动改革转型、高质量发展。

深入学习贯彻习近平新时代中国特色社会主义思想，提高理论学习实效，推动党员干部学思践悟，进一步增强“四个意识”，提高“四个自信”，践行“两个维护”。深入开展解放思想大讨论活动，推动干群思想解放、改革创新、务实作为。加强意识形态工作，完善动态监督机制，大力弘扬社会主义核心价值观和新时期农垦农场精神。推进智慧党建打造，通过党务信息管理平台加强对基层党组织的学习指导和监督考核，强化落实“三会一课”、组织生活会、民主评议党员等制度。全面推动学习型、服务型、创新型党组织建设，努力打造党建工作品牌，加快把基层党组织打造成为宣传党的主张、贯彻党的决定、团结动员职工群众、推动改革发展的坚强战斗堡垒。

按照公司党委部署，认真开展“不忘初心、牢记使命”主题教育，动员组织广大党员干部以高度的政治自觉和饱满的精神状态投入主题教育活动，切实把党员干

部的思想统一到中央、省委和公司党委决策部署上来。坚持以学习打头阵，做到原原本本认真学、联系实际深入学。做到规定动作不走样，自选动作有特色，通过集中读书班、特邀专家授课、赴开山岛学习王继才同志先进事迹等形式进一步解放思想，凝聚力量，激发干事创业的热情。

二、坚持质量兴农，做强做优三大核心产业

突出优质安全导向，不断完善质量追溯体系，推进“三品一标”认证，加快由数量型向质量型、品牌型发展转变，增强水产、奶牛、林业三大核心产业示范引领作用。

推进水产养殖品牌建设。坚持以绿色兴渔、质量兴渔、品牌强渔为目标，加快破解水产大而不优、大而不强的瓶颈，进一步提升养殖产效，将其逐步打造成为江苏农垦水产养殖的靓丽名片。一是严把养殖风险源头防控，大力发展自有鱼虾苗种培育，推进省级良种繁育场建设。围绕打造“东辛”品牌，加快虾苗培育向质量型转变，进一步引进推广优质种苗，并不断优化技术服务，扩大外销规模，确保成活率75%以上。根据养殖需要，扩大自有淡水鱼种培育规模，满足园区主要养殖鱼种自给的需求。二是积极推进池塘工厂化生态养殖，推动养殖尾水处理，加强养殖销售全过程检验检测，进一步扩大质量追溯体系建设规模，打造省级名牌产品。以市场为导向，深化养殖模式改革，坚持分级养殖、轮捕轮放，推动错峰销售增值，提高抗御市场风险能力。加强集体养殖内部扁平化管理，完善超利润分成激励机制，打造核心管理团队，推进关键技术措施落实。三是加快推进现代渔业科技园区建设，将其逐步打造成为省内一流的试验示范基地、新品种研发基地、企业水产科研机构、水产品疫病检验和质量检测中心。大力开展鮰鱼、青鱼以及大棚反季节、小塘口分级养殖等新品种、新模式试验，做好技术储备。四是坚持科技兴渔，深化产学研合作，推进水产专家工作站和研究生工作站建设。实施智慧渔业工程，推进自动投喂、自动增氧、在线监控等智能管养系统建设，加快渔业自动化、机械化和信息化进程，提高劳动生产效率，突破规模养殖管理瓶颈。五是坚持渔用物资统管统供，确保投入品可控，创新服务和营销方式，降低垫资风险。切实加大养殖户技术指导和检验检测服务，引导养殖户调、指导养殖户养、帮助养殖户销，促进养殖户增产增效。金鲤渔业公司要加强生产经营管理，推进塘口改造等基础设施建设，改善生产条件。围绕市场需求，不断调整养殖结构，进一步加强环境污染、鱼虾疫病、高密度养殖等风险防控，确保养殖安全。依托质量优势，寻求

与大型销售团队合作，学习先进经验，加快打造自有营销团队和职业经理人队伍。让水产品“带电上网”，推进北京、济南等城市直销网点建设，提高产品自销率。

提升奶牛养殖质量标准。针对奶牛养殖处于产业链低端、抗风险能力较差的现状，抢抓国家推进奶业振兴、保障乳品质量安全的机遇，发展标准化规模养殖，强化质量安全监管，加快创建省级名牌产品。一是强化管理规范，实行内部分开、独立核算、自负盈亏，强化考核管理，进一步提高牛群繁殖率、成母牛产奶量和犊牛成活率，降低牛群淘汰率与鲜奶成本，力争 2019 年末养殖一场存栏量超过 1 800 头，养殖二场存栏量超过 2 000 头，鲜奶总产 1.7 万吨，实现利润 1 200 万元以上。二是突出抓住鲜奶质量的企业生命线，严把原料采购关、牛群防疫关、检验检测关和鲜奶销售关，规范生产流程，确保达到优质奶标准。加大牧场科技投入，利用智能化手段推进标准化生产，实现生产全程可监控和质量可追溯，加强鲜奶质量、疫病防治等管控，努力创建乳业联盟标杆牧场。三是引进推广先进管理理念和生产技术，加强对外聘服务单位的监管。开展员工技能培训，跟班学习外包技术，稳定核心技术团队，提高疫病防治、牛群繁育等关键技术岗位人才自给率，加快形成一套可复制的牧场生产管理流程。四是坚持把肉牛作为新的养殖产业来打造，以效益最大化为原则，降低饲喂成本，适时上市销售。五是牢固树立生态环保理念，推进养殖粪污资源化利用，开展粪污固体发酵回床和污水沼气发电，实现“变废为利”。六是全力推进存栏量 3 000 头的牧场建设，扩大国有养殖规模。加强与卫岗、三元、光明、蒙牛等知名乳企的联姻合作，延长拉粗产业链，建设集生态养殖、观光旅游、有机农业于一体的现代化牧场，力争三至五年时间农场奶牛存栏规模突破 1 万头，成为省内最大的国有奶牛养殖和优质鲜奶供应基地。

坚持生态林业与经济效益兼顾。开发利用好近万亩林地资源，调整品种结构，创新生产方式，提高林业发展质效。一是加强林地资源监管与保护，防止非林化现象发生。推进林地整合利用，合理配置生态林、绿化林和经济林资源，提高林地利用率。二是健全公司内部管理体系，完善以项目经理为核心的经营管控模式，加大考核力度，使工程效益与项目经理收入紧密挂钩，强化工程质量监管，降低造林成本，进一步提高林木成活率和保存率。三是结合万亩老林带改造和土地整理项目，更换优质高产意杨林品种，并以绿化与珍贵化、彩色化、效益化相统一为目标，大力发展法桐、落羽杉、薄壳山核桃等适宜本地和北方气候的耐盐碱树种，力争三年时间经济林面积超过 5 000 亩。四是坚持以市场为导向，以规模化和差异化为定位，抢抓地方创建国家森林城市的机遇，加强苗圃建设，大力繁育耐盐碱、生长快、品性优的苗木，打造名优精品苗木基地。

三、聚力转型升级，推动资源资产挖潜提效

发挥肉鸡养殖标准化优势。在稳定产业发展大局的前提下，清理整合养殖资源，扩大对外合作，革新养殖模式，开展集约化、绿色生态和高效养殖，加快肉鸡产业转型发展。一是立足现有养殖资源，维修加固破损鸡舍，对国有养殖场进行改

造,扩大养殖产能,力争全年出栏肉鸡500万只以上。二是狠抓公司集体养殖管理,加强食品质量、疫病、安全、环保、资金等风险防控,深化效益挂钩分配机制改革,进一步调动职工积极性。三是严把种苗引进关、投料投药关、疫病防治关和产品销售关,加强质量追溯体系建设,确保无药残生产。四是加强与国内大型食品加工企业的沟通联系,扩大保底保价养殖规模,推进合资合作,多策并举盘活资源资产。

发挥建筑地产及电力安装专业化优势。一是根据《江苏省国有资金投资工程建设项目招投标管理办法》相关规定,建安公司充分发挥国有组织优势,加强项目经理队伍建设,进一步提升施工资质。加强公司内部管理,狠抓工程质量、安全生产、廉洁从业等方面风险防控,提高工程质量与进度,走出农场、立足垦区,加大工程业务承接量。二是凯惠电力公司要加强电力服务,确保农改过渡期内居民生产生活用电安全。抢抓农网改造机遇,加强项目经理队伍建设,确保取得输变电工程专业承包三级资质,争取场内70%农网改造工程施工业务,并加大走出去力度,主动承接工程,逐步打响凯惠电力品牌,力争实现工程创利1 000万元以上。三是物业公司坚持以服务业主为核心,加强小区车辆、环卫等管理,推进充电桩、监控等服务设施建设,进一步提高物管水平。加强物业队伍建设,提高服务质量,争取承接到更多的物管业务,拓宽公司增收渠道。

积极盘活闲置资产。深入开展调查研究,推动河流岸线、闲置养殖场舍、老旧厂区等资源资产开发利用。加强资源资产监管,搭建自然资源管理信息化平台,制定农场公司资源管护办法,切实加强土地、闲置房屋、养殖场舍监管,防止违规养殖及私搭乱建等行为。协同推动村庄拆迁试点和土地整理项目实施,探索建设土地资源投资开发平台,谋划农场3万亩村庄和水工建设用地整合开发,加快土地资源资产化和资本化,为农场产业发展和民生建设提供资金保障。

四、落实振兴要求,着力培育经济发展新动能

坚持以乡村振兴战略为引领,依托区位、资源和生态优势,推进一、二、三产融合发展、场地和产城融合发展,加快打造战略性新兴产业。

实施农场振兴计划。按照“产业兴旺、生态宜居、乡风文明、治理有效、生活富裕”的总要求,认真落实乡村振兴战略农垦行动计划,研究制定农场振兴路径与举措,统筹推进经济、政治、文化、社会、生态文明和党的建设。结合地方制定的农场中长期发展总体规划,认真编制城镇控制规划、产业发展规划、土地利用规划、生

态空间规划。深化场地融合发展，在规划、产业、城镇、社会事业等方面全方位融入地方，推进治理体系和治理能力现代化，进一步提升基本公共服务水平，加快从单一的生产型园区向综合型城市经济转型。抢抓省委省政府推进苏北农村住房条件改善的机遇，按照发展规划，逐步推进规划外村庄拆迁，改造提升保留村庄，完善公共服务配套，改善职工群众居住条件。

推动场域经济繁荣。认真落实习近平总书记关于推进民营企业发展的总要求，坚持国有和民营经济双轮驱动，积极为民营企业服务，研究制定扶持政策，支持民营企业改革创新、做大做强，形成国有经济强、民营经济优的产业新格局。产业发展部要认真做好协调服务工作，帮助解决实际困难。积极呼应花果山南大门、徐新路森林大道和省园博会建设，发挥农场至市区和徐圩新区“15分钟交通圈”优势，打造特色小镇，发展房地产、乡村旅游等现代服务业。重点把握徐圩新区将农场作为产业配套后花园的规划定位，主动对接石化产业发展需要，统一规划实施，推进场企合作，着力将农场打造成为徐圩新区的生态居住区、劳务输入区和生产服务基地。契合农场城镇发展需要，鼓励个体工商户发展，新建农贸市场综合体，促进场域农贸商贸繁荣。

着力培植新兴产业。加快把资源和区位优势转化为经济发展优势，打造新产业新业态。围绕疏港航道、242省道、徐新路和上合物流园铁路编组站，积极对外洽谈，争取合资合作，加快谋划实施码头、加油站、建材市场、物流园等新业态。发挥市郊型农场优势，探索发展田园综合体、健康养老等后续产业，打造休闲农业、都市农业。围绕集团公司新能源产业布局，发展渔光互补光伏发电等新业态，培育经济发展新动能。

五、推进富民强场，构建和谐文明美丽社区

自觉践行“以人民为中心”的发展思想，坚持把职工群众对美好生活的向往作为奋斗目标，持续加大民生投入，不断补齐民生短板，进一步增强职工群众获得感和满意度。

提升社区管理服务。根据社会职能改革文件和地方授权，做好相关政策对接落实工作，进一步增强主体责任，切实加强社会管理与服务。按照内部分开、管办分离原则，严格实行人、财、物分开管理与核算，规范运作。完善社区治理体制和运行机制，加快建立社区党支部委员会、居民委员会、居民议事委员会、居民监督委员会“一委三会”的社区治理新模式。创新网格化治理机制，加强网格员队伍建

设，及时掌握社情民意，坚决防止信息倒流，推动社区管理服务沉底到边。完善居民利益表达和矛盾纠纷调处机制，提高矛盾调处能力。开发社区管理服务信息平台，创建社区公众号，开通连云港市政务服务网，让信息多跑路、居民少跑腿，推动社区管理创新、服务升级。加强社工队伍建设，完善居民满意度测评和推优罚劣制度，加快打造一支政治强、作风正、业务精、热心为居民服务的专业化社工队伍。

加强民生事业建设。进一步加大城镇及基层规划居民点硬化、亮化、净化、绿化、美化等基础设施投建，不断擦亮城镇颜值。实施道路下水道、危桥改造、厕所革命、村庄拆迁等民生工程，新建道路 23.1 公里、下水道 4.3 公里，改造危桥 12 座、城镇公厕 11 座，拆迁村庄 7 个。协调推进农网改造和自来水质量提升改造，加快城镇杆线入地，进一步提升水电保障水平。切实做好“五险一金”、免费体检、社会救济等工作，提高互助基金会参与度与受惠面，2019 年农场继续设立专项资金 100 万元，加大因病因灾致贫户救助力度。坚持精准帮扶，强化落实八大帮扶举措，确保困难户真脱贫、不返贫，100%实现脱贫，坚决打赢精准帮扶攻坚战。加强职业技能培训，组织开展种养技术、农机设备和家政月嫂等培训，创造就业机会，增加居民收入。加强安全生产和社会稳定工作，狠抓隐患整改，深入推进法治东辛、平安东辛建设。

推进美丽农场建设。深入开展创文创卫活动，加强场容场貌综合治理，大力开展乱涂乱画、违建违占、破坏公物以及交通违规行为等专项整治，对城镇门店招牌统一设计改造，积极创建省级卫生街道。牢固树立“绿水青山就是金山银山”的发展理念，进一步加强畜禽规模养殖污染、河道水污染、城镇村庄环境卫生等综合治理，坚决打赢污染防治攻坚战。按照连云港市城建污水处理行动计划，加快城镇生活污水处理厂和排放专网建设，推进城镇污水集中处理。加快推进病死畜禽、水产品无害化处理厂建设，结合畜禽粪便综合利用，探索新建有机肥厂，发展生态种养循环农业，提高农产品附加值。大力实施增绿补绿工程，推进城镇绿化、徐新路森林大道、242 省道和疏港航道绿色通道等项目建设，提高森林覆盖率，建设公园农场，打造江苏农垦样板场镇。

深化精神文明创建。持续推进省级文明单位创建，加强社会主义核心价值观宣传教育，加快“志愿东辛”品牌打造，不断提高职工群众综合素质和社会文明程度。以迎接建场 70 周年为契机，加快推进场史纪念馆建设和场志修编等工作，充分挖掘历史文化底蕴，总结提升拓荒文化、军垦文化和知青文化，培育新时期农场文化。加大文化设施投入,改善文化设施条件。深入开展模范人物系列评选活动,以身边好人好事教育人、感召人,倡树社会新风,传递正能量。结合重大节假日,开展丰富多样的文体活动,打造凝聚人心、凝聚力量、激发向上向善的文化阵地。

江苏省东辛农场有限公司党委书记　韩中书

苏垦南通:行稳致远,当好农垦改革先行者

江苏农垦集团南通有限公司(以下简称“苏垦南通公司”)前身为江苏省国营南通农场(以下简称“南通农场”),从1958年建场至今,一代代农垦人栉风沐雨、默默奉献、改革奋进,走过了从无到有、从小到大、从弱到强的发展之路,创造了无愧于时代的辉煌成就。公司制改造后,苏垦南通公司接力奋斗,勇当农垦改革先行者,行稳致远,阔步迈向更加辉煌、基业长青的美好明天!

南通农场建场60周年纪念大会上,江苏农垦集团南通有限公司党委书记、董事长、总经理严忠作主旨讲话

一、历史沿革

南通农场建于1958年3月,由南通县委、南通县人民政府组织垦荒大军对长江下游北岸芦苇滩围垦改造而成。建场时总面积15 692亩,后来进行了四次较大规模的扩垦。1969年11月,南通农场整建制转为中国人民解放军南京军区江苏生产建设兵团第四师二十四团。1975年8月,兵团被撤销,恢复南通农场建制,为江苏农垦所属企业,行政区划归属南通县(现为南通市)。

南通农场实施栽培种植的“通农”牌无公害西瓜田头销售场景

农场东西长约13.5公里，南北宽约9公里，扩垦后总面积超50平方公里，拥有长江岸线10.8公里。农场气候宜人，土地肥沃，数万亩良田种植着各种粮食作物和经济作物，包括品种繁多的优质瓜果蔬菜，这些作物畅销苏、浙、皖、沪，有的还远销海外、出口创汇，农产品商标“通农”被评为江苏省著名商标。畜禽饲养和淡水养殖也是闻名遐迩。场办工业蓬勃发展，部分工业产品行销全国。

1996年7月，随着南通市通常汽渡有限公司在农场的建设、通航，农场的区位优势逐步显现。2001年3月，为支持南通经济技术开发区南扩，江苏省人民政府下发文件，将南通农场行政区划由通州市（现为通州区）划入南通经济技术开发区。2007年9月，经江苏省工商行政管理局批准，苏垦南通公司领取了“江苏省南通农场”营业执照。

农场先后获得多项荣誉称号，1963年被农垦部评为“全国农垦系统五面红旗”，1979年被农垦部评为“全国农垦系统先进集体”，1988年被江苏省人民政府评为“江苏省先进集体”，2005年被农业部授予“无公害农产品示范基地农场”称号，2006年后连续五年荣获“江苏农垦先进企业”称号，2010年被中华全国总工会表彰为“全国模范职工之家”，被江苏省工商局授予“2013—2016江苏省著名商标”……

二、改革进程

南通农场在江苏农垦18家农场中第一个完成社企分离，在国家农垦改革中走在前列。历程艰辛的改革探索和实践为国家出台农垦改革政策提供了宝贵的实践经验。

1. 社企分离改革。2008年，苏通大桥建成通车后，南通农场地理优势凸显。2009年，江苏省沿海开发和跨江联动开发的重点项目苏通科技产业园（该项目占地50平方公里，其中占用农场土地35平方公里）开始建设，拉开了农场征地开发、社企分离的序幕。

2009年至2011年，江苏农垦与南通市人民政府、苏通科技产业园签订了土地征用合作协议，协议中明确逐步将社会职能从农场分离。2012年6月，南通农场将35平方公里土地使用权移交给园区的同时，将社区联合管理委员会和农场所属自来水厂、幼儿园、水利站、卫生服务中心等9家社会事务单位一并移交，按“人随事转、人随地转”原则，移交单位登记在册的人员一并归由园区管理。地方政府“每征地租地5—8亩就带走一名职工”，由地方政府按照南通市区标准发放生活费，配套“五险一金”。退休职工进入属地社区管理，农场按每个退休职工

800 元标准一次性向开发区社会保障局缴纳社会管理费。

南通农场的社企分离和公司制改造取得了一定成效：一是减轻了历史负担，实现瘦身强体。社会事项和社会管理职能移交地方后，农场从过去的占地 50 平方公里到目前的 6 平方公里左右，管辖的人口从过去的近 20 000 人到目前的 140 人，更有利于集中精力一心一意搞经营、谋发展。过去，农场每年要承担大约 2 000 万元社会管理费用，如今轻装上阵，专注主业，公司纯经营性资产达 8 亿元，年创利能力在 4 000 万—6 000 万元。二是促进了地方经济的发展。地方政府通过征地、租地，取得了大量土地使用权，为地方经济建设拓展了空间，活跃了地方经济，营造了良好的发展氛围。以苏通科技产业园为例，2018 年，园区全年招商引资完成注册外资 3.4 亿美元，到账外资 1.24 亿美元，完成工业总产值 51 亿元，完成全社会固定资产投入 70 亿元，完成财政收入 28.1 亿元，在全市项目建设考核中位列省级开发区第一名。三是增加了农场职工的收入，提高了城镇化水平。农场职工过去享受 5—8 亩生活田，收入来源单一，风险大，效益低下，通过身份置换，地方政府每月定期发放生活费，使广大职工有了生活保障。绝大部分职工在园区和开发区引进的企业重新就业，收入水平大幅提高。四是社区管理更加专业化、社会化。苏通科技产业园入驻建设以后，外来人口逐步增加。目前，农场区域人口迅速增长到 4 万多人。地方政府对南通农场区域的社会化管理越来越重视，人力物力财力的投入逐年增加，通过地方政府的逐步授权，农场区域的社会化管理正在向街道办事处方向发展。

苏通科技产业园区南通农场现代城镇建设鸟瞰

2. 农业板块分离与苏垦南通公司成立。2011 年底，为配合江苏农垦整合农业资源上市的要求，南通农场的农业板块由江苏农垦农业发展（股份）有限公司（以下简称"苏垦农发"）整合，成立了苏垦农发南通分公司。2017 年 5 月，苏垦农发成功在上海证交所上市。

2013 年 4 月，为进一步整合农场企业内部资源，深化农场管理体制改革，明确农场的企业定位，报经省国资委和江苏农垦集团有限公司同意，南通农场将江苏农垦南通农工商联合公司作为公司制改造的母体，将农场二、三产业经营性资产转入该公司，按照法人治理结构的要求，建立董事会、监事会、经营层，并按照现代企业制度要求，重新注册成立新公司，即江苏农垦集团南通有限公司。新公司成立的同时，南通农场的牌子继续保留，用于为失地职工保留劳动关系办理职工退休手续，处理相关遗留问题。2013 年 11 月，苏垦南通公司正式挂牌运营，整体上实现了公司制改造。

江苏农垦集团南通有限公司企业标志与企业精神

苏垦南通公司注册资本 1 亿元人民币，本部员工 42 人，由 7 部 2 室组成。公司拥有全资及控股企业 6 家，业务分布在电力、高炮广告、资产经营等行业；参股企业 5 家，涉及房地产开发、小额贷款、汽车销售等领域。苏垦南通公司的成立掀开了南通农场发展史上新的一页！

三、转型发展

近年来，苏垦南通公司利用区位、资金、资源优势，融入地方开发建设，进行产业结构调整，实现了由传统农业向第三产业的成功转变，将商贸、地产、电力、广告等服务性行业作为公司今后发展的方向。

1. 固根基，资产收益稳步提高。公司本部以资产租赁为主要业务，为提高房屋、厂房、土地等资产的收益率，公司定期对租赁市场进行研判分析，明确租赁方案。推行市场化运营方式，严格执行租金增长机制，推进资产管理信息化，实时更新、详细反映租赁资产现状和租金收取情况，为资产经营提供决策支持。梳理出未充分利用、未产生效益的资产，规范管理，提高收益，促进国有资产保值增值。每年，公司土地，二、三产租金收入 1 200 万元左右，租金年均增长率保持在 10% 左右。

按照中央农垦改革文件精神，在南通市国土局指导下，相继完成土地权籍调查、勘测定界、争议调处、登记申请，积极推进农垦国有土地确权登记发证工作，通过土地确权，为科学利用公司土地资源打下基础。今后，公司将积极向开发区争取合作契机，参与到开发区现代农业、高科技产业园等规划建设中，有力有序推进土地资源资产化和资本化，变区位优势为产业发展优势、经济发展优势。

2. 聚合力，控股参股企业提质增效。公司将资源优势和成熟的管理团队相结合，参股了江苏农垦新福地投资发展有限公司；将区位优势和成熟的市场优势结合，成立了南通大桥广告有限公司；将资金、资源优势和成熟的管理优势结合，入股南通宝腾汽车销售服务有限公司；将资金优势和成熟的市场优势相结合，参股到南京市溧水区苏垦农村小额贷款有限公司……通过签订年度经营管理责任制、强化“三会”作用、加强调研监督等方式，在保障控股参股企业自主经营权的同时，加强监管考核，维护公司权益。

江苏农垦集团南通有限公司合作开发的福地商业广场项目

控股企业成绩斐然：下属全资企业江苏农垦南通电力有限公司年均实现利润超 1 000 万元；控股企业南通大桥广告有限公司主营高速公路高炮广告业务，走出了一条“小而美”的发展道路，年创利 200 万—300 万元。

参股企业监管有力：明确公司兼职董事监事职责，定期走访参股企业，了解分析参股企业的财务和经营状况，加强与控股股东的主动沟通，重点在利润分配、年度预决算、成本费用控制、重大资产处置等事项上维护公司权益，努力提高参股企业投资收益。

3. 谋发展，储备资源加速开发。公司不仅夯实现有业务板块，而且立足长远，积极储备优质资源，大力开发新项目，谋划未来发展蓝图。为提高资金利用效率，储备优质资源，做强资产租赁板块，公司大力推进福地商业广场收购事宜。该项目毗邻苏通科技产业园区管委会，位于园区核心区域，商业面积近 2 万平方米，对其收购后将进一步壮大公司资产租赁业务。目前，该项目意向租赁签约率超过 70%，初始年租金收入 750 万元左右，并将持续增长。

江苏农垦集团南通有限公司大力推进项目招商，制作招商宣传片《新引擎，新跨越》

公司拥有两个优势项目：南通苏垦物流项目紧靠长江，拥有稀缺长江岸线 224.7 米，配套工业用地 200 多亩；300 亩商业用地项目地处南通经济技术开发区星湖大道与东方大道高架交叉口，西接南通经济开发区核心商业区（能达商务区），区域优势明显，发展潜力大，规划将其建设为南通大数据产业园。近年来，公司利用高速公路广告、新媒体、政府平台等渠道开展项目招商，共与意向合作方交流百多次，接待客人来访 30 多批次，并通过各种渠道联系了浙江传化集团、万科、美的置业等多家知名企业前来考察。

四、经验总结

苏垦南通公司受“艰苦奋斗、勇于奉献、开拓创新”的农垦精神和“包容汇通、敢为人先”的南通精神的双重润泽，形成了“传承超越，合作共赢”的企业精神。公司的改革实践证明：

1. 敢为人先的改革精神弥足珍贵。公司积极响应国家农垦改革号召和省政府决策部署，以壮士断腕的勇气推进改革，坚持社企分开改革方向，推进国有农场生产经营企业化和社会管理属地化，成为社企分离改革的先行先试者。改革奋进的事业并未就此止步，随后的苏垦南通公司成立、体制机制创新、“三供一业”分离移交等无不体现着公司敢为人先、勇立潮头的时代精神。公司的各项改革举措，尤其是农场公司制改革的实践探索，为农垦改革积累了宝贵经验。

社企分离改革——联合社区管理委员会挂牌仪式

江苏农垦集团南通有限公司“不忘初心，牢记使命”主题教育活动

2. 迎难而上的创业精神弥足珍贵。2013年底，苏垦南通公司成立之初，面对现代企业管理新要求、市场经济冲击、人才短缺等一系列难题，公司全体干部职工迎难而上，艰苦创业。完善企业法人治理结构，健全内控制度，加强控股参股企业管控，推进新项目收购与开发。截至2018年，公司共计实现营业收入11.64亿元，利润总额2.04亿元，资产总额达7.96亿元。这些成绩与数字的背后，凝结着苏垦南通人的勤劳与智慧、拼搏与奉献。

3. 主动担当的实干精神弥足珍贵。面对人员断层、人少事多的现实，公司全体干部职工以实际行动，践行扁平高效的运行机制，无论是公司党委、经营层，还是中层干部、基层员工，都能够第一时间传递信息、第一时间会商措施、第一时间落实工作责任，都能够主动担当、勇于奉献，都能真抓实干、冲在一线，形成政通人和、高效运转、实干兴企的良好氛围，彰显了公司干部职工的担当和实干精神。

4. 荣辱与共的合作精神弥足珍贵。社区分离后，公司在致力发展的同时，积极承担国企社会责任，资助社区慈善事业和场域民生工程。同时，在改革改制和经营格局发生重大调整的关键时期，大力营造“公司人、社区人都是农场人”的价值理念。努力增进情感认同和理念认同，维护和谐稳定局面。社企分离后，公司与地方坦诚合作，荣辱与共，在干部培养、资源共享、舆论氛围营造等方面，相向而行，共同发力，共同处理历史遗留问题，共同促进区域发展，共同关注民生事业，共同推进廉洁共建和党建共建，走出了垦地合作共赢的新篇章。

江苏农垦集团南通有限公司　严　忠

江苏省沿海开发（东台）有限公司：科学匡围，生态开发，保持条子泥垦区绿色发展

江苏省沿海开发（东台）有限公司
Jiangsu Coast Development(Dongtai) Co.,Ltd.

条子泥滩涂位于江苏东台沿海弶港以东，地处丝绸之路经济带、长江经济带与21世纪海上丝绸之路的交会处，区位优势独特，战略地位重要。条子泥滩涂处于淤积型淤泥质海岸，为辐射沙洲靠陆侧高滩，地势平坦，总面积40.05万亩。条子泥匡围工程是江苏沿海地区发展规划的重点工程，一期匡围工程于2012年3月开工，2014年4月初完成工程验收，匡围总面积为10.12万亩，建成海堤总长27.16公里。为更好地落实条子泥滩涂的科学匡围和生态开发，江苏省沿海开发（东台）有限公司十分注重人与自然协调发展，严格遵循“创新、协调、绿色、开放、共享”五大发展理念，按照国务院通过的《江苏沿海地区发展规划》，综合考虑自然、环境等因素，突出围垦开发与保护并重，采用围垦新技术、新工艺、新材料，增加人工湿地、生态修复等措施，确保江苏沿海地区及全省经济发展与海洋生态环境协调可持续发展。

海堤道路

一、强化前期研究，严谨论证，科学实施围垦工程

生态保护始终贯穿条子泥围垦用海规划、工程可行性研究、环境影响评价、工程设计及建设的全过程。2009 年 8 月启动围垦项目的前期研究，组织科研院所对东台沿海历年的自然环境、水资源、水产资源、鸟类资源等状况进行认真详细的野外调查；对条子泥及附近区域的水质进行化验研究，组织科研机构的专家就工程对环境的影响进行评审论证。2011 年 6 月，该项目通过环保部生态与自然保护区专项环境影响评价审批；2011 年 10 月，通过国家海洋局高涂围垦养殖用海规划审批。项目从开始可行性研究到 2012 年 2 月正式开工，经历了 30 个月的时间，其间开展了 12 项研究，编制和形成 21 项成果报告，分别经江苏省海洋与渔业局、省发改委、省沿海办、国家海洋局等部门组织的专家评审和严格审批，同时积极与地方政府和用海单位对接落实江苏省海洋与渔业局《江苏省海域使用管理办法》，并申请省财政一次性给予地方补助，帮助建立完善社会保障体系，切实保障了涉海渔民的权益和生活，以期把工程对环境和涉海渔民的影响降到最低。

工程启动后，以条子泥匡围工程项目作为载体，江苏省沿海开发集团有限公司(以下简称“江苏沿海开发集团”)联合河海大学等单位组织开展“海岸动力特征及沿海围垦布局关键技术”“沿海大规模围垦工程关键技术”“沿海围垦区水资源保障关键技术”“沿海围垦生态保护技术”等课题的研究，使工程施工、项目开发、科学研究实现了紧密的结合。工程施工中，本着绿色、环保、节约的理念积极引入“GFRP 筋混凝土栅栏板筑堤防护技术项目”，为沿海工程新材料使用积累了经验。同时，为了减少施工过程对海洋生物、迁徙鸟类等造成的不利影响，施工期间通过合理安排施工季节、科学选择施工机械、内陆安排施工营地、海上船舶严格控制排污、堤内取土和露滩施工等方式，最大限度地降低工程施工对海洋生物和鸟类的影响。

以条子泥围垦(一期)工程为平台,在与各高校科研院所开展环境影响评估工作并开展广泛合作研究的基础上,2015 年 12 月江苏沿海开发集团与河海大学合作,专门成立了“江苏沿海开发与生态建设工程中心”,并于 2016 年 9 月获得江苏省发改委批复,旨在从生态监测、围垦开发建设、土壤改良的角度,开展沿海基础性研究工作,服务江苏乃至全国沿海开发,以求提高沿海开发科技水平,在沿海滩涂围垦开发、盐碱地改良及生态建设等工程技术方面形成优势。

二、保障生态需求,湿地修复,突出保护优先

为避免围垦可能对原有环境带来影响,实现开发与保护和谐并进,江苏省沿海开发(东台)有限公司制定了一系列环保措施,将项目实施对环境的影响降到最低。

条子泥垦区严格按照国家海洋局批复的规划合理布局,采取严格的生态保护措施,按照“生态优先、绿色发展”的要求,预留了超过匡围面积 20%的生态用地用于湿地修复。通过在垦区内合适区域保留自然湿地、建设生态水库等措施,在垦区周边建立绿色廊道,保证了鸟类等动物栖息地的生态环境。

在条子泥海堤建设施工完成后,江苏省沿海开发(东台)有限公司立即进行了海堤内坡草皮移栽和植树工作,达到了当年围垦、当年植树、当年成活的效果;对垦区内道路两侧均进行了植树种草绿化,养殖塘口四周、生态水库、沟渠两侧种植狗芽根、獐茅草、田菁、芦苇等进行植被恢复;在局部条件具备区域试种耐盐树种。目前垦区内绿化率已达到 20%以上。

2017 年,根据江苏沿海开发集团与江苏省、盐城市、东台市三级海洋渔业局签署的《江苏省条子泥垦区(一期)高涂围垦养殖用海项目海洋生态补偿协议》,江苏省沿海开发(东台)有限公司制定了《条子泥(一期)高涂围垦养殖用海项目海洋生态补偿实施方案》(以下简称“补偿方案”),旨在通过利用江苏省条子泥垦区(一期)高涂围垦养殖用海项目筹集的 1.14 亿元生态补偿资金实施生态修复工程,加强条子泥海洋生态修复,建设海洋生态文明,维护条子泥海洋生态系统健康,以实现海洋资源的可持续利用和生态环境的有效保护。其中,补偿方案计划投资 6 150 万元连续 8 年开展增殖放流工作,补偿工程建设对渔业资源的影响。截至 2019 年,已连续增殖放流 4 年,累计投入资金 2 243.34 万元用于增殖放流海蜇、大黄鱼、半滑舌鳎、黑鲷和文蛤等资源苗种超过 6 000 万只(尾),有效增加了条子泥海域生物资源数量,改善了生物种群结构,有利于渔业资源保护和渔民增收。

根据条子泥及其周围水鸟栖息分布实际情况,2017 年在条子泥垦区条南片

紧邻海堤的未开发垦区内规划建设一座条子泥生态公园，项目占地约 3 500 亩，以“生态立园”为项目建设基本指导思想，严格遵守“生态保护、科学修复、合理利用、持续发展”的基本原则，尽可能地进行生态还原，在必要的生态修复基础上，尽量减少人类活动与人为干预，旨在为条子泥及其周围多种重点保护水鸟提供栖息地，保护和修复沿海滩涂湿地生物多样性。生态公园的建设也将有效推动滨海湿地修复工程的开展，完善条子泥滨海湿地生态系统结构完整性、生物多样性，从而对江苏沿海围垦起到积极的示范意义和重要的引导作用。

三、生态优先、示范引领，高层次开发打造现代农业示范区

条子泥垦区进入内部配套开发时期，公司始终秉承生态优先、绿色发展理念，充分利用条子泥匡围形成土地开发利用的机遇，结合东台市沿海经济区产业发展规划，突出垦区省级开发主体特点，提高当地沿海滩涂综合保护与利用开发层次。

垦区目前拥有 3.4 万亩水产养殖区，3.2 万亩农业综合种养结合区，其内建设“盐土经济、有机农业、绿色种养、精品渔业、特种渔业”五大示范基地。垦区已形成以四大家鱼、鮰鱼、鳗鱼、脊尾白虾、青蟹、梭子蟹、有机稻米及各类瓜果蔬菜等为主的种养殖品种结构。同时条子泥海堤建成后，堤外辐射沙脊群和垦区预留的 2 万多亩的生态湿地，在东亚—澳大利西亚区候鸟迁徙路线上形成了优良的“服务区”，通海的海堤公路，既方便了当地渔民下海采集生产，也给广大游客提供了近距离观察候鸟、接触黄海滩涂的便利条件，游客逐年增多，有力地带动了当地旅游、餐饮等第三产业的发展，使条子泥具备了生态旅游产业开发的基础条件。

“十三五”中期，条子泥垦区确立了“农业产业园、农业科技园、农旅生态园”三大园区的“十三五”建设目标，打造集沿海滩涂资源综合开发利用、生态保护为一体，独具“条子泥”特色的沿海现代农业产业化、科技创新型示范区。以农旅结合产业开发为导向，以科研创新为产业升级“催化剂”，加大“三大园区”招商。通过引进农业产业、旅游产业、科研人才和技术，深挖条子泥发展潜力，升级产业结构，延长产业链条。向高层次、高科技、高附加值现代农业示范园区转型，不断提升条子泥 10 万亩土地经济效益，最终形成以农业产业化为框架、科研创新为支撑，生态旅游提升产业附加值的产业布局。

苏盐井神股份公司：瞄准“四化”目标，推动高质量发展

江苏苏盐井神股份有限公司（以下简称“苏盐井神股份公司”）是江苏省盐业集团有限责任公司（以下简称“苏盐集团”）的控股子公司，现已成为集科研、生产、销售于一体的全国大型盐及盐化工企业，连续多年入选中国制盐行业十强企业。公司为国家高新技术企业，2015 年在上海证券交易所首发上市（股票代码：603299，股票简称：苏盐井神），2016 年被认定为国家企业技术中心。

随着国家盐业改革深入推进和省委省政府大力支持江苏盐业高质量发展的政策实施，传统盐及盐化工产业如何实现顺利转型，推动高质量发展？这是每个制盐企业面临的现实问题。

近年来，苏盐井神股份公司瞄准打造国际一流盐业领军企业的目标定位，狠抓资源优化配置，强力推进技术创新，不断加强卓越管理，经营业绩实现了持续稳定增长，在产业转型发展道路上迈出了坚定步伐。据该公司披露的 2018 年半年度报告，上半年公司生产盐化产品 293.81 万吨，同比增长 7.33%，销售盐化产品 271.23 万吨，同比增长 3.43%，实现营业总收入 137 378.67 万元，同比上升 8.18%，利润总额 11 564.29 万元，同比上升 24.88%。苏盐井神股份公司董事长吴旭峰说，作为苏盐集团的控股子公司，苏盐井神股份公司将持续增强企业核心竞争力，促进盐及盐化工产业向高端化、智能化、集约化、链条化“四化”发展，为苏盐集团高质量发展走在全国盐行业前列当好急先锋。

加速推进高端化发展

围绕打造中国健康食盐领航者，全力推进食盐产业升级改造，在前期实施高端食盐研发生产、自然晶盐和日晒岩盐深加工等项目的基础上，2019 年又实施了食用盐包装系统自动化升级改造、普通食盐分装车间箱（大袋）二维码流向追溯、谢碾食用盐矿区技改等项目，全面建设符合食品生产企业标准的中国健康食盐研

发生产基地，形成了研发、生产、加工、包装、配送为一体的食盐生产供应链，为国内20多个省市2亿多消费者提供了绿色、健康、安全的食用盐。同时，紧盯新时代市场需求变化，从满足当下消费者多元化消费需求出发，依托国家企业技术中心、盐化工循环经济技术研究院、博士后创新实验基地等创新平台，并与清华大学、中国科学院（以下简称“中科院”）、南京医科大学等高校院所开展重大技术联合攻关，不断扩大有效和中高端供给，先后研发了近百种高端化、特色化的食用盐和生活用盐产品，打破了过去国内高端盐大多依靠进口的格局。今年来，苏盐井神股份公司研发生产的系列产品先后在“亚洲名优品牌”“中华好品牌”“中国消费者最喜爱民族品牌”——“淮盐”香港招商推介会，2018第三届全国盐产品、制盐设备及包装新材料展览会，2018中国国际食品餐饮博览会上展出，以深厚的品牌文化内涵和天然的绿色产品理念，受到消费者和媒体广泛关注，提升了产品品牌国际影响力，为进一步拓展国内市场、进军国际市场，以及加强与“一带一路”沿线国家贸易合作奠定了基础。

加速推进智能化发展

苏盐井神股份公司作为一家综合型的流程工业企业，有自备发电厂、制盐厂和制碱厂，装置自动化程度较高。近年来，着力推动信息化、工业化深度融合，加快信息技术集成应用，积极实施机电一体化集成控制等生产系统改造，推广应用自动识别、在线监控、自动报警等智能化技术，推动制造装备与信息化管理系统的无缝连接和集成融合，先后更新和淘汰了一批低端落后装备和生产线，建设了一批智能化、柔性化程度较高的生产线和车间，着力打造食盐生产智能工厂，全力满足食盐生产多样化、定制化和高端化需求。加强能源管控，建立了国家级能源管控中心，实时监控全公司各生产单元的汽、电消耗情况，加强了汽、电、水综合管理。强化生产工艺控制，着力应用生产环节DCS（集散控制系统）和制盐制碱生产APC（先进过程控制）系统，使主要生产系统运行保持最佳状态。推进工业智能机器应用，逐步推广使用工业机器人，多台ABB机械臂和蜘蛛手已在分装工序运行，降低了废品率和产品成本，提高了设备的利用率。2017年6月，苏盐井神股份公司荣获“江苏省两化深度融合创新（互联网与工业融合创新）试点企业”和“江苏省两化融合贯标试点企业”称号，公司盐钙联产车间获2016年省第一批示范智能车间认定，逐步构筑起生产过程数字化、智能化的发展道路。加强管理信息化建设，采用了产销一体化的ERP（企业资源计划）系统、“智慧苏盐”系统和外勤

365 系统，支撑采购、销售、财务、仓储等业务板块高效运作，提高了企业经营管理效率。加强互联网创新应用，2017 年 10 月，与阿里巴巴企业互联网采购 SaaS（软件即服务）平台开展采购云服务合作，利用阿里巴巴的全球货源、互联网化的供应商管理和招投标管理优势，使公司快速步入“互联网＋采购”的时代，采购更加快捷、高效、规范和阳光。目前，苏盐井神股份公司关键工序核心制造装备数控化率达 100%，率先建立食盐质量安全电子溯源系统，实现食盐质量领先、来源可追溯、风险可防范。通过创建全国盐化工升级示范企业，将全面建立起产品质量全过程可追溯的智能制造模式，提升快速响应和柔性高效的供给能力。

加速推进集约化发展

积极构建绿色制造体系，通过实施定期集中检修和重点项目建设，整合了淮安地区生产资源，优化了能源供应结构，提升了整体运行水平。苏盐井神股份公司先后实施了汽电平衡技术改造项目、碱渣钙液平衡技术改造项目，逐步解决了水、电、汽、卤等生产要素平衡供给问题，进一步提升制盐、制碱、制钙各条生产线运行水平，在资源集聚、成本控制、生产优化等方面达到国内领先水平。通过与德国 GEA MESSO、瑞士 SEP、美国 HPD 等国际机构展开科研合作，确保生产技术研发始终处于国内行业前沿。自主研发的“井下循环制纯碱绿色制造技术”已成功向国内同行进行专利许可推广使用，为中国纯碱行业进步做出了贡献。同时，积极探索对外技术服务的有效路径，2018 年顺利承接了印度尼西亚制盐工程技术服务，成为全国盐行业首例技术输出服务企业。2019 年分别于 5 月、8 月两次受邀赴泰国 THAI KALI 公司开展制盐工作技术指导，就工艺优化、节能降耗、DCS 整改等提出了 28 项建议，使干燥床生产周期提升近 200%，产量提升近 10%，消耗降低近 5%，得到泰方高度称赞。

加速推进链条化发展

“苏盐井神股份公司盐及盐化工产业发展已达到了一个较高水平，在盐业体制改革后日趋激烈的市场竞争态势下，要想再跨越式发展，唯有进一步形成特色产业链，才能实现可持续发展。”苏盐井神股份公司总经理刘正友说，要促进盐化工循环经济产业链和地下油气储备产业链建设同步开花结果。

苏盐井神股份公司不断深化高效、安全、环保“绿色工厂”理念，稳妥推进循环经济产业链建设，2019 年实施了淮安生产片区环境改造、联产装置技改等项目，提升了资源综合利用效率，形成了循环生产和清洁生产的运行方式，充分发挥出资源整合效应和循环产业优势，打造了高质量、高效益、低能耗、低污染的新兴产业发展模式。目前，苏盐井神股份公司淮安盐碱基地在华东地区规模领先，吨碱盈利能力处于国内行业前列。同时，苏盐井神股份公司迅速抢抓国家鼓励支持企业大力推进地下储气库扩容改造和新建项目的重大机遇，加快推进盐穴开发产业链建设。加强与中国石油天然气集团有限公司(以下简称“中石油”)、国家石油储备中心、中科院等相关方合作，不断深挖卤水和盐腔资源禀赋，建设盐穴综合开发利用产业基地。2019 年，围绕储气库一期工程注气的时间节点，同步推进蒋南储气库、楚州储气库建设前期工作。与中国科学院武汉岩土力学研究所、淮阴工学院、中俄东线楚州储气库项目部、淮安市地质矿产勘查院、俄罗斯波依斯克责任有限公司共同组建了盐穴储气联合研发中心，为储气库建设提供了重要的技术保障。与大型国有企业、省内相关政府部门和城燃企业等商谈了储气库的合作模式和运营方式，在储气库项目建设和后期营运上进行深入探讨。盐穴储气库建设不仅是苏盐井神股份公司新的经济增长点，为公司高质量发展注入新活力，也是重要的民生工程，将为保障区域民生用气和国家战略储气做出贡献。在打造循环经济产业链和盐穴开发产业链的基础上，苏盐井神股份公司还积极打造特色产业和新兴产业，推动传统产业转型发展。目前，正推进淮盐文化旅游等现代服务产业，充分利用淮盐悠久的历史文化资源和制盐绿色生产工艺，开发盐业观光旅游项目，按景区标准来打造企业生产环境和生产过程，使游客在参观过程中感受“淮盐出，天下咸”的深厚文化底蕴。

面对盐改后激烈的盐业竞争态势，苏盐井神股份公司根据盐行业发展规律、新兴产业发展态势和自身资源优势，进一步理清了当前发展的思路、目标和路径，不断推进盐及盐化工产业向高端化、智能化、集约化、链条化“四化”发展，在高质量发展大道上阔步前行。

金陵天泉湖：十年磨一剑，打造养老产业新标杆

时光荏苒寒暑易，波澜壮阔大手笔。南京金陵饭店集团有限公司（以下简称“金陵饭店集团”）成立以来，在集团党委的领导下，金陵天泉湖人砥砺奋进，铿锵前行，勇立时代潮头，谱写了金陵天泉湖人开拓创新、跨越发展、逐梦新时代、再铸新辉煌的壮丽篇章。

山水联姻，政企携手

21 世纪的中国社会人口老龄化，60 岁及以上老年人超过 2 亿人。其中，长三角地区老龄化严重，江苏比全国提前了 13 年。养老问题日益成为影响国计民生的突出问题，应对人口老龄化已上升为国家战略。

早在 10 年前，有着国企背景、酒店行业的翘楚——金陵饭店集团前瞻性地预判中国老龄化社会趋势，站在时代高度，将国企社会责任和市场需求有机结合起来，依托星级酒店服务理念进行新产业布局，进军养老产业为我们描绘出一幅美好的老年生活场景。2008 年，与盱眙县人民政府合作，成立江苏天泉湖开发建设有限公司，致力打造以“养生养老、旅游度假、创意产业、生态农业”四大板块互融发展的养生养老与旅游度假集聚区。不仅凭借独具的战略眼光和国际化理念，领先布局养生养老产业，在盱眙天泉湖畔打造一座 48 平方公里的国际化养老城，并

且经过10年的开拓与市场检验，目前，金陵天泉湖养老产业已初具规模，为树立全国行业新标杆奠定了基础。

生态养生与综合养老相结合

生态养生型。最近10来年，各类养老产品层出不穷，各有特色。而在长三角区域，金陵天泉湖养生养老社区却一直独树一帜，因具备良好的自然资源、口碑与服务而备受关注。

国家提出要以原生态的生态环境为基础，以健康养生、休闲旅游为发展核心，重点建设养生养老、休闲旅游、生态种植等健康产业，一般分布在生态休闲旅游景区或者自然生态环境较好的区域。

而天泉湖，水域总面积9平方公里，汇水面积58平方公里。四周青山环抱，蜿蜒曲折。这里90%以上的面积被森林覆盖，大气污染物浓度大幅度低于国家标准，仅为城市的十分之一，在减少雾霾侵害的同时，还是一座天然氧吧。

好的山水能陶冶性情，赏心悦目，好的山水也是好空气的保障。老年人随着身体免疫力的衰弱，对呼吸空气的质量要求自然要高，天泉湖畔便成了一个很好的选择。

综合养老型。有了一定的环境资源，同时拥有一定经济实力的老年群体，将医疗、气候、生态、康复、休闲等多种元素融入养老产业，发展旅居养老、休闲度假型养老、老年教育、老年文化活动等业态，打造集养老居住、养老配套、养老服务为一体的养老度假基地，为老年人提供集养老居住、医疗护理、休闲度假为主要功能的养老小镇。

金陵天泉湖打造医养结合型机构养老的模式，将居家养老、机构养老与社区养老融为一体，使人们从“被动接受养老”向“自主享老”的模式转变，并通过市场化方式解决养老问题，是养老模式的一种创新，助推了中国养老模式的根本转变。

国际一流养老产业规划

金陵饭店集团下辖的江苏天泉湖实业股份有限公司主要从事养老服务、房地产开发经营、实业投资、房屋销售代理、信息咨询等业务，2018年公司资产总计约18.63亿元。公司运营的金陵天泉湖养生养老社区翡翠园项目一期工程已经全部建设完成，二期及三期工程正在逐步展开，同时还运营万山红养生养老公寓等多个项目。

一流规划是彰显一个企业诚心和责任的重要标志。金陵饭店集团发展养老产业，不是开发建设养老地产，更不是“一建了之”，而是全面投身养老事业。

规划起点高。按照世界一流理念，以尊重自然、保护生态为前提，聘请世界知名专业规划机构“英国阿特金斯”规划发展蓝图，美国帕金斯伊士曼和上海现代集团承担建筑设计。整个规划作为重大项目通过了省级立项审批，并连续10年被列为省重大项目。

规划创意新。颠覆传统意义上的封闭式健康养生养老社区模式，融合发展“养老养生、度假休闲、创意产业、生态农业”四大业态，打造“医养结合、养老服务与酒店服务融合、都市生活与田园生活契合、室内活动与户外活动配合”的五星级智慧健康养生养老社区。

规划体量大。总体规划面积约130万平方米，其中养老住宅(居家养老)约125万平方米，公共配套工程约5万平方米，项目共分三期开发，全部建成后可容纳1.5万户家庭居家养老，是目前国内规划规模较大的养老项目。

国际标准“智慧养老”设计

国内没有可借鉴的同类项目，对产品设计也没有完善的指导规范，公司为将产品做到完美极致，充分借鉴了国外成熟经验，联合设计、图审、规划、住建、民政、卫健等单位共同探索研究，建设具有国际标准的“智慧养老”社区。

“智慧养老”建筑设计。针对老年人的特性，参照国际最新科技住宅标准，全部选用现代化节能、绿色建材进行建造，充分考虑房屋的朝向和地磁场的感应关系，在住房设计和建设质量上达到新高度，为老年人健康长寿生活提供好的居住条件。在墙体保温系统、外墙保温装饰、屋面防水保温系统、新型建筑装饰防火等方面都达到国际一流水平。在餐厨垃圾处理技术、家居一体化设备等方面都按照国际标准进行配备。

“智慧养老”需求设计。考虑养老需求，住宅为4—6层多层建筑，配置客梯和医疗用电梯。采用整体单边走廊设计，户户朝南，既方便邻里交流，又提高服务效率。每栋楼间以室外连廊相连，居中设有24小时值守大堂，遇上紧急呼叫，酒店健康管家及时上门，呼叫医生救助。通廊、卫生间、淋浴区均设置扶手，每个功能区均考虑轮椅通行。适老化标识系统，便于老人记忆。同时，在“什么尺度符合老人需求、机电点位要多高、门窗执手摆在什么高度、厨卫如何方便使用、建筑及机电噪声如何控制、紧急呼叫救援如何解决、如何通过信息平台预约服务”等方面，事无巨细，一次次自我否定、一次次尝试新方案，终于绘就“智慧养老”设计蓝图，形成金陵养老特有模式。

五星级养老服务

金陵饭店集团发展养老产业，以星级酒店管理水平，提供优质养老服务。

五星级的设施。养老社区建设了5万平方米的综合服务中心，投资约5.8亿元，包含康体娱乐综合楼、医院、养老院、护理院、温泉洗浴、游泳馆、餐厅、多功能厅、教堂等一系列五星级配套设施。实施医养融合，医院、养老院、护理院一体化经营，可提供381张床位机构养老服务，配有救护车、紧急救援停机坪。2017年12月与江苏省老年医院签订合作协议，在医养结合服务领域广泛开展合作，与国内外知名老年病专科医院开展远程医疗合作，打通就医绿色通道。目前，金诺医院门诊部已开业，养老院已取得设立许可证，将接待首批入住老人。

五星级的服务。积极落实《国务院关于加快发展养老服务业的若干意见》，借鉴国外养老先进经验，与美国知名养老管理机构诺滨逊管理公司及英国信诺医疗集团合作，成立江苏金诺老年养怡股份有限公司，组建130多人的专业养老服务团队。

高度负责的社会责任感

10年前的天泉湖，基本处于半封闭状态，没有柏油马路、桥梁、自来水，当地农民靠种地“靠天吃饭”。10年来，金陵饭店集团不忘初心、牢记使命，以高度负责的社会责任感和家国情怀，通过发展养老产业，带动了区域“基础设施建设、度假区知名度、农民生活水平”三个提升。

区域基础设施大大提升。累计投资3.4亿元建设基础设施。修建紫霞岭及北区市政道路、天泉湖大桥等，改善区域交通条件。建成日供水能力10 000吨自来水厂，让区域用户喝上放心“优质水”。建成日处理能力6 000吨污水处理厂，实现区域污水收集和处理全覆盖。进行绿化、环境提升，建设完善电力、给排水、通信、燃气等管线管网，提高综合公共服务保障水平。

度假区知名度显著提升。围绕“双创”主线，投资建设6 000余平方米淮安未成年人社会实践基地，金陵山庄一期投入运营、三期竣工销售，建成近5万平方米、泊车600余辆的停车场和1 200平方米游客中心。开通南京、葛塘、淮安三条至天泉湖班车，改善旅游交通条件。积极盘活流转存量土地，打造“百亩黄蜀葵花园、百亩葛根园”等种植园。举办“金陵天泉湖国际马拉松赛”等系列品牌赛事。

农民生活水平不断提升。始终坚持“农民利益优先”，实现开发一片、致富一方乡村振兴目标。通过“三个置换”换来政府、开发方、群众“三满意”，解决住房、就业和养老问题。此做法在《新华日报》头版头条刊登，省委原书记罗志军在《群众》杂志上做出重要批示。建设约11万平方米天泉小镇，农民居住条件大为改善。成立工程公司、劳务公司等吸纳迁移农民就业，一起共建美丽家园。现在，公司安置员工年人均综合收入近4万元，提前迈进小康。

集聚凸现的品牌效应

金陵饭店集团养老产业的发展，得到各级、各界高度关注和认可。

政府高度关注。先后迎接国家部委、省委省政府等各级检查指导，荣获“江苏省适老住区省级示范项目”。行业高度认可。33位城规、农业、土壤、社会等行业专家共同撰书《中国新型养老样本——天泉湖》，深刻剖析项目优势，获得行业“中国土木工程詹天佑奖”“2018中国医养结合十大品牌”及“2018中国养老社区十大品牌”。

社会高层青睐。受到南京及周边长三角区域中老龄人士的青睐，有12位两院院士成为社区业主，并广为推荐项目；南京各大三甲医院学术带头人、知名专家，尤其是江苏省人民医院、东部战区总军院分别有20多位主任级医生落户社区；参加江苏发展大会的社会名流中有多位金陵天泉湖的业主。目前业主已经遍布南京、北京、上海等各大城市，甚至包括从美国、加拿大、澳洲等归国养老人士。翡翠园一期建筑面积约25.6万平方米，建设2 570户老年公寓。截至2019年8月31日，一期已实现认购2 304套。

十年，是一个跨越历史的维度。十年，是一段砥砺成长的历程。展望未来，金陵人将按照“让老年人老有所养、老有所依、老有所乐、老有所安”要求，视养老产业为崇高社会事业，以强烈社会责任感，去打造前所未有的标杆性养老社区，全面实现“智慧养老”“幸福养老”“健康养老”，为构建和谐社会、实现中华民族伟大复兴的中国梦，展现国企的使命担当。

南京路桥：做交通战线的“御林军”

编者按：

1978 年以来，国有企业成为中国改革开放事业的逻辑起点和主要推动力量。中国特色社会主义进入新时代，全面深化国有企业改革开启了新征程。南京市路桥工程总公司积极响应十九大“推动国有企业做强做优做大”的新号召，冲在南京交通战线的前线，为建设“强富美高”新江苏和“交通强国”奋斗不息。

26 年倾注匠心，获得殊荣不断

成立于 1992 年的南京市路桥工程总公司（以下简称“路桥”）现今已发展成为一家年产值 8 亿元左右、市场覆盖江苏全省的中型国有企业。26 年里，路桥革故鼎新、敢为人先，研发前沿技术，建设一流工程；勇担责任、奉献社会，成为南京交通战线上的“御林军”；匠心缜密、精益求精，在业界树立了良好口碑。

路桥支部副书记徐小萍称，26 年来路桥一直致力于交通建设行业，提供公路总承包施工、市政公用工程施工、市政养护、公路施工技术等全方面服务，先后摘得了“全国公路交通优质工程一等奖”“江苏省‘扬子杯’优质工程奖”“南京市服务质量奖”“中国土木工程詹天佑奖”等重量级奖项。

公司所获荣誉

路桥经过创业之初的筚路蓝缕现已发展壮大，公司员工从几十人发展到数百人，成长为拥有公路施工总承包一级资质的中型国有企业，综合实力逐年递增，靠的是艰苦创业的优良传统，同时更离不开敢为人先的创新精神。

11载潜心探索,引领技术前沿

2007年,路桥一所“江苏省交通运输厅乙级资质”的中心试验室里,10位年轻人以陆生华为核心,组成了一个检测组骨干团队,开始了他们长达数年与几把尺子、一堆数据为伴的科研生活。

兢兢业业11载,10人小团扩大了四倍,课题研究也愈加丰富和深入。短短数年便产出5项硕果,在交通工程领域勇立潮头,引领技术前沿。检测组最新的研究成果——钢渣沥青混凝土,就被应用于328国道项目以及扬子江隧道江北连接线,代替沥青路面玄武岩1号料和2号料,对于节约资源、保护环境具有重要意义。

反复的试验、准确的检测、科学的分析、缜密的推算,只因“工程质量好坏全凭数据说话”,“陆生华检测组”不放过每一侧微小的数据,始终牢记安全、质量、环保、效益的工作准则。

为激发员工的最大潜能,为企业创造最大的效益,检测组还制定了目标管理制度、质量验收制度、安全管理制度和民主决策制度,力争每次试验都做到完美。在工程建设中,这支精锐高效的队伍曾多次受到业主和监理等多部门的一致好评。

3次技术变革,竖立业界标杆

自20世纪90年代,路桥就率先引进当时业内领先的英国帕克356沥青混凝土拌合设备,实现弯道超车,树起业界标杆。2006年,路桥又从芬兰引进艾摩美迪4000大型沥青混凝土搅拌站,为公司承建的宁淮高速项目质量创优打下了坚实基础;今年,本着节能环保、提质优化的原则,路桥又引进了西筑厂最新的环保型SG 4000拌合站,为辐射江南片区各项重点工程提供了有力支撑。

徐小萍介绍,路桥一贯视创新为企业生命之源,而创新的第一步就是观念上的革故鼎新。在真抓实干、敢为人先的企业文化中,路桥正在追赶先进企业的路上大步迈进,昂扬前行。

心系公益事业,勇担社会责任

国有企业的地位和作用:承担着生产公共产品、建设重大工程项目、推动国家技术创新等职责，而且还肩负着优化产业结构、引领经济发展、带动其他所有制经济健康发展的重任，是推动经济发展当之无愧的主力军、排头兵和突击队。

中石化宣传工作部主任吕大鹏曾评价道，国有企业是社会稳定的“压舱石”，承担了大量社会功能和责任，是支持经济发展、公益事业、对外援助的重要力量。路桥就是维护南京地区稳定的一块重量级“压舱石”。在承担工程建设任务的同时，路桥作为南京交通战备应急队伍，在南京遭遇重大突发事件和自然灾害时，总是冲在最前线。路桥曾先后出色地完成了抗洪抢险、铲雪除冰保畅通等多项交通应急保障任务，被各级领导亲切地称为南京交通战线的“御林军”。

但徐小萍说，路桥这支“御林军”还不够完善，路桥只有不断地扬长避短、提升自我，才能获得企业发展、职工成长的“双赢”，才能更好地肩负起社会责任，才能为交通强国贡献更多的“南京力量”。

为响应国有企业深入改革的号召，路桥与同行业兄弟单位开展对标找差活动，积极寻找自身不足。为增强企业实力、提升职工归属感，路桥决定将总部迁至启迪科技城（南京），借助江苏启迪的集群式创新体系与行业精英进行资源共享，在江苏启迪多个科研创新平台上将科研成果落到实地，在高效的创业氛围中吸收更多力量，不断壮大自我。

2019 年 7 月 25 日，南京市交通运输局王磊局长调研南京路桥

常州市国资委:助国资增值,促国企前行

一条改革的轨迹

时光交织中,始终不变的是奋进者的身姿;历史坐标上,始终清晰的是改革者的脚印……

在 1978 年中共十一届三中全会的春风中,常州国有企业开启了"放权让利"的改革之旅。以结构调整、转型升级为主线,加快转变经济发展方式,着力构建现代产业体系,实现了从政府行政机关的附属向市场主体的转变。

2005 年 8 月,常州市正式组建国资委,代表市政府履行出资人职责,实行管资产与管人、管事相结合。先后明确了常州投资集团有限公司、常州工贸国有资产经营有限公司等 15 家企业为市国资委履行出资人职责企业,常州公交集团等 12 家企业为市国资委监管企业。

2007 年,常州市着力推进国有企业改制与重组,完成了 17 户企业国有资产股权转让工作,实现了资源互补、强强联合,提升了常州制造的竞争力。

2010 年,根据市政府授权,市国资委按照政企分开以及所有权和经营权分离的原则,依照《中华人民共和国公司法》《中华人民共和国企业国有资产法》等法律和行政法规履行出资人职责,监管市属企业的国有资产,加强国有资产管理,确保国有资产保值增值。2016 年 5 月,市国资委组建了第一、第二监事会,分别对产投集团、轨道公司等 10 家市政府出资企业实施外派监事会制度,完成了监事会主席和专职监事的派驻。

一张改革新蓝图正在展开

让国资布局更加优化、国资监管边界更加清晰、国企活力更加强大的改革蓝图,正在徐徐展开……

2017 年,将原来的 9 家平台类公司整合由城建集团、交通集团、晋陵集团 3

家城市运营板块公司统一营运，形成了常州产业投资集团有限公司、常州投资集团有限公司、常州轨道交通发展有限公司、常州市城市建设(集团)有限公司、常州市交通产业集团有限公司、常州市晋陵投资集团有限公司6大集团公司。

2018年，常州在全省率先出台了《常州市属国资国企改革和发展三年行动计划(2018—2020年)》。该三年行动计划，对常州市国有经济布局、国有资本监管、国有企业功能定位、国有企业抗风险能力等都重新进行了改革设计，绘制了未来3年常州国资国企改革和发展路径图；同时将出资企业分为商业类和公益类，并将商业类进一步细分为产业板块、金融投资板块和城市运营板块；分别规划各类企业的发展定位和方向，推动企业间和企业内资源重组整合，优化国有资本布局，准确把脉常州国资国企现状。

未来，常州国有经济实力将进一步提升。到2020年末，市属国有企业资产总额要达到3 800亿元，所有者权益超过1 350亿元，年度营业收入突破150亿元，产业板块和金融投资板块企业营业收入、利润总额年均增长15%以上，城市运营板块企业营业收入、利润总额年均增长8%以上。市属国有企业整体规模、发展质量明显提高。国有资本布局进一步优化，按照市产业发展规划，推动市属国有资本向战略性、基础性和民生性等重要行业和关键领域集聚，推动结构调整、产业转型升级，为“种好幸福树　建好明星城”，推动常州高质量发展注入国资国企新动能。

常柴：实干善创，成就百年常柴

“天行健，君子以自强不息。”1913年2月，常州民族企业家奚九如先生以实业救国为宗旨、以振兴民族经济为己任，创立了常柴股份有限公司（以下简称“常柴”）前身企业——厚生制造机器厂。取名“厚生”，旨在表达其厚利积德、造福众生之意。这是常州地区第一家机械工厂，也是中国最早的内燃机专业制造商之一。

一个世纪的峥嵘岁月，常柴走过了一条艰难而又辉煌的道路。新中国成立70年来，常柴与共和国一起成长，特别是自改革开放40多年来，常柴一直坚持致力于振兴民族工业，坚持致力于服务“三农”经济，注重科学发展、和谐发展，常柴人创造性地贯彻中央和省市委关于改革开放的重大决策部署，实干善创，以敢为天下先的胆魄和爱国爱厂的精神，在我国农机和内燃机工业发展史上创造了众多辉煌的业绩，为中国农业机械化、现代化，为中国民族工业和地方经济的发展做出了重要贡献，也成就了名扬海内外的百年常柴。

抓住机遇在常州首家上市，规范推进现代企业制度

常柴百年的发展历史，实际上就是企业实干善创、创新跨越的历史。1955年，厚生制造机器厂改名为国营常州机器厂；1964年，改名为常州柴油机厂。

20世纪90年代，常柴抓住股份制改革的机遇，于1994年5月6日创立了常柴股份有限公司，当年7月1日，苏常柴A股在深圳证券交易所（以下简称“深交所”）挂牌上市，开创了中国农机行业和常州市工商业企业改制股份公司成功上市的先河；1996年9月13日，苏常柴B股在深交所上市，常柴成为当时中国农机行业中唯一同时拥有A股、B股的上市公司。常柴股份制改制，一方面为常州工商业企业体制改革开了好头，树立了样板，成为常州市现代企业制度改革的排头兵；另一方面常柴凭借股份制改革后获得的资金优势，以资产为纽带，不断探索资产重组、盘活存量的多种形式，通过跨地区的联合，跳出围墙，发展规模经济，从而转变了经济增长方式，迅速壮大了实力，成为年产销柴油机超百万台的世界最大的

小柴制造商,市场占有率超过25%。

股份公司挂牌成立

2001年、2002年,由于对前期大额坏账准备的计提,常柴经历了连续两年亏损,股票被“ST”特别处理,银行融资困难,公司第一次面临严峻的生存危机。但是常柴通过调整产品结构、创新管理模式、转变思想观念等举措,最终凭着自身的能力仅一年时间就扭亏为盈,顺利摘掉了“ST”帽子。在证券市场发展历史上,像常柴没有通过股权转让、重组、借壳、并购等途径就能走出困境、成功保壳,并实现稳健有序健康发展的上市公司少之又少。

自上市以来,公司一直致力于现代企业制度建设,规范股东大会、董事会、监事会的运作,并结合公司实际情况以及国家监管的要求,不断地完善和修订各项制度,形成了一整套相互制衡、行之有效的内部管理和控制体系。上市25年来,累计通过首发、配股、增发B股从证券市场融资10.34亿元,目前企业总股本5.61亿股,其中国家股占30.43%。公司在融资的同时,也积极对股东进行了分红回报,累计向投资者现金分红6亿元,占募集资金的60%。

首批推行全面质量管理,企业质量优势经久不衰

走过百年发展道路,常柴一直高擎“质量第一”大旗。从1978年起,常柴在全国首批推行全面质量管理,引入全新的管理模式,推动了产品质量的升级。在20世纪80年代初,主导产品S195柴油机与当时的世界先进产品日本洋马柴油机相比,取得了“七超三平一略差”的好成绩。此后,S195柴油机分别于1980年、1982年、1988年三次荣获国家质量金质奖,企业也分别于1983年、1988年获得国家质量管理奖,1993年通过了ISO 9001质量体系认证,建立起了完善的质量保证体系,成为全国农机行业内第一批通过ISO 9001质量认证的企业。常柴成为全国企业质量管理的楷模。

在近几年企业发展过程中,常柴注重发挥抓质量、抓管理的优良传统和优势,并积极促进质量管理与国际接轨,不断深化全面质量管理,不断吸取质量管理的新观念、新方法、新标准,使企业的质量体系得到高效运作。企业先后通过了ISO

9001质量体系认证、ISO 14001环境管理体系认证、ISO/TS 16949汽车产品质量管理体系认证,获得了国家出口商品免验企业资格。

拥有行业一流自主研发能力,常柴新品开发领先同行

一百多年来,常柴在发展中形成了自身的特色文化,其中最具特色的就是实干善创。"实干"致力于打造经营的价值;"善创"则是指常柴多年来坚持不断创新。从20世纪60年代研制中国第一台S195柴油机到80年代横向经济联合,从专业生产金牌产品到为服务"三农"开发上千种产品,常柴不仅提高了自身的研发制造能力,而且引领、助力了同行企业的发展。

在历经多年的技术积淀后,从20世纪80年代起,常柴开始了大规模的技术创新和技术改造,瞄准当时世界内燃机制造的先进技术,引进了在中国小柴行业处于领先水平的研发、测试、生产、智能装备。技术创新和技术改造,使常柴的产品研发能力不断提高,企业技术经济发展跃上了新台阶。1996年11月,常柴建立了行业内第一家国家级企业技术中心;1999年12月,全国内燃机行业第一家博士后科研工作站落户常柴;2014年,依托常柴建设运作的江苏省中小功率内燃机工程技术研究中心通过了省级验收。

近几年来,常柴先后承担完成了国家863重点项目、省重大科技成果转化项目等重大项目,先后研制开发了非道路国四柴油机、车用国五柴油机、轻型发动机、通用汽油机及机组等新产品,产品性能、环保排放等指标领先国内小柴行业。同时常柴在非道路机械领域有多款多缸机通过了美国EPA(环境保护署)、欧盟EC排放认证,获得了进军欧美市场的绿色通行证,具有在国际市场上的竞争力。到目前为止,常柴生产的中小功率柴油机,其功率范围覆盖从1.62千瓦至117.6千瓦,共有1 000多个品种,广泛应用于各类车辆、农业机械、工程机械、船舶等领域;共有省、市高新技术产品近40个,共获得国内外授权的专利145项,其中发明专利14项、国外专利8项。

积极参与国际竞争,不断开拓海外产品市场

改革开放40多年来,常柴积极参与国际竞争,先后将常柴产品出口到78个国家和地区。1988年经省外经委批准,常柴获得了直接对外经营出口权,完全的自营出口加快了企业出口创汇步伐。1989年常柴在全国农机行业、全省机电行业第一个实现出口创汇超1 000万美元,此后连续6年出口创汇超千万美元,出

口创汇逐年上升，到 1995 年，常柴出口创汇达 2 180 万美元，同比增长 45%，在常州及至江苏省工业经济发展史上绘就了浓墨重彩的篇章。

近几年来，常柴出口创汇保持了良好的发展势头，产品畅销东南亚、西亚、南美、欧美、非洲等地区，并在俄罗斯、欧盟、美国、印度、南非、巴西、泰国等 40 多个国家和地区取得了注册商标权，2018 年出口创汇 5 381 万美元，在全国小柴行业中排名居第 2 位。

印度客户签约

企业经济发展创造辉煌，铸就中国小柴著名民族品牌

新中国成立 70 年特别是改革开放 40 多年来，常柴先后荣获和保持了 200 多项国家、部、委级荣誉称号和奖牌，党和国家领导人江泽民、李鹏、朱镕基、吴邦国、李长春等曾先后视察常柴，充分肯定了常柴的发展成绩，江苏省委、省政府曾于 20 世纪八九十年代先后两次做出“全省学常柴”的号召。

从 20 世纪 80 年代中期起，常柴以名牌柴油机为龙头，走扩散零部件和专业化协作生产之路，既实现了企业发展的少投入、多产出和高效益，实现了国内外两个市场的良性发展，又为促进“苏南模式”经济和全国小柴行业发展做出了重要贡献。在 20 世纪 90 年代中后期，常柴年产销量、销售收入、利润指标曾连续三年名列全国内燃机行业之首，连续多年荣登中国 500 家最大工业企业排行榜，在中国农机和内燃机工业发展史上留下了可歌可泣的历史丰碑。

品牌

进入21世纪后,常柴实施了“二次创业”,实现了企业经济的稳定有序发展,在发展历史上留下许多可圈可点的精彩篇章,并在不断传承中构筑了新的优势。目前,常柴是中国机械工业百强企业、中国内燃机行业排头兵企业。企业在抓住机遇、加快发展的过程中,也培育发展了“常柴”这个具有自主知识产权、驰名中外的中国著名民族品牌,常柴品牌连续16年跻身中国500最具价值品牌排行榜,2019年品牌价值达84.79多亿元。

百年沧桑,弦歌不辍。在未来发展中,常柴将在助力“两聚一高”新征程中,充分利用国内外两个市场、两种资源来增强常柴产品的市场竞争力,并有效运用上市公司融资功能,寻求资本运作和合资合作的机会,聚焦高质量发展,做强、做优国资,推进产业从价值链中低端向中高端方向转变,努力实现“百年常柴、百亿市值”的战略发展目标,为建设“强富美高”新江苏再做新贡献。

常高新集团：风雨兼程廿七载，匠心筑梦绽新姿

——常高新集团为新中国成立70周年献礼记

意恒常，我们坚守初心；心高远，我们胸怀未来；志创新，我们开拓前行。

坐落在常州国家高新技术产业开发区（以下简称“常州高新区”）这片投资发展的热土上，成立27年来，常高新集团有限公司（以下简称“常高新集团”）抢占先机，主动推进体制机制改革，积极打造经济增长新引擎，迈出了转型发展的铿锵步伐，正日渐成为地方国企改革创新的排头兵。

应时而立，尽显担当

常州高新区是全国首批52个国家级高新区和17个地区生产总值超千亿元的高新区之一。1992年，伴随着常州高新区的成立，常高新集团应运而生。27年来，常高新集团与常州高新区的发展紧密联结，承担着服务508.94平方公里内区

域经济增长、城市化建设、社会事业发展的重任。

常州高新区设立初期,正是擘画蓝图、潜心创业的黄金年代,区域也承担着全市改革先锋和试验田的角色。作为地方政府的投融资平台公司,常高新集团最初的定位很明确:主力承担常州高新区城市综合功能开发,参与市、区相关基础设施和重大项目建设,为地方经济和社会发展提供资金保障。常高新集团受命此际,与常州高新区一起,掀起了大开发、大建设的热潮。

信心终是实。随着一张张批文的下达,国际经贸大厦、常州火炬大厦、新区大厦、富都大厦、创业大厦等常州高新区第一批地标建筑提上了建设日程。常州高新区周边一时塔吊林立,各类几何图案的剪影在这片土地上逐渐清晰。1995 年,作为常州高新区建设重中之重的高新科技园一期项目建成投用,成为常州高新区的首个核心地标。

20多年来，高新科技园记录着常州高新区产业发展从小到大、从弱到强的沧桑巨变。这里聚集了上百家金融服务、信息技术、电子商务、物业服务等各类型企业，目前正规划成为集聚科创载体、科创服务、科创人才、科创企业等核心要素为一体的科创园区。

常高新集团立足自身优势，充分发挥了重要的融资桥梁作用。以保障资金链安全为首要目标，以“调结构、降成本”为工作思路，以“抢时机、促创新”为抓手，常高新集团顶住了多轮市场资金趋紧的压力，平稳度过了数次信贷“寒冬”。

2007年9月，常高新集团发行了规模为10亿元的“07常高新债”，开创了常州历史上成功申请大额度长期债券的先河。这笔债券是全省首单区县级平台企

业债，10 亿元的发行规模在当时所有的国家级高新区中也是最高的。

“此次债券发行有效缓解了常州高新区基础设施建设资金紧张的态势，同时也为破解常州市基础设施及重点工程建设资金瓶颈难题提供了有益的经验和启发。”常高新集团企业债的发行深得业内人士赞誉。

顺时而动，驭势有方

虽发轫于投融资平台，但常高新集团始终鸣响着担当区域发展、谋求市场转型的二重奏。从地方政府的融资平台向市场化运营的地方国有企业转变，从单纯的资产、资金对缝平台向城市资产运营商和城市综合开发运营商转变，常高新集团逐渐树立起“自主经营、自负盈亏、自担风险、自我发展”的市场化经营理念，依法合规探索污水处理、对外担保等市场化业务，在不断尝试中寻找未来的发展方向。随着常州高新区开发进度的提速，市政、居民和投资者对城市综合配套功能建设提出了新的要求，对高新区的开发层次、建设质量、建设速度以及人居环境改善寄予了更大的期望。常高新集团的建设任务和资金需求也日益增多。2008 年，常高新集团成功重组主板上市公司黑牡丹（集团）股份有限公司（以下简称“黑牡丹”），揭开了转型发展的崭新序幕。

此次重组，常高新集团将旗下市政建设、园区开发等业务注入上市公司，借助上市公司平台推进城市综合功能开发，参与和推动常州市国有经济战略性改组，带动地方产业结构升级和经济结构调整，并借助资本市场的杠杆效应，实现国有资产收益的最大化。

黑牡丹实现重组后，没有停滞在中国牛仔布第一品牌的历史成绩单上止步不前，而是立足本地、着眼全球，做强做大主业，逐渐由一家传统纺织服装企业蝶变为以纺织、城建、投资为三大主业的城市综合资源功能开发商。目前，黑牡丹结合城市产业升级规划，致力拓展创新产业投资业务，聚焦智能制造、大健康等领域，加大重科技、重资本的新实业投资。其着力打造的黑牡丹科技园，正承担起推动公司业务和地区产业转型升级的双重使命。

2013年11月，一本全新的营业执照出现在公众面前，常高新集团从全民所有制企业改制为区属国有独资公司，正式更名为“常高新集团有限公司”。集团逐步完善了现代企业制度，健全了公司法人治理结构，内设财务中心、投资发展部、审计（监察）部等7大部门，直接管辖国展资产、顺泰租赁等9家重点子公司，业务遍及城市建设运营、类金融、公益环保等多个领域。

项目建设是城市发展的“发动机”，既是直接扩大投资、拉动经济增长的关键因素，也是提高经济运行质量效益、增强经济增长内生动力的有效途径。2015年6月，常高新集团开发的常州市新桥高级中学项目、常州科技金融中心（高新广场）项目、新龙湖音乐公园项目和藻江河环境提升整治工程4个建设项目从全市51个候选项目中脱颖而出，获评常州市2014年度优秀规划建筑设计作品。常高新集团的城市建设遍及市政工程、民生保障、特色园区和城市配套设施等多个领域，常州高新区随处可见常高新集团的匠心之作。

金融发展是经济增长的“加速器”，建立多元化融资渠道，打造融资成本洼地，对促进当地实体经济发展、区域经济协调发展有重要意义。常高新集团积极将资产经营与资本经营相结合，整合各种金融资源，推动金融模式创新，2012 年成立了金融控股平台——常高新金隆控股有限公司，试水担保、租赁、科贷、股权投资和小微企业综合金融服务等类金融业务。集团下属的和泰投资成为常州第一家母基金投资平台；恒泰担保是全市信用评级最高的担保企业；顺泰租赁成为常州首家国有控股融资租赁公司，全省首家融资租赁行业“新三板”挂牌企业。

近年来，常高新集团连续十年获评常州市“重大贡献奖企业”和“现代服务业五星级企业”称号，把改革的红利逐步转化为发展前进的动能，生动诠释了国有企业“改则兴、革则进”的时代内涵。

乘势而上，争创一流

2015 年 6 月起，常高新集团集中内外力量，耗时 8 个月，制定了《常高新集团 2016—2020 年战略发展规划》，以此为新起点，擘画“五年再造一个常高新”的宏伟蓝图。

随着五年规划的实施推进，近三年来，一系列立足当前、着眼长远的创新资产经营管理举措，极大地优化了集团的国有资产产业布局，主要经营指标保持了逆势增长的喜人态势，在迈向建设一流现代化国企集团的征途中留下了一连串闪亮的足迹。常高新集团年营业收入从2014年60亿元，到2015年75亿元，再到2016年突破100亿元，三年迈出三大步，步步跨上新台阶。2016年，常高新集团营业收入达102.2亿元，成为常州首个营业收入突破百亿元的地方国企，2017年实现营业收入105亿元，利润突破6亿元。2016年、2017两年，常高新集团凭借每年纳税超6亿元，蝉联常州市“特别重大贡献奖企业”称号；2018年实现营业收入111亿元，上缴税收13亿元，利税总额超20亿元，为地方经济发展做出了突出贡献。

本着未雨绸缪、居安思危的忧患意识、危机意识，以及强烈的机遇意识、担当意识，常高新集团决策层在充分调研的基础上，确定了产融结合、转型升级的战略思维，加快推动常高新集团从以地方政府投融资平台为主的企业，向产业投资控股型企业集团转型。一份关于常高新集团未来产业发展方向的布局图也渐渐清晰起来。根据新的总体战略定位，集团将构建全新的“1＋3”大业务架构，并依托该架构展开持续的结构调整、资源配置和业务发展。“1”，即常高新集团将转型成为一家“专注于产业投资的投资控股型集团”；“3”，即重点打造城建及运营、新金融和产业投资三大核心业务板块。

目前，常高新集团“1+3”大业务构架已经基本构建完成，集团向产业投资控股型集团转型，本部保留三大职能中心，为各业务板块提供支撑和服务。

城建及运营板块承载着常州高新区的建设使命，定位于政策性项目服务商、产业地产开发商和园区运营商。作为常州高新区（新北区）直属的投资和建设主体，常高新集团为区域城市建设提供了巨大的资金支持，承担了重大的建设重任，确保了资产的保值增值。近几年来，常高新集团承接了常州高新区范围内 100 多项重点工程，遍及民生保障、市政工程、特色园区和城市配套基础设施等各个领域，为常州高新区的城市化和现代化创新发展铸就起坚实脊梁。

新金融板块是常高新集团参与区域金融生态建设、谋求产业结构调整和外延式增长的板块。2016 年 7 月，随着新金融板块实体化运营的启动，通过主动把握市场机遇，长线布局，践行出“金控+”的发展新模式。常州小微金融服务中心作为常州市重要的类金融集聚平台，已入驻各种金融、类金融机构 140 家，集聚资本超 300 亿元。通过不断满足企业金融服务多元化需求，常高新集团创造了区域金融的新供给，构筑起小微金融、科技金融、产业金融融合发展的金融版图。

产业投资板块是常高新集团谋求产业结构调整、寻求利润快速增长的核心战略板块。2017 年，在整合现有工业废水处理、生活垃圾焚烧处置等环保产业资源的基础上，成立新苏环保产业集团有限公司（以下简称“新苏集团”），聚焦于生态环境、环保绿色能源、综合环境服务三大业务板块，以设计研发为支撑，以“技术+投资”为双轮驱动，聚力发展工业污水处理、固废处置、有机废弃物资源化利用、生活垃圾焚烧发电和生态环境治理等业务。2018 年，新苏集团完成了以具有环境工程设计甲级资质的上海环境研究院为核心的多起并购，省“263”重点项目——常州市污泥焚烧中心一期实现 2018 年当年开工建设、当年带泥调试，目前已经竣工投产。新苏集团下属的常州民生环保科技有限公司和常州西源污水处理有限公司累计建设污水管网 160 余公里,服务于常州高新区 16 平方公里内的 17 万居民、众多园区和百余家企业。

与此同时,常高新集团的各项体制机制管理创新工作也有声有色地展开,让集团真正活了起来,动了起来。

党建引领更加凸显。常高新集团充分发挥集团党委的领导核心和政治核心作用，在全市率先把党建工作写入公司章程。2017年，集团党委获评为五星级企业党组织，“维·爱”常高新成功入选全区基层党建“十佳”品牌，成为全区各镇、街道、公司中唯一的党建工作“双料王”。人才梯队建设全面展开。常高新集团在发展中坚持梯队培养人、改革吸引人、业绩考核人，培养了一支敢打硬仗、能打胜仗的高质素团队。以集团业务板块岗位价值评估为参考依据，针对集团关键岗位探索建立了长效激励体系；加强内部培育，建立“鹰计划”人才梯队，实施个性化培养。全面预算管理有效推进。常高新集团建立了全新的预算体系，预算管理理念得以强化，预算的资源配置和经营导向作用有效发挥，并建立了层层传导责任与压力的KPI(关键绩效指标)考核体系，将集团经营目标通过KPI指标，层层分解传导各级主体与责任人员，提升了集团经营的向心力。内控体系日臻完善。2016年起，常高新集团逐步构建了合理有效的授权体系，强健集团管理的“神经系统”，建立健全权责对等、运转协调、有效制衡的决策执行监督机制，经过密集调研、广泛研讨，先后对集团内100余项管理制度进行修订和完善，涵盖绩效管理考核、人才竞聘、薪酬、监察等制度。文化建设渐入人心。常高新集团凝练了“担当、凝聚、激情、创新、共赢”的新型常高新集团文化核心价值观，制定《企业文化建设三年规划》，引导企业通过文化创新促进制度创新、管理创新，着力推进企业经济建设、党的建设、精神文明建设等全面发展，打造文化品牌优势。

百舸争流千帆竞，潮平岸阔新程起。常高新集团27年砥砺奋进的华丽蜕变，是改革开放洪流中激扬起的一朵浪花，闪耀着常高新人艰苦创业、爱岗敬业、开拓进取、无私奉献的精神光芒。站在新的历史起点，展望又一个伟大的时代，常高新集团将始终秉持“助推员工成长　助力区域发展”的企业使命，凝聚起每一份勇于开拓、敢于创新、勤于实干、乐于奉献的常高新力量，用智慧和汗水让改革造就新气象、开放激发新活力、实干铸成新辉煌，朝着将常高新集团建设成为“产业特色鲜明的地方国企标杆”这一宏伟愿景不断奋勇前行，谱写出新时代中的“高新”篇章。

国光：致力于成为高效、创新、高科技的民族 IT 企业

2010 年，双核战略之一国光工业园完成建设，为生产制造做坚实的后盾，保证生产供应

70 年来，新中国取得了举世瞩目的成就，特别是改革开放以来，中华民族屹立于世界民族之林。始建于 1937 年的江苏国光信息产业股份有限公司(以下简称“国光”)，见证并亲历了伟大新中国成立 70 年来的披荆斩棘、改革开放 40 多年来的蓬勃发展，和伟大新中国同呼吸，共命运。

1937 年，为抵制洋货，国光的创业先辈们胸怀“实业救国”的抱负，创办常州协进浆纱厂，国光进入“纱网时代”。虽然当时规模不大，但是凭着创业先辈们的热情、胆量、智慧，该厂为后续国光转型发展立下了汗马功劳。

20 世纪 60 年代，为打破美苏军事垄断，新中国做出了自主研制“两弹一星”的重大决策。中国第一颗原子弹研制使命，再次让国光与共和国的命运联系在一起。当时，江苏唯一开国中将王诤将军开始在国光进行电子工业及军工产品的生产布局，国光转型成为常州金属网厂，进入“铜网时代”，生产的钨金属网曾作为浓缩铀-235 滤网，研制成功的中国第一代 P22 型铜网屏蔽室，被应用于“两弹一星”研制的核试验测试中，为我国第一颗原子弹爆炸成功做出了贡献。

70年代，随着电子工业的发展，国光改名为常州第二无线电厂，调研试制673-型舰用情报中心电子数字计算机，用于导弹驱逐舰作战指挥系统对目标的跟踪分析，为我国的海军现代化发展做出了贡献；研制成功801系列数字电报终端，在运载火箭发射、试验通信卫星发射等一系列重大活动中经受了考验，并多次荣获中共中央、中央军委、国务院的通令嘉奖。

80年代，计算机与集成电路技术得到快速发展，改变世界，改变人类，民族计算机工业发展迫在眉睫。国光再次华丽转型并勇立历史的潮头，更名为常州电子计算机厂，国光与南京大学等院所联合研制出国产电子计算机(DJS200/10)，获国家重大技术改进成果奖二等奖；率先研制出首台汉字终端机(HZ8401)并实现产业化，结束了电脑终端不能显示中文的历史，推动了铁路、银行等行业电算化快速发展；同时为我国第4次全国人口普查人口数据录入、统计工作信息化发挥了重要作用。GP钢板可拆卸式屏蔽室获行业内唯一国家质量银奖。

进入90年代后，国光抓住改革开放和世界电子技术发展的机遇，通过自主创新、技术吸收，走出了一条振兴民族电子工业的新路，由常州电子计算机厂更名常州国光电子总公司，并确立“国光”品牌。国光积极迎接“互联网”时代的到来，研制的国内最早的国产“猫”之一(FM2400)，获国家质量金质奖；系列终端产品广泛应用于政府、银行和广大企事业单位，为各行各业电子化添翼助力；国光响应国务院“金卡工程”战略，积极研发出全系列银行卡读写机具和银行卡交易终端，成为原电子部金卡工程重点企业，确立国光的银行信息化设备主流供货商地位。同时，国光率先开展银行自助服务终端软硬件系统研发，对银行网点创新业务模式进行尝试和探索。

国光三次触“网”，是民族的光荣使命使然，是历史的风雨际会使然，更是国光人顺应潮流、自我裂变使然。

进入21世纪后，在2000年，国光改制为国有控股企业——江苏国光信息产业股份有限公司。国光顺应信息技术快速发展的浪潮，加快机制创新，公司发展进入快车道，成为拥有软件开发与系统集成、计算机外设、网络通信设备、金融机具设备、电磁屏蔽设备的综合性股份企业，产品与系统广泛应用于金融、政府、医疗卫生、部队、电信、保险、电力等领域。国光荣获2006年度全国大中型企业“自主创新能力行业十强”称号；2007年，国光通过了CMMI ML 3级软件能力评估认证；2010年获得计算机信息系统集成二级资质；2010年、2012年、2014年、2015年、2016年多次跻身工信部评比的“全国软件百强企业”；2013年获得“全国电子

2017 年国光建设 80 周年厂史展馆,进门处是一面国光厂名变更历史墙

信息行业最具发展潜力企业”“中国软件和信息服务金融行业杰出企业”称号;2015 年获得“中国电子信息行业创新能力五十强”称号;2016 年获得“中国软件和信息技术服务综合竞争力百强企业”称号;2017 年获得“信息化影响中国 智慧银行最佳解决方案奖”和“信息化影响中国 行业最佳服务奖”;2018 年获得中国电子信息行业创新成果“盘古奖”;2019 年获得“自助设备解决方案最佳供应商”“金融信息化领军企业”称号。

国光投入巨资进行技术中心建设和新产品开发,先后被江苏省认定为重点支持的省级技术中心和江苏省多媒体自助终端技术中心,目前正在建设国家级技术中心。国光目前具备同时开展 10 个以上大型系统集成项目的系统分析和设计能力。国光先后承担了国家级攻关项目 6 项,国家火炬计划项目 4 项,研制出国家重点新成品 6 项,获省部级以上各类技术奖项 27 项。国光近 3 年通过省级鉴定产品 12 个,获得省高新技术产品 13 个。国光获得授权专利 144 项,其中发明专利 13 项,实用新型专利 88,外观专利 43 项;各类著作权证 138 项。国光于 2016 年在广东省广州市成立“国光华南研发中心”,集中研发力量攻关现金设备自主机芯等技术,打破国外垄断,成为国内少数几个自主掌握现金设备机芯技术的国内厂商之一。

国光拥有国内一流的研发生产基地,在常州钟楼经济开发区投资的国光信息工业园占地 180 余亩,已全面投入使用,主要从事自主产品生产制造相关工作,具备金融产品年产 200 万台(套),自助设备年产 6 万台的生产能力。国光信息工业园目前已经成为国内重要的自助终端生产基地,是国内先进的电磁屏蔽设备生产基地,也是我军重要的军工产品生产基地。300 多个覆盖全国的销售服务网点;拥有 2 个省级企业技术中心和 100 多项专利;下属主要子公司分别成为国内电磁屏蔽龙头企业和我军重要的数据通信装备骨干企业。

国光在数十年的成长过程中，坚持“以人为本”的管理理念，培养打造了一支充满活力的高端科技人才队伍。国光技术研发和技术服务人员占比超过 60%，其中获得省部级以上荣誉的科技人员 15 人，享受政府特殊津贴者 2 人，省有突出贡献的中青年专家 2 人，省“333”工程培养对象 14 人。具备国家系统集成高级项目经理、项目经理资质的人员 55 名，研究员级高工 2 名，有高级职称的人员 67 名。国光内部通过项目负责制进行科学的项目管理，并制定了科学的人才培养、人才选拔机制，理论结合实践，成就了一批能征善战、技术过硬的项目经理人队伍。国光积极推广“质量管理和质量保证”标准，实施名牌战略，分别通过 ISO 9001、ISO 14001、ISO 18001、ISO 20000、ISO 27001 五大体系认证，在用户中树立了“国光”品牌的良好形象。“信誉为本、服务先行、优质取胜”是国光长期坚持的经营理念。国光已在全国范围内建立了 352 个独立销售、服务机构，形成了覆盖全国(除台湾、香港、澳门)各省市区的销售、服务网络，在服务覆盖地区拥有稳定的专业技术支持服务队伍，公司技术服务队伍人员超过 1 200 人，对 4 万台 ATM 机、10 万台自助设备、100 万台金融柜面设备等在维产品提供完善的服务，从而形成外设、自助、现金类设备，网点解决方案、金融 IT 服务的整体保障体系，为客户提供完善及时服务。

今天的国光紧紧把握着金融科技和人工智能的发展趋势，制定了 2018—2020 三年发展规划：精耕细作金融信息行业市场、大力发展跨行业市场、稳步进入资本市场。围绕“三个市场”，大力创新，加快发展，有效激励，进一步壮大公司业务和实力。

在精耕细作金融信息行业市场战略规划上，国光应用人工智能技术升级各类金融设备，在金融柜面类业务产品上，国光从 1984 年研发出国内第一台中西文汉字终端起，就致力于营业网点柜面设备及系统的研发，并在柜面标准化方面引领行业方向。国光加强金融服务窗口及柜面标准化建设，用统一的标准，规范网点的服务营销模式，实现服务标准化和客户体验的一致性，以提高产品销售能力，提升客户满意度。目前，国光在金融柜面类产品上拥有智能客户机(云终端)、柜内清(多功能集成键盘、多合一集成读卡器)、柜外清(交互终端)、支付密码器、平板外设、高拍仪、录音录像设备、一体化智能柜台等全系列产品。在金融自助类业务产品上，国光自 2006 年在银行系统推进自助化、智慧化柜台的创新理念，10 多年来不断创新、完善，形成了系列化解决方案，为银行网点转型、业务创新做出积极的探索。多年来，国光持续为中国农业银行、交通银行、中国邮政储蓄银行、浦发银行及众多地方性商业银行、农村信用合作社等银行客户提供智慧现金设备解决方案，并得到客户的广泛认可。同时国光在自主金融现金类设备不断发力，成为国内现金类设备的头部厂商之一，也是国内少数独立研制国产现金存取款机芯的厂商之一。国光积极拓展智慧银行网点建设，成为国内领先的智慧银行解决方案供给商，在金融科技飞速发展的今天，致力于将生物识别、人工智能、大数据和云计算技术应用到智慧网点的建设中，帮助银行网点向自动化、智能化、智慧化、无人化的方向迈进。5 年以来，为中国农业银行、中国银行、中国建设银行、交通银行、农村商业银行等客户提供智慧网点建设解决方案，成为智慧银行建设的主力军。在全面发展金融信息服务产业上，国光金融 IT 服务业收入达到 3 亿元。

在大力发展跨行业市场战略规划上，国光在智慧医疗、智慧政务、可信认证、军工等行业获得了迅速发展。重点经营医疗、公安政务、电信等非金融行业领域的智能服务终端产品及系统开发，致力于公共行业服务的“智能、自助、互联”。国光利用丰富的经验积累和强大的软硬件开发实力，产品和系统深度融合公共行业业务需求，基于“互联网＋”“大数据”进行创新渠道的建设和赋能，紧密围绕业务增效、智慧便民的宗旨，为人民群众提供“数据跑路，设备值岗”的崭新服务新体验。针对医疗行业，国光推出的智慧医院融合服务平台，提供了门诊住院全流程、线上线下全方位、运营管理全模式的智慧医院整体解决方案。国光密切关注医院门诊服务智能化、信息化产品的发展动态，利用研发设计优势，推出了高端和通用两种系列化智能服务一体机产品，智能服务产品在全国数百家医院迅速得到应用，为老百姓带来便利的就医服务，社会效益和经济效益显著。针对公安政务领域，国光推出了 E 政务一体机，集中提供常用的各类政务服务功能，实现政务一站式办理，该产品在贵州交警、厦门公安、常州政务等便民项目中广泛使用，成为 2018 年政务领域的“网红”产品。针对公安领域的细分需求热点——可信身份认证，国光已经是公安部可信认证联盟的重要成员，对接公安部“信任根”，为金融、政务、医院等行业用户提供最高级别的实人认证服务，从而具有公安政务领域完整的“系统＋”产品解决能力。此外，2019 年国光还进行了征信行业、法院行业、工商行业、电信行业等领域的市场拓展，抓住新热点产品，抢占行业高地。凭借深厚的技术积累、准确的市场研判、迅速有效的行动，国光在各行业均收获了不俗的销售实绩，公用市场的蓝图和前景越发清晰。

在走向资本市场的道路上，国光完成了以骨干员工持股的混合所有制改革，老国企焕发新活力，并积极稳步展开各项上市准备工作。国光积极协调中介机构进行方案论证和问题梳理，向证券监管机构、国资监管机构、股东各方进行汇报沟通，并形成了初步的路径方案和时间进度表。目前，国光已经正式被列为常州市上市后备企业，力争 2019 年年内向江苏证监局提出辅导申请。

改革开放 40 多年来，“国光”已成为国内知名品牌、行业创新创优先锋。百年国光，传承的不仅是林立的高楼，更是国光“共享共荣”“事事争创第一流”的文化灵魂，是一份沉甸甸的责任和承诺。

在未来，国光将继续立足金融信息行业，并进一步创新拓展其他行业的信息化、智能化业务，在激烈的技术和产业变革中不断发展壮大。银行、医院、政府单位等公共服务行业窗口都将有国光产品的身影。无纸化应用、云计算系统、人工智能设备、区块链都将是国光未来发展的重要科技元素。在未来，国光将持续打造面向未来的转型升级力、自主研发的核心竞争力、IT 服务和集成整合力，从而阐释国光人“致力于成为高效、创新、高科技企业”的发展理念。

在伟大新中国 70 华诞到来之际，国光将在习近平新时代中国特色社会主义思想指引下，为实现“成为金融行业信息化设备及系统的主流供应商和主要系统集成商，成为领先的行业应用系统解决方案供应商，成为重要的 IT 服务商”的公司愿景而勇往直前。

创元集团：苏州国企做强做优做大的创元样本
在高质量发展中争当"排头兵"

从20世纪八九十年代，苏州全市市属工业10个行业主管部门下辖403家国有企业伊始，苏州创元投资发展（集团）有限公司（以下简称"创元集团"）在改革的进程中，不断排除万难，步步优化，如今，旗下制造业、金融投资业务、住宿和餐饮服务业三大板块愈发清晰、明朗，主业突出，构建布局起制造业的上下产业链，形成了主业板块实现产值营收的高质量发展。

创元期货股份有限公司挂牌

率先探索、合作共赢、党建引领，为这家老牌市属大型国有企业集团注入全新活力和强劲动能，赢得新市场。2018年纳入统计口径39家企业营收完成219.2亿元，同比增长27.1%，利润总额12.2亿元，同比增长43.7%。创元集团连续14

年跻身中国企业500强，集团先后获得“全国五一劳动奖状”“中国机械工业先进集体”“江苏省基层先进党组织”“江苏省创建‘四好’领导班子先进集体”“江苏省廉洁文化建设示范点”“江苏省技能人才摇篮”等荣誉称号。

开放强企，国际化水平提升促转型

2019年4月，就在第二届“一带一路”国际合作高峰论坛期间，苏州金龙海格客车在塞尔维亚首都贝尔格莱德签下了174台公交车出口的订单，超过3亿元的合同金额创下中国客车出口欧洲市场单一合同之最。几乎同时，苏州电瓷厂股份有限公司（以下简称“苏州电瓷厂”）生产的第二批次悬式瓷绝缘子启运巴基斯坦的卡拉奇港口，用于巴基斯坦国家电网建设。苏州海格金龙和苏州电瓷厂的“走出去”只是创元集团海格客车开放创新的一个生动注脚。

融则两利、合则共赢。在苏州这座以开放为底色的城市里，创元集团积极推动着集团企业“走出去”，将优质的“苏州制造”“苏州服务”“苏州技术”输出到世界各地，以战略合作，推动转型发展的步伐。

作为综合实力、产销规模行业领先的国有客车企业，目前苏州金龙海格客车已经累计出口近5万辆，出口120多个国家和地区。其超级电容公交相继打开塞尔维亚、以色列、保加利亚、意大利、奥地利等“一带一路”沿线国家市场，并在中东欧国家市场初具规模，扩大了我国新能源汽车在“一带一路”沿线国家的推广示范效应。不仅如此，2019年4月，苏州金龙海格客车还与另外两家企业签约战略合作，推动商用车动力电池环保使用走进非洲，解决非洲电力短缺、电网覆盖不广等难题。就在建厂60年之际，2018年6月，苏州轴承厂股份有限公司（以下简称“苏轴股份”）在德国斯图加特的子公司开业，这是苏轴股份全球化战略的又一个关键布局，致力于为海外客户、供应商和合作伙伴提供更快速的响应、更直接的交流、更好的问题解决方案以及更满意的服务，从而实现共同发展，合作双赢。

2018年，苏州电瓷厂位于宿迁——苏宿工业园区的二期项目正式投产试运行，项目注重通过绿色制造技术升级，建成了一条产品技术领先、生产工艺优化、能耗低、效率高、具有标准化和示范化意义的瓷绝缘子批量制造绿色生产线。苏州电瓷厂宿迁项目的投产运营为苏州工厂的转型升级腾挪出发展空间，也成为创元集团加强资本运作、集聚核心产业、加快聚优做强的重要举措。

在积极推动制造业走出去的同时，创元集团的另一个主业——住宿和餐饮服务业也迈开连锁经营的步伐。目前，书香酒店投资管理集团有限公司（以下简称

“书香酒店”)在全国7省18市发展书香主题门店近40家,进入“中国饭店集团60强”,近两年年均利润近7 000万元。

产业强企,聚焦三大主业深化改革

在2019年的全国两会上,政府工作报告再次聚焦国企改革,国有企业要通过改革创新、强身健体,不断增强发展活力和核心竞争力。

近年来,创元集团持续推进深化改革工作,聚焦发展实体经济,突出主业、做强主业,鼓励有前景的非主业利用自身资源进行自我发展,其他产业逐步调整,达到瘦身健体、优化产业结构的目的,推动国有资本做强做优做大。

2018年,创元集团制造业、金融投资业务、住宿和餐饮服务业三大主业营业收入182.8亿元,占比83.5%,同比增加5个百分点。

重点企业保持持续增长态势,苏州苏净集团有限公司连续三年保持近20%的增长。创元期货股份有限公司(以下简称“创元期货”)行业地位持续上升,从2019年前的第107位升至后来的第42位。书香酒店经营持续改善,营业收入和利润总额同比分别增长6%、25%。海格客车实现销售62亿元,同比增长34%,海外出口额20亿元。施耐德营业收入同比增长40%,利润总额同比增长115%。

在做大做强国有资本,企业整体规模、利润、保值增值取得成效的基础上,创元集团不断优化结构、加快布局,围绕汽车、洁净环保、智能制造板块,合作成立了蓝盛电子、众联能创等,收购了比微曼、创元数码、吴中固废等企业。

同时,创元集团管理层进一步压缩,2018年以来,集团对22家控股企业进行了排查梳理,根据实际情况,制订了压缩计划,并完成了部分超层级企业清理压缩。按照《苏州市市属国有企业投资监督管理办法》要求,创元集团修订完善投资管理制度,所属企业相应制定了相关制度,对投资监督管理做出了详细规定和说明,集团及下属企业15项新增项目均严格按新规办理。

创新强企,制造业主业创新载体全覆盖

4月16日开幕的2019上海国际车展上,苏州金龙海格客车的L4级量产无人驾驶巴士Pro-Blue“深蓝”惊艳亮相。这款展示了中国商用车在“智能网联”技术方面最新成果的巴士,集结了底盘线控等7项苏州金龙海格客车自主研发的核心技术,这些高科技的互联互通,为无人驾驶的安全可控保驾护航。

“国企改革要创新,指的不仅是机制体制,也是技术创新,这些年,我们集团强

化了激励考核，推动企业加大研发投入，增强核心竞争力。”苏州创元投资发展（集团）有限公司党委书记、董事长刘春奇表示。

近三年，创元集团主业企业研发投入占营收比例超4.5%。集团设立创新专项资金，每年对企业创新项目进行表彰奖励。鼓励企业加强与知名高校、科研院所深化产学研合作，开发新项目。目前拥有国家级企业技术中心1个，省级技术中心和工程中心26个，院士、博士后、研究生等工作站9个，实现了制造业主业创新载体全覆盖。

创元集团现有24家高新技术企业；拥有国家专利1 068项，其中发明专利295项，参与制定国家和行业标准120项。苏试试验获评“国家知识产权示范企业”，苏净集团获评“国家知识产权优势企业”称号，苏州众联能创公司新获高新技术企业认定，苏净集团、海格电控、苏试试验获评“园区瞪羚企业”称号。

创新的关键是人才的培养。创元集团通过发放人才补助、联发智慧公寓优化服务集团企业人才等形式，鼓励企业引进双一流大学毕业生、专技人才。2018年发放人才培养资助和年度创新成果奖励350万元。

近三年，全资控股企业引进博士、硕士等高层次人才150人，引进各类专技人才超千人。每年组织全系统职工技能大赛等，创元集团被省政府授予省“高技能人才摇篮奖”，职工成功获评省技能大赛状元。

投资强企，一批战略新兴产业项目提速

做强做优做大国有资本的新要求新任务，单纯依靠运作负责好授权范围内的国家资产显然不够，还要强化国有资本放大功能，以先进的产品技术质量、知识产权为支撑，不断扩大新型业态创新形成，发挥好国企在现代经济发展中的引领作用。

2016年7月，创元集团出资10亿元成立了苏州创元产业投资有限公司（以下简称“创元产业投资公司”），主要任务有三个：一是面向长三角，乃至全国，寻找符合国家产业发展方向的战略新兴产业、智能制造、现代服务业等特色项目；二是帮助企业进行资产并购重组等资本运作；三是提供资产托管、战略策划等商务咨询服务。

事实证明，创元产业投资公司成立非常及时，不仅使一些有融资需求的企业、一些受限于人才、资源而发展缓慢的企业及时获得帮助，装上新驱动，走上了发展快车道，更提升了国有资本对一批优质项目的控制力。

一般人印象中的机器人动作机械，创元集团旗下江苏比微曼智能科技有限公司

（以下简称“比微曼公司”）生产的机器人却很“柔软”，柔到每秒钟在显示面板上张贴数十张微米级薄的静电膜不起皱。比微曼公司主营机器人柔性操控技术开发及其应用，2014 年落户苏州高新区以来，技术进展迅速，已实现工业应用，但因缺乏良好的经营管理团队，市场拓展缓慢。2016 年春，创元产业投资公司以一个优秀的经营管理团队和股权投资形式入驻，双方合作开启了比微曼公司发展新征程。如今，比微曼公司成长迅猛，已成为创元集团旗下自动化智能化改造升级的整体解决方案提供商，也是苏州京东方、龙腾光电等国家重点面板生产企业自动化装备配套商。

苏州一光公司是一家成立于 1958 年的老测绘产品制造品牌企业，技术力量雄厚，产品海内外美誉度高。2018 年 3 月，创元科技作为控股方，与另一股东同比增资 3 000 万元，支持企业实施设备设施自动化和智能化改造，发展数字化测绘仪器，提高产品附加值，为企业拓展新市场提供了支撑。

集团旗下品牌连锁精品酒店——书香酒店近几年发展迅猛，截至 2018 年底，书香酒店已在上海、南京、济南等长三角地区各主要城市内设立了 40 家连锁门店，品牌价值上升至 30 亿元，并入选“中国 500 个最具价值品牌”榜。2017 年，创元产业投资公司收购了旗下这一现代服务业品牌两家基金 8% 的股份，提高了集团对企业的控制力。

企业致力于为我国测绘领域提供高品质、高精度、高性能的仪器，现有 GNSS 接收机、全站仪等八大系列产品，广泛应用于我国轨道交通、船舶建造和建筑施工等重大工程，产品广受国内外市场的青睐

注资创元产业投资公司期货，使这家全国首家上市的期货公司拥有更多资质，开展新业务，扩大市场覆盖率和占有率。

创元产业投资公司成立以来，年均考察调研项目近200个，完成及即将完成投资近10个，体现了创元集团强大的可持续发展能力。

党建强企，为国企跨越发展注入新动能

作为苏州市属国有企业的排头兵，创元集团始终把党的建设作为企业高质量发展的核心优势，在实施“双强三争创”强企先锋行动中，以党建引领企业发展、企业文化、人才队伍建设，走出了一条党建工作与经济建设同频共振、相互融合的高质量发展之路。

创建可视化党建品牌让党员管理看得见、摸得着、考核得了。2019年7月1日，由创元集团本部委员会按照“海棠花红”先锋阵地群规范化建设要求打造的创元集团党群服务中心正式投用。320平方米的场馆，为全系统超2 531名党员、15 000名员工提供一个集政治引领、宣传展示与党建服务于一体的活动阵地、实境课堂。场馆内，创元集团的发展历程、党工团特色工作、经济发展成果、先锋人物等，借助图文、多媒体等手段，生动呈现了党建引领企业发展的核心内容，让参观者可看可听可感。创元集团党群服务中心的投用，是集团可视化党建品牌创建的一个落脚点。“创建可视化党建品牌”作为集团党委2019年“书记项目”，由集团党委书记、董事长挂帅主抓，在全系统推动基层党建工作创新发展中发挥着示范引领作用。通过党建目标可视化、党员形象可视化、党建成果可视化等一系列举措，破解党建工作活力不强、吸引力不足、参与度不高等难题，将党建工作化虚为实，使党建工作让广大职工群众看得见，推动党建工作从组织部门走向生产经营一线，从党员领导干部走向普通党员，从党组织内走向职工群众，增强党建工作的普遍认同感，产生党建工作看得见的效果，从而深入推动集团党建工作创出品牌，促进党建工作与发展工作、企业文化建设有机融合。

党组织书记“挂帅”抓党建创新项目。由党组织书记“挂帅”，作为项目的第一责任人，是创元集团加强领导班子建设，推动领导干部责任担当的一大举措。目前，创元集团党委推动35家基层党组织全部将党建工作写入公司章程，全资控股企业基本实现党委书记、总经理“一肩挑”。包括苏州电瓷厂在内的25家创元集团全资控股的企事业单位率先覆盖“书记项目”。在常态化推动“书记项目”落地见效的基础上，创元集团党委将抓基层党建的职责从党组织书记延伸到党委委

员,在集团党委层面开展“党委委员联系党建项目”,集团党委委员均挂钩联系一项年度党建重点工作或“行动支部”项目,发挥党委委员在分管条线、分管部门加强党的建设、促进高质量发展的示范引领作用。2019 年度集团党委委员联系党建项目共 8 个,针对集团党建和发展过程中的重点、难点工作,结合各委员岗位职责和分工,囊括了加强青年人才工作、推进扶贫帮困工作、提高风险监管能力等内容,要求各党委委员在项目实施过程中落实项目“第一责任人”责任,审定项目方案、跟踪指导推进、落实成果转化,切实落实“一岗双责”。

“线上+线下”相互融合比学赶超学习活动氛围浓。针对集团党员人数多、分布广、管理难度大等情况,创元集团探索加强国企党建的新模式,2017 年 7 月上线创元党建 App。这个移动党建工作平台融党建宣传、风采展示、党员管理、党员教育、活动组织、民主评议、积分展示等功能于一体,实现线上、线下两阵地共联动,调动党员碎片式、集中式学习同进行,打造党组织管理、服务党员两不误,营造党员、党组织比学赶超的学习活动氛围。线上掀起学习热潮,线下党员教育齐头并进。2017 年 12 月,创元集团党员学习教育基地“原文学坛”揭牌,这是继创元党建 App 后,创元集团为全系统党员开辟的全新线下学习教育阵地。“原文学坛”常态化开展,围绕习近平新时代中国特色社会主义思想和党的十九大会议精神等,以“读原文”“上党课”“谈体会”“走学比看”等固定环节,通过集体诵读、学习交流、实地参观先进企业等形式,将理论学习与对标找差结合起来,既提升党员的修养,又开阔党员的眼界。“原文学坛”开展以来,企业党员干部参加活动近千人次。

淮安市国资委：
深化改革，助推国资高质量发展

一、认真制定改革文件，科学进行企业功能界定与分类

（一）着力构建淮安市国企改革“1+N”政策体系

围绕贯彻落实中央、省深化国有企业改革相关文件精神，着力研究构建切合淮安国有企业实际的“1+N”政策体系，先后出台市委、市政府《关于深化国有企业改革的实施方案》及其重点任务分工方案、《市政府关于改革和完善国有资产管理体制的实施意见》、《市政府关于国有企业发展混合所有制经济的实施意见》、《关于加快淮安市属国有企业市场化主体建设的意见》等5个深化国企改革的系列文件，为全面推进深化市属国有企业改革指明了方向、提供了保障。为贯彻落实市委、市政府深化国企国资改革系列文件精神，进一步规范国资监管工作，先后修订、出台《市政府办公室关于转发市国资委淮安市属企业国有资产管理暂行办法（修订）的通知》《淮安市属企业违规经营投资责任追究试行办法》《深化市管企业负责人薪酬制度改革实施意见》等国资监管文件27个。

（二）推进完成市属国有企业功能界定与分类

按照省国资委、省财政厅、省发改委《转发国务院国资委等部委〈关于国有企业功能界定与分类的指导意见〉的通知》精神，研究制定淮安市属国有企业及子企业功能界定与分类办法文件，通过逐户与市属一级企业负责人面对面沟通，确定14户市属企业及其66家子企业的主业定位及功能界定与分类。14家市属企业中，主业处于充分竞争行业和领域的商业类市属国有企业4家，主业处于重要行业和关键领域、主要承担重大专项任务的商业类市属国有企业10家；66家子企业中，公益类3家，主业处于充分竞争行业和领域的商业类子企业51家，主业处于重要行业和关键领域、主要承担重大专项任务的商业类子企业12家。为推进主要承担重

大专项任务的市属企业公司实体化转型，实现融资与经营职能分离，根据市政府领导要求，2018 年，对该类 9 家市属企业及 111 家子公司进行主业再定位。

二、稳步推进改革试点，促进企业加快发展

从 2015 年起，围绕“向实体化转型、推进混合所有制经济、建立健全现代企业制度、完善企业内部管控体系建设及人员能进能出、职务能上能下、收入能高能低的‘三能’建设”等，先后引导企业完成各类改革试点任务 64 个，其中，向实体化转型任务 30 个，混合所有制试点改革 15 个，建立健全现代企业制度试点改革 9 个。为鼓励引导企业推进改革的积极性，将试点完成情况列入企业年度经营业绩考核，发挥考核导向作用。

（一）推进企业先行先试改革

一是突出改革发展规划引领。要求企业认真贯彻省、市“十三五”规划编制工作部署，全面落实深化国企改革要求，把推进企业实体化转型作为战略规划的重要组成部分。二是突出考核体系的改革要求。在市属国有企业年度目标责任状中，将改革目标任务列为企业年度经营业绩考核的重要内容，发挥考核导向作用。三是鼓励引导国企混合所有制改革。推进市属企业开展混合所有制试点，因地制宜不设时间表，成熟一个推进一个。淮安市交通控股有限公司投资控股民营淮安市运兴船务有限公司、淮安市工业发展投资控股集团有限公司参股民营圣欧芳纶（江苏）股份有限公司等混合所有制试点项目均已完成；淮安市水利控股集团有限公司投资 30 亿元与华强方特集团合作建设的“熊出没”主题公园已完成投资 8 亿元；2018 年 11 月，江苏冲浪软件科技有限公司全面完成员工持股改制，作为全省员工持股改制 10 家试点企业之一，江苏冲浪软件科技有限公司员工持股试点得到省国资委领导批示肯定。

（二）鼓励企业向实体转型

引导企业积极扩大自营实体项目投资，将此作为加快实体转型、实现持续发展的主要途径和重要抓手。2018 年，市属企业启动和继续推进实体化转型项目 28 个，完成投资 9.9 亿元，其中，水控集团自营项目投资 20 个，投资额 6.75 亿元，在加大传统房地产开发项目、水利建设项目投入的同时，还积极在新型产业项目比如建设装配式产业园项目、基金等方面寻求投资方向，企业转型发展形成多点开花的格局；市国联集团投资自营项目 7 个，投资额 3.07 亿元。

三、立足实际主动作为，大力推进国企监管提档升级

一是进一步完善监管体制。根据《市政府关于规范市属国有企业出资人制度完善监管体制的意见》，围绕国资监管分级管理要求，健全完善监管企业的层次和管理责任体系，开展市属集团企业对体制外中小企业的兼并重组。目前，已归并划转企业 4 个，正在划转企业 2 个，国资委直接监管企业减至 14 家。试点委托管理企业模式。出台《市国资委委托监管企业管理办法（暂行）》，实施委托监管企业 4 个，强化靠制度管理事务、按程序办理事项。加强企业产权交易、资产处置、财务制度、收入分配等方面的监管，开展企业财务和经营情况跟踪；根据企业不同功能界定与分类，“一企一策”科学设定企业考核指标体系，增强了考核的针对性和有效性，发挥了考核的导向作用。推进完善企业法人治理结构。向 9 家市属企业外派市政府第一、第二市属企业监事会，成立监事会及监事会服务中心，制定《市属国有企业监事会主要工作职责》，市属企业基本形成以外派监事会为主的体制格局。推进国有资本经营预算体系建设，实现企业收益收缴规范运行。

二是推进“放管服”改革，优化监管方式。为贯彻落实“管资本”和“放管服”的要求，进一步增强市属国有企业活力、提高监管效率，2018 年，对原 2015 年公布的审批（核准）和备案事项进行梳理修订，新修订履职清单审批（核准）事项 13 项、备案事项 4 项，比原履职清单减少“对外担保”等审批（核准）事项 3 项和“企业国有资产变动”等备案事项 2 项，做到该管的科学管理、决不缺位，不该管的依法放权、决不越位。主要措施是：将国有资产监管机构行使的投资决策、部分产权管理和重大事项决策等出资人权利，授权市属国有企业行使；将依法应由企业自主经营决策的事项归位于企业；加强对企业集团的整体监管，将延伸到子企业的管理事项原则上归位于一级企业，由一级企业依法依规决策。

三是建立企业职工工资决定机制。积极探索适合淮安市国有企业收入分配制度改革，出台《淮安市市属国有企业工资总额预算管理办法》，根据“提低、扩中、限高”原则，结合企业经济效益完成情况以及人均工资水平，按照“经济效益提高工资增加，经济效益下降工资不增或下降”的原则进行调控，为进一步推进职工工资总额管理的科学化、制度化和规范化打下基础。

国联集团：改革让企业有活力，国联让城市更美好

——淮安市国联集团改革发展侧记

淮安市国有联合投资发展集团有限公司（以下简称“国联集团”）前身可以追溯到1996年9月24日注册成立的淮阴市投资公司上海公司，2013年3月，以淮安市城市资产经营有限公司为核心子公司，整合市属各类企业组建而成的国联集团，是淮安市政府专属国有独资旗舰型企业集团。目前，集团注册资本307亿元，总资产逾1 000亿元，位于全国城投50强，资信等级拥有两个AA＋主体（苏北唯一），下有金融中心、富丽房产、华地置业、保安公司、创业投资、国联井盐、测绘事务所、冲浪软件和黄河驾校等30多个子公司。国联集团全力打造政府工程代建、房地产全产业链、产业投资、特许经营、类金融、酒店管理和安保服务等产业板块，阔步向综合服务型城市运营商目标迈进。

一、资本运作树立行业标杆

资金是企业流淌的血液，作为城市产业资本运营平台，国联集团积极探索有效的融资运作途径，全力筹集资金，为苏北重要中心城市建设和自身发展提供了有力的资金保障。

国联集团成立五年来，累计实现融资到位540多亿元，保持规模大、成本低、结构优、渠道全优势，位列全国城投行业先进地位。目前，集团实现国家发改委、银行间市场交易商协会和证监会等直融通道全覆盖，与银行、证券和保险等60余家金融机构建立长期合作关系。2018年，在资本市场整体低迷的情况下，国联集团19亿元公司债以同期最低利率成功发行，创下了淮安市史上单笔发行债券最高数额的记录，对淮安市的资本市场具有极大的提振作用，是苏北乃至全省资本市场的一个突破，淮安市委书记姚晓东专门批示予以肯定。充足的资金保障了中

心城市建设和区域协同发展的需求,起到全市金融稳定器作用。

【记者采访:在新一轮国企改革的大背景下,国联集团是如何平衡好城建融资任务与自身转型发展的关系的呢?】

【相关负责人】 国联集团积极推进企业改革,在进一步建立健全投资、融资、建设、经营、偿债良性循环的长效机制的基础上,以“注入经营性资产、赋予经营城市职能、完善市场运作机制”为手段,提高资本运作水平,加快从以融资为第一要务向以产业经营实体的公司化转型,加快以项目为主导向以投资控股型的集团化企业转变,开启了全面转型升级、实现做大做强做优的新航程。

二、产业投资收获丰硕成果

国联集团围绕中心,服务大局,积极投资市属重要企业,通过股权投资等各种方式,先后投入资金近10亿元支持市属其他企业发展。集团率先成立在国家发改委备案的淮安市创业投资公司和在中国证券投资基金业协会备案并取得私募牌照的基金管理公司,投资了新能源汽车、传媒、软件和教育等多个领域,经济效益日渐显现,多家公司进入上市辅导期。

欧陆汽车生产线

国联集团通过技改升级和资金运作,将濒临破产的卤水加工厂,变成全市唯一拥有井盐采矿权并涉足千亿元盐化工产业的新兴企业。国联集团成功引进国内新能源排名前三的香港上市公司新奥国际,成立了中外合资企业——淮安国奥泛能源有限公司,共同开发运营城市泛能微网项目,助力城市绿色能源发展。投资的无锡创科源被上市公司亚威股份收购,实现间接主板上市。上海管易软件被香港上市公司金碟软件收购,实现溢价退出。国联集团参与佳一教育全部三轮融资,目前估值大幅提升,投资利润可观,正在赴美上市中。青藤文化原创IP(知识产权)已初步形成品牌效应,腾讯公司投资入股10%,国联集团通过平衡基金投资占股2.13%。欧陆汽车被央企中国茂隆并购控股,为国内首例央企并购微型电动汽车企业案例。国联集团抢抓机遇、积极申请,争做江苏省大运河产业基金(淮安段)基金管理人,目前已获得淮安市委和市政府同意,具体负责淮安市大运河文化旅游发展基金(有限合伙)的日常运营。

三、城建项目实现高位推进

淮安金融中心

国联集团作为淮安中心城市建设主力军，工程项目涵盖了城市基础设施、安居工程、社会事业和商贸服务等重要领域，用思想构筑城市新高度，用行动创建城市新面貌。2013—2018年集团竣工和在建项目总投资251亿元，总建筑面积约157万平方米。

金融中心尽显宜商宜居的跨界美学。金融中心项目以淮安最具代表性的运河之水和市花月季作为设计要素，项目占地562亩，建筑面积150万平方米，总投资150亿元，涵盖5A级商务办公、国际品牌五星级酒店、高端住宅、精品商业等业态，由中央商务区西地块（B组团）、中地块（A组团）、东地块（C、D组团）、风情街和商住区等区域组成。项目运用分布式能源系统、智能能效监管技术等前沿的设计理念，已经连续三年被列为全省服务业重大项目（全省3家：南京、苏州、淮安——也是江北唯一）和全市十大重点工程。

目前，B组团5栋塔楼已全部完成主体验收，淮安首家建设的两个楼顶直升机停机坪已全部完成竣工验收，首家“见光不见灯”的泛光照明系统部分建成使用，B组团即将实现整体亮化；C组团基坑是淮安史上最大，总土方量35万立方米，正在出正负零；D组团是以LOFT（高大而敞开的空间）办公公寓、酒店、精品商业为主要产品的新业态规划，与风情街一起将极大提升淮安整体的商业品质。金融中心项目建成后，将成为一个金融机构集中、金融市场发达、金融信息灵敏、金融设施先进、金融服务高效的区域性金融中心，成为淮安市最大的地标建筑群、最强的经济驱动引擎、最富青春活力的城市综合体和苏北区域内有影响力的垂直金融开发区。

园林绿化造就和谐发展的城市美景。国联集团肩负打造综合服务型城市运营商的职责使命，多年来投入数百亿元资金，为市民营造绿色、和谐的宜居环境和高品质的安居生活。

广场常被比作城市的会客厅，它展示着一个城市的大体风貌，既承袭着传统和历史，也传递着美的韵律和节奏。国联集团公司成立伊始，就出资近7 000万元，参与投资建设了水渡口广场、市民健身广场和大运河广场。国联集团投资超5亿元，完成十项“国家园林城市”创建绿化任务，实施了里运河风光带和大运河滨水景观提升工程，并将占地1 680余亩的钵池山公园嵌入水渡口商圈，为核心城区装上一颗呼吸的“绿肺”。

钵池山公园

城建投资保障高速发展的区域建设。2016 年,淮安连续启动了有史以来规模最大的棚户区改造工程和建市以来单体项目投资最大的内环高架工程,国联集团自觉服务大局,承担了全市总投资额七成、120 亿元的棚改融资任务,共获得贷款授信 80 多亿元,有力保障了全市棚改项目的顺利进行。同时,国联集团还承担了内环高架项目一期 151 亿元的投资重任,通过多方资金筹措,全力保障工程用款需求和实现全市人民 2019 年底高架高铁双通车的期盼。

淮安内环高架一期

投资超 2 亿元,淮安市历史上在公共卫生领域投资最多、体量最大的民生工程——国联医疗卫生服务中心全面开工,项目的实施对改善淮安医疗卫生条件、提升公共卫生应急水平、处置突发公共卫生事件、建设“健康淮安”具有重要的引领和推动作用。国联集团投资建设了国际会展中心、检察院“两房”、国联生物工程学校、市体育公园、市体育馆维修项目和老年大学的省市重要工程,助力淮安城市建设档次再提升。

国联医疗卫生服务中心

淮安市老年大学

淮安市体育学校

商业地产缔造经典品质的舒适美居。自古以来,淮安不仅作为“南船北马,九省通衢”的交通要道,还是漕粮和食盐的重要运转、集散中心,有着厚重的历史文化积淀。2018年,国联集团为充分挖掘淮安“盐”文化,呼应里运河文化长廊,投资76亿元,在淮安区西北部打造总用地面积约1.2平方公里的河西公园社区项目。项目规划设计充分挖掘城市文化内涵,着重完善城市功能配套,建成后将成为与里运河风光带融为一体的“盐·人·文”生活空间布局。

河西公园社区

目前，国联集团正与融创集团等国内一流的房产地产企业合作，打造淮安融创广场等特色高品质城市综合体和住宅项目。与淮安区共同开发的国联万达广场项目，总建筑面积近 20 万平方米，将成为淮安区新地标，“一城两万达”，也将进一步提升淮安市城建档次和品质。

融创广场

四、实体转型激发内生活力

国联集团结合经济发展大势和地方发展特点，抢抓市场机遇，精心谋篇布局，加力资源争取、加速项目落地，各项改革发展和经营管理工作取得了一定的成绩。

江苏省淮安市保安服务总公司市场开拓意识强、力度大，坚持以“企业经营多元化、人才培养复合化、保安服务定制化、安保手段科技化、保安人才专业化”的发展理念，连续多年位居全国前十强，四次蝉联“江苏省优秀保安服务公司”称号，圆满完成各类大型活动安保和突发事件处置任务，建成了 500 平方米淮安保安大数据服务中心，成为目前国内保安行业唯一一家拥有数据中心的公司。

江苏冲浪软件科技有限公司作为全省首批混合所有制改革试点的 10 家企业之一，也是全市仅有的一家，混改已经完成。公司连续第三次、九年获得省高新技术企业认定，成功与浪潮集团达成战略合作框架协议，今后将可借助浪潮集团先进技术优势，增添了发展后劲。

国联奥体明都酒店

国联奥体明都酒店于2018年4月正式营业，首年营业总额达2 100万元，酒店初期运营能力省内领先。酒店大力研究、传承淮扬菜文化，创造“新派淮扬菜”，推出了江淮一品锅、东坡上上签、酱烤淮白鱼等一系列独具匠心的淮扬精品菜，被官方授予“淮扬美食名店”称号。酒店获携程江苏分公司颁发的“最受欢迎酒店奖”，成为全市唯一获此奖项的酒店。酒店圆满完成两届中国（淮安）国际食品博览会、苏商发展论坛和淮河生态经济带青年企业家交流会等多级别、高层次活动的食宿服务工作，得到社会各界的一致好评。

五、勇于担当赢得社会美誉

党的建设是国有企业发展的根和魂，国联集团党委深入学习贯彻习近平总书记新时代中国特色社会主义思想，坚持党要管党、从严治党，切实发挥党委的领导核心和政治核心作用。国联集团在全市国企第一家获批成立纪委和纪检监察机构；申请设立公司律师事务部获省司法厅批准，成为全省首批、全市首家成立公司律师事务部并有公司律师员工的市属国企，集团依法治企进入了新格局。

江苏省司法厅文件

苏司发〔2017〕30号

江苏省司法厅关于同意在淮安市国有联合投资发展集团有限公司开展公司律师工作的批复

淮安市司法局：

你局报来淮安市国有联合投资发展集团有限公司《关于申请开展公司律师工作的函》收悉。经研究，同意在淮安市国有联合投资发展集团有限公司开展公司律师工作，同意设立淮安市国有联合投资发展集团有限公司律师事务部。

特此批复。

江苏省司法厅

2017年12月19日

（此件依申请公开）

全省首批、全市首家获批公司律师事务部

【记者采访：国联集团是如何通过党建带动企业发展？】

【相关负责人】集团党委高度重视党建的“规定动作”，大力推进“自选动作”，率先在项目工地建立“红色驿站”，并由集团党委书记、董事长汤正明任创建工作领导小组组长，将支部建到工地上，让工地流动党员“有家可归”，让企业一线党建焕发活力，项目获得2019年全省国企党建“强基提质”提升工程优秀案例一等奖。党建的引领作用在集团的管理中日益凸显，集团队伍建设和管理水平不断提升。

国联集团勇于担当社会责任，通过个性化举措深化公益捐赠、“三进三帮”、阳光扶贫、文明城市创建等工作，每年投入帮扶资金百万多元，为挂钩村居制订个性化帮扶措施，提前一年实现“精准扶贫、精准脱贫”目标。集团群众体育先后被国家体育总局和江苏省体育局表彰为群众体育先进单位，在全省国企群众体育工作中位列先进、全市唯一。国联集团先后获得了“2018年中国(淮安)国际食品博览会先进单位”“江苏省三八红旗集体”“淮安市五一劳动奖状”和“先进基层党组织”等荣誉。

当前,淮安正处于新的历史方位,新一轮改革开放的浪潮奔腾而来,新时代锦绣宏伟画卷渐次展开。站在新起点,国联集团人将全面服务于淮安“一区两带一枢纽”发展战略,担负起让城市更美丽、让生活更美好的时代使命,以提升城市品位和市民生活品质为目标,为城市更美好、区域经济更繁荣、社会更和谐而竭诚贡献力量。

淮安水利控股集团：新时代新作为，新使命新担当

2018 年，在中国地方政府投融资平台转型发展报告中，地方政府投融资研究中心、国家发改委 PPP(政府与社会资本合作)专家库发布评价，淮安市水利控股集团有限公司(以下简称“淮安水利控股集团”)综合实力继续位于全国地市级政府同类企业前列。目前，注册资本达 612 亿元，总资产超 2 000 亿元，净资产突破 1 000 亿元，被中国城投网和中国现代集团有限公司现代研究院评为“总资产全国 10 强，江苏第一”。2018 年在市委市政府的正确领导下，解放思想，砥砺奋进，不断为实现企业做大做强做实做优蓄劲加力，淮安水利控股集团已逐步发展为投融资并举的集团化企业。

水利控股集团主营六大板块——投资建设板块、施工板块、开发板块、金融板块、文化板块、物资供应板块，基本完成平台转型产业布局。其中，投资建设板块为淮安中心城市建设服务，施工板块业务遍布全国，开发板块与全国房企 20 强中的一半企业对等合作，金融板块服务全市经济，文化板块致力于发掘淮安本土文化内涵，新开辟的物资供应板块立足探索新经济物资供应平台，形成物资供应体系。

当把这一个个亮点串联成链，呈现的是淮安水利控股集团做实做优、转型发展的铿锵步伐。

“2018 年是推进高质量发展的开局之年，也是淮安水控发展进程中极不平凡的一年。这一年，我们在高质量发展征程上迈出了坚实的第一步。2019 年我们会紧扣高质量发展要求，牢固树立系统化思维，聚焦改革发展的关键环节和重大问题，不断优化发展思路和举措，坚守‘种好责任田、经营好自留地’的使命担当，通过‘做大做强做实做优’，展现在地方经济社会发展中的中流砥柱作用。”该公司党委书记、总经理庄亚洲说道。

2006 年度“中国建设工程鲁班奖”、2007 年度“水利科学技术大禹奖”——淮河入海水道工程

2011—2012 年度“中国水利工程大禹奖”——耿楼枢纽

思想破冰,深化转型发展

长期以来,靠土地融资是政府平台企业的主要发展路径。2014 年,庄亚洲赴淮安水利控股集团上任不久,就敏锐感觉到靠土地作为企业平衡点的做法即将被

打破，思想要破冰，行动要突围，转型发展势所必然。

确定了转的任务，就要找到转的方向、明确转的路径。

“国家提出打好三大攻坚战，这对于我们这类企业而言，是个重要机会。经过多年发展，淮安水利控股集团已经在‘做大’上具备相当规模。新的经济金融形势下，地方国企虽然没有直接的去杠杆任务，但必须响应中央号召，顺势而为，通过去杠杆做强做优做实，解决企业的发展问题。”庄亚洲说。

立足“总承包”“筹资者”“施工者”三种身份，淮安水利控股集团积极为淮安城市建设添砖加瓦。投资建设的项目从最初的城市河道整治疏浚、泵站建设，到绿化景观、古建筑、道路桥梁建设和博物馆布展，投资建设的领域不断突破城市水利，逐步向市政、旅游、民生、土地开发整理等领域拓展和延伸，形成了五大经典工程——中洲公园、里运河控制工程、水文化工程、粮食产业园工程、古黄河枢纽工程，五大标志性建筑——清江浦楼、常盈桥、八亭桥、南北分界线、里运河文化长廊，累计为城市水利和基础设施建设投资近百亿元。

棚改项目作为市政府重点推进工程，淮安水利控股集团倍感责任重大，按照市政府下达的2016—2018年度棚改任务，共承担了17个地块110亿元的融资工作，负责承建的5个定销商品房项目，总建筑面积126万平方米，占全市定销商品房任务近70%，共需筹资76.96亿元。面对重任，集团组织精干队伍，合理安排资金，确保定销商品房项目稳中求进。

所属淮安市水资源开发建设有限公司参与妇幼保健院新院、里运河清淤及生态提升、清安河改道二期、机场水系调整、高铁新区水系调整等城建项目，开拓性代建里运河文化长廊八亭桥至宁连路桥段道路、慢行系统工程和人文景观工程，代建项目总投资近30亿元。

做强企业，主业是根本，也是依托。淮安水利控股集团十多家子(控股)公司，形成了以产业链为纽带的上下游投资、施工企业集群，持续做强下属实体企业，以施工为骨，为做强提供支撑。以市场为导向，以创效为中心，以资本运营为手段，做实做强子公司，淮安水利控股集团在全市国有企业转型发展中走在了前列。

2018年，淮安水利控股集团施工板块新签合同30亿元，所属江苏淮阴水利建设有限公司是国家“水利水电工程施工总承包一级”资质企业。自成立以来，公司先后建设了江都水利枢纽、淮安水利枢纽、淮河入海水道等600多项大中型工程，其中参建的洪泽湖高良涧复线船闸工程获得“中国建设工程鲁班奖”，淮河入海水道工程获“中国建设工程鲁班奖”“水利科学技术大禹奖”并入选“新中国成立

60周年百项经典暨精品工程”,沙颍河耿楼枢纽、古黄河水利枢纽、刘老涧二站工程获“中国水利工程大禹奖”,杨庙泵站、小潮河闸、新港码头二期工程获市“翔宇杯”优质工程奖。所属江苏山河生态科技股份有限公司拥有城市园林绿化、市政公用工程三级等多项资质,参建了里运河文化长廊八亭桥至宁连路桥段人文自然景观工程等十多项大型绿化工程,在南京六合竹镇投资建设近3 000亩苗圃基地,运营的“梅云里”民宿有口皆碑,同时在西郊公园内投资1 000余万元建设山河园艺生活馆,在苏北地区独具特色。2016年,江苏山河生态科技股份有限公司完成新三板挂牌,开创了当年启动当年获批上市的新速度,是淮安市本级唯一一家上市国有企业。自上市以来,该公司强化合规管理,充分体现了上市公司内涵。2018年,所属江苏水利房地产开发有限公司(以下简称“水利地产”)继续拓宽视野,联外联强,国企混改再创新。作为淮安首家与上市公司合作的房地产国企单位,走出淮安的步伐更加坚定,被江苏省品牌学会、江苏城市广电协作联盟授予“40年卓越品牌”。继2017年与中南集团、万科集团、中骏集团联手摘得淮安区梁红玉路东侧地块、淮安九龙源著地块及徐州杏山子地块、老龙潭地块后,2018年外向战略成果丰硕,水利地产再次与中南集团合作摘得徐州市台子河南A地块,独自竞得枚乘路北侧地块和石桥路东侧地块。通过一个个项目合作,水利地产陆续实现混改,锻炼了队伍,提升了产值,经济效益得到显著提升。2018年,水利地产实现营业收入5.29亿元,利润总额2 974万元,净利润1 821万元,为自营项目良好运营奠定了基础,完全具备了充分的市场竞争力。2019年,水利地产进军南京,成功摘得“迈皋桥地块”,14个项目布局省内。同时,水利地产积极寻求产业链延向“开发+运营”战略升级,现有江苏水控港联物业服务有限公司、垣宝集团等4家子(控股)公司以及淮安新碧、徐州正升房地产开发有限公司等7个参股项目公司,多元化、一体化、专业化发展模式,助力水利地产高质量发展迈入新时代。

2015年成立的全资子公司淮安市新型城镇化建设投资有限公司(以下简称“新城镇公司”)完成了主体AA信用等级评级,继淮阴区首例PPP项目渔沟中学项目2017年9月交付后,又成功中标项目总投资约10.9亿元的盱眙县宁淮新兴产业科技园PPP项目、21.7亿元的连云港经济技术开发区猴嘴片区基础设施及配套工程PPP项目。目前,该公司已投资多个PPP项目,亦是淮安市唯一一家作为社会资本方参与PPP项目投资的国企单位。新城镇公司、首创公司获市政府批复成为我市新农村改造类项目的实施主体,在市、区两级政府的有力支持下,以立项主体身份发包总投资15.22亿元的渔沟镇农村综合整治提升工程，向田园综合体、农村土地经营迈出坚实一步。所属淮安乡村振兴投资开发有限公司主动响应党十九大报告提出的“乡村振兴战略”，致力于乡村文化旅游产业繁荣发展，与华强方特联合出资60亿元开发淮安华强方特主题公园项目，与洪泽区政府围绕打造中国河工风情小镇的目标定位和“全域旅游”的战略部署，助推洪泽南部片区三产融合发展，为乡村振兴战略发展助力铸魂。

2015年，所属的淮安市淮上英才创业投资有限公司升格为市管二级企业，重点扶持落户淮安市的“双创计划”和“淮上英才计划”项目，鼓励高层次人才来淮创业。为创新发展，该公司2017年11月取得了私募基金管理人牌照，为淮安的跨越式发展提供动力支持。所属淮安市清江浦区汇泽农村小额贷款有限公司面向“三农”发放贷款、提供融资性担保，开展金融机构业务代理及其他业务。2018年，该公司主动创新融资模式，充分利用杠杆成为淮安首家发行资产证券化产品的企业，2016—2018年累计放款3.82亿元，实现利息收入5 770万元。所属淮安市水投科技小额贷款有限公司面向科技型中小企业提供发放贷款、创业投资、融资性担保、金融机构业务代理及其他业务。该公司2016—2018年累计放款4.72亿元，实现利息收入5 674万元。两家小贷公司立足于服务民生，服务民企。

文化是策应企业发展的灵魂。在文化板块，所属江苏楚云文化传播有限公司自成立以来，致力于影视剧制作、文创产品开发等工作，为纪念周恩来总理，精心拍摄两部电影《童年周恩来》《薪火相传》，合资拍摄影片《一路上有你》，大力发展文化产业，打造文化标识。与市广新局合作成立淮安青莲岗文化发展股份有限公司，馆藏特色文物，开发文化产品。为全面盘活企业文化资源，淮安水利控股集团先后创办了江苏运河之都艺术馆、大运河文化网、文创港，致力于发掘淮安本土文化内涵。

作为一家地方国有企业，淮安水利控股集团在为地方经济发展尽心竭力做贡献的同时，引导金融资源聚焦实体经济，不断夯实企业自身发展根基。同时利用自身资信等级和市场认可度“双高”的优势，主动服务全市经济发展大局，为高铁新城、金融控股集团、淮扬菜集团、宁淮集聚区、城市快速干道、恩来干部学院累计出资近30亿元，为淮安的经济发展做出积极贡献。

打破传统，总量质量并进

每一项工程都要做成优质工程，每一个项目都要做成优质项目，是淮安水利控股集团一直秉持的发展理念。

淮安水利控股集团作为地方国企,积极贯彻市委七届七次全会“形成做大总量、做优质量并进态势”的部署,顺势而为。以前负债率比较高,这两年企业发展以做大规模、做优结构为导向,去杠杆效果显著,目前集团本部总负债率保持为20%。

在庄亚洲看来,新的经济金融形势下,像淮安水利控股集团这类企业的主要任务是化解金融经济风险,必须打破“等政府给、靠政府划、要政府拨”的传统增资方式。淮安水利控股集团主动创新思维,积极寻找资产,通过创新驱动加快优化产业结构。资本的增加在扩大淮安水利控股集团资产规模的同时,也增强了融资能力。

积极拓展总承包,统筹考虑施工、房企与物资供应的衔接,探索新的板块。先在集团内打通产业链条,直接与上游混凝土、钢材等材料供应厂家对接,利用国有集团的信誉和实力,用服务优势取得价格优势,让整个产业的不同环节实行平衡发展。下一步,产业链的延伸将从集团内进一步拓展至相关合作单位。

以开发板块为突破口,通过拓展总承包、拉伸产业链、与全国行业巨头合作等,产业板块做强有了良好开端。淮安水利控股集团通过房企与施工企业整合,实现了施工企业业务发展的突破,既可以保证该板块实现一定的产值、利润,也为淮安水利控股集团融资环境加了分。针对当下房企发债、做金融产品受到限制,资金相对紧张的新形势,淮安水利控股集团抢抓机遇,与全国房企巨头加强合作,联手开拓市场,做强施工和房产业务,使房地产工作多元化、专业化。

坚持以直接融资为主,间接融资为辅,淮安水利控股集团先后打通国家发改委、银行间市场交易商协会、上海证券交易所、深圳证券交易所、银监会等我国现有的全部直接融资渠道。

作为一家拥有多个业务板块的企业集团,淮安水利控股集团在调优发展板块上持续发力,加快转型升级步伐,把握国家经济政策,紧跟淮安市委市政府的发展理念,为“美丽乡村”建设铺路先行,积极探索田园综合体、农村集中居住、农村土地经营发展的新路径。

“我们将以奋发有为、改革创新的精神风貌,不忘初心,砥砺前行,向城市运营、产业投资、农村土地经营主体转型发展迈出更加坚实的步伐。”庄亚洲面向未来,充满信心。

筑牢实体,担当中流砥柱

“实体兴,企业旺。”淮安水利控股集团坚持实体经济是振兴企业发展的根基,以各业务板块为引擎,在实体化转型的发展征途中阔步前行。

庄亚洲表示，淮安水利控股集团坚持“种好政府‘责任田’，经营好自己的‘自留地’”。针对新形势，其正在制定调整完善企业新的发展规划，突出做强企业，突出利润支撑。

未来，淮安水利控股集团坚持“四个一”即“一个规划、一个目标、一个储备、一个中心”，打好《三年发展规划》第一枪，中心城市建设按预计进度完成；融资战果再创新高；转型发展折叠力量，在遍布六大板块的实体转型发展中寻求突破，不断实现自我循环、自我发展，为城市发展谋篇布局。

2019年全力向产值百亿元冲刺，实现利税总额8亿元。投资建设板块继续为淮安市中心城市建设添砖加瓦；施工板块以创造50亿元年度施工产值为动力点，加强自营业务拓展能力，视“拓宽融资渠道、提升市场竞争力、升级经营模式”为发展根基，制订上市计划。物资供应板块探索新经济物资供应平台，开展建材供应业务，形成物资供应体系，在确保10亿元产值基础上，力争未来三年内创下30亿元产值；开发板块超40亿元年产值并为实现百亿元地产产值打好基础，整合优势资源，实现“地产+”，将“物、产、教融合”作为企业运作核心，拉动集团其他板块共同发展。以“精工筑家、创享幸福”为国企发展价值观，力争在本土打造高端地产及良心国企品牌，并不断开拓省内及国内地产领域，全力将地产打造成为具有竞争力和商业元素的企业生态链超级平台。

金融板块以面向高端人才、子(控股)企业、“三农”、中小企业等开展业务为基础履行国企责任，保证相应企业实现良性发展，切实服务社会。在此基础上，充分利用金融的思维与杠杆，走访优质单位，寻求优质项目进行投资，为金融业务实现全面升级全力推进。文化板块是淮安水利控股集团为实现文化引领发展而开辟的领域，将面向市场，做优产品，润泽公司推进方特综合配套服务中心建设工作，积极探索酒店、特色街区、“熊出没”小镇等配套项目，着力打造特色文化旅游项目。新城镇公司以农村集中居住为基础探索“时光淮安·城市新名片”，全力打造总投资约120亿元的“文旅+康养”、农村土地整理为两翼的产业，在做大做强主营业务的同时开创生动活泼的新局面。

以市场为导向，以效益为根本追求，参与城市建设，推进片区开发，建设水系调整重点项目，探索特色小镇、田园综合体创新路径，为“美好乡村”建设铺路先行，争取用2—5年时间，企业产值突破200亿元，为地方经济社会发展发挥国企应有的担当，实现社会效益与经济效益共享，真正起到中流砥柱的作用，在新时代中用新作为展现新担当。

淮安交通控股：不忘初心，继续前行 与时俱进书写精彩华章

作为全省各设区市中唯一集公路、铁路、港口、机场和城市公交于一身的综合交通运输投融资平台，淮安市交通控股有限公司（以下简称“淮安交通控股”）从2003年诞生起，就被赋予了光荣且艰巨的重大使命——全力服务保障淮安的苏北重要中心城市和大交通建设，开启了筚路蓝缕、筑基建业的奋斗征程。

从初始注册资本金仅1.03亿元，到如今总资产超过442亿元、下属子企业近40家、主体信用评级AA＋的现代化大型国有企业，淮安交通控股在发展的道路上，始终与时代同行、与城市共兴；十六年来，公司规模从小到大、实力从弱到强、经营范围从单一到多元，逐步形成了以公益性交通服务业为主业，公共交通、港口物流、文化旅游、现代农业、基础设施建设五大板块齐头并进的发展模式，书写了新时代地方国企不忘初心、服务大局的精彩华章，为实现“两大目标”、建设美好淮安做出了重要贡献。

累计投资150亿元 一条条“快捷通道”打破城市发展瓶颈

逢山开路、遇水架桥，港口建设、高铁保障，公交出行、电车服务……在淮安市委市政府正确领导下，淮安交通控股十六年如一日，坚持为城市发展助力，与城市共同成长，在全面履行政治责任、经济责任和社会责任中，让发展更有能量、更有质量。

夜幕降临，由淮安交通控股投资约3亿元改建的淮安运河大桥，在灯光的映照下犹如长虹卧波，飞架千年古运河南北，璀璨夺目，引得无数市民慕名“打卡”。作为贯穿主城区南北向中轴线的城市新地标，它是地位显著的交通节点工程，更是淮安交通控股人倾心服务地方经济社会发展的生动注脚。

淮安运河大桥

这十六年，淮安机场拔地而起，通航城市超过 30 个，被誉为支线机场样板；淮安新港，先后开通到上海、太仓、河南周口等 9 条集装箱航线，2018 年内河集装箱吞吐量达 14.3 万标箱，在全省占比超半；徐宿盐淮、连淮扬镇、宁淮等多条高速铁路将在淮安交会，充分释放淮安发展潜力；淮海路、承德路、北京路、天津路大桥等运河大桥和城市主干线翔宇大道贯通南北，“畅行淮安”加快成为现实；淮安公交公司自 2016 年收归国有，累计投入 15 亿元，购置 1 382 辆新能源公交车，新辟优化加密公交线路超百条，不断提升公交软硬件服务水平，全力助推省公交优先示范城市建设；有轨电车连接淮安商业中心、行政中心、文化旅游中心等五大中心，年载客近千万人次，高居全国单条线路首位。这些与中心城市高效运转密切相关的交通动脉、枢纽节点，无一不凝聚着淮安交通控股的心血和智慧，拉动着淮安经济的巨龙腾飞和社会的和谐进步。

这十六年，见证了淮安交通控股人的初心不改。在企业阔步前行的过程中，淮安交通控股总经理张惠扬深感责任在肩，“我们始终把服务中心城市和大交通建设作为企业发展的首要核心任务，不断克服困难，千方百计筹措资金，累计投入近 150 亿元，推动“公铁水空”统筹发展，助力淮安加速形成区域性综合交通枢纽”。

双层新能源公交车飞驰在翔宇大道上

2019 年 8 月，又一新闻在省内外引起热烈反响：苏北首列海铁联运班列从淮安交通控股所辖淮安新港发出。淮安由此搭上了快速通道的班列，属地封关、货通全球，实现了由“江河经济”向更开放的“海河经济”转变，为淮安外向型经济发展注入了新活力。

海铁联运班列首发仪式

富集五大板块资源
一批批重点项目激发城市发展活力

“都是淮扬菜的精品，好吃得不行哦！”近期，淮安大米、淮安蒲菜、盱眙龙虾、淮阴黑猪等11种品类王在“淮味千年”南京旗舰店热销，南京市民赞不绝口。

“淮味千年”南京旗舰店开业仪式

淮味千年是淮安在全省率先推出的市级农产品区域公用品牌，将品牌运营任务交给淮安交通控股，充分体现了淮安市委市政府对公司的信任和支持。短短一年多时间，淮味千年品牌实现了“从无到有、从有到优”的历史突破，品牌在北京正式发布、宁淮两地旗舰店陆续开业、田园综合体加快推进；所辖“盱眙龙虾”品牌价值近170亿元、“洪泽湖大闸蟹”品牌价值80亿元、“淮安大米”品牌价值38亿元，规模与口碑双提升，成为公司助力淮安全面融入南京都市圈、服务地方产业发展、推进自身转型升级新的成功范例。

在建的盱眙水韵长淮智慧酒店

近年来，淮安交通控股以积极心态迎接金融管控收紧，且自身在公共交通领域投资巨大、短期收支难以平衡的新考验。“面对困境，淮安交通控股人拿出敢为人先的勇气和担当，把困难视作机遇，把危机化为转机，不等不靠、敢闯敢试，不断创新经营思路，延伸产业链条，在公共交通、港口物流、文化旅游、现代农业、基础设施建设五大板块中纷纷落子，走出了一条以国企发展‘反哺’交通建设的发展新路子！”淮安交通控股党委书记吴勤如是说。

在建的淮印时光文创园

干起来，跑起来！充分挖掘服务潜力的定制公交、交旅融合的电车研学活动、增长迅速的港口贸易、力争苏北一流的盱眙水韵长淮智慧酒店、推动稻米全产业链整合的华阳宏实水稻产业园、紧临翔宇大道和京杭运河的云河湾小区、承载城市记忆的淮印时光文创园……一个个资源优势变成看得见、摸得着的大项目、好项目，带来了新风向，引来了现金流，在壮大企业的同时，又如同一根根“红线”，将助力地方产业升级、环境改善、乡村振兴、城乡协调、民生保障等各项事业串联起来，集聚并激发高质量发展的澎湃新动能。

此外，淮安交通控股还牢牢树立“抓项目就是稳增长、抓机遇、谋未来”的鲜明导向，创新建立领导挂钩联系推进重大项目机制，领导班子多次深入项目调研指导，帮助协调解决了许多“硬茬子”，项目推进步伐持续加快。

服务交通强市建设
一个个有力举措促进城市振兴发展

交通兴则百业兴，交通畅则百业旺。面对新形势，以习近平同志为核心的党中央做出了建设交通强国的重大决策部署，省委省政府高度重视，把建设现代化综合交通运输体系作为推动高质量发展最迫切的任务。淮安市委市政府多次召开现代综合交通运输体系建设推进会，掀起了淮安交通建设的新高潮。

如何融入交通强市建设，把省、市现代综合交通运输体系建设的战略部署转化为具体举措，成为摆在淮安交通控股人面前的最大命题，也为企业未来发展提供了更为重大的战略机遇。

坚持改革创新，在资金供给上聚焦发力。牢固树立新发展理念，积极创新融资方式，有效发挥涟水机场、京沪高速公路的股东作用，主动参与组建宁淮高铁公司，携手省属企业参与淮安高铁毗邻地区土地综合开发，在突破交通建设资金瓶颈问题上勇担当、探路子、打头阵，挑起交通强市建设资金融资保障的“千斤担”，全力完成高铁、轨道交通、公共交通、机场、港口等项目的投资任务。

淮安新港作业区

抢抓战略机遇,在枢纽建设上聚焦发力。全面完成涟水机场二期扩建工程,启动涟水机场三期扩建工程前期工作,建设苏淮高新区危化品码头、新港作业区三期工程,新增千吨级泊位 40 个、吞吐能力 1 500 万吨,大力发展江海河联运、公铁水联运和区间集装箱运输,助力淮安打造区域中心城市、淮河水运中心、航空货运枢纽等"一中心五枢纽"。

提升城市功能,在公共服务上聚焦发力。始终牢记国企"三大责任",积极参与有轨电车 2 号线、S2 线规划建设,探索城乡"全域公交"发展模式,加快推动城市公交场站、换乘中心建设,科学调度有轨电车和公交班线,牵头完成市区智能停车诱导系统建设,为群众提供更优质便捷的出行体验,当好公共交通行业的"顶梁柱"。

淮安有轨电车

同时,企业发展不能单靠一个个"指头",更要捏指成拳、拳拳相应,大力发展"交通+"项目,推进关联产业因交通而谋、因交通而动、因交通而兴,充分释放现代综合交通运输体系的社会效应和经济效益,为淮安振兴发展拿出更多交控方案、输出更多交控智慧、做出更多交控贡献,以优异成绩献礼新中国成立 70 周年!

盐城国投集团：
立足改革创新，高质高效发展

2019 年 9 月 1 日，盐城市国有资产投资集团有限公司(以下简称“盐城国投集团”)首次入榜中国服务业企业 500 强，位列第 288 位，标志着集团深化改革发展取得新的重大突破。近年来，集团在盐城市委市政府的正确领导下，紧紧围绕“加快转型发展，打造千亿国投”的奋斗目标，按照高质量发展、可持续发展要求，走出了一条“以产业为立足之本，以创新为发展之源，以规范为经营之道，以卓越为追求之境”的发展道路。

盐城国投大厦(国家优质工程奖)

改革“破局”转型发展

盐城国投集团成立于 2006 年 12 月，是市属一档国有企业，初期主要职能是承担公共项目建设,投资建设社会项目。2011 年,受宏观环境和全面清理整顿地方投融资平台的影响,集团发展步履蹒跚、困难重重。2012 年 5 月,集团党委、董事会审时度势、科学决策,提出"实业和金融并举"的工作思路,率先展开由投融资平台向产业集团的转型发展,利用资本的力量全速推动产业布局,实现了裂变式、倍增式发展。

盐城国贸中心(中国钢结构金奖工程)

改革转型谋发展,年年实现新跨越。2012 年,盐城国投集团果断提出"盘活现有资产、优化资源配置、挖掘金融潜力、增强经营能力、强化内部管理、实业和金融并举",由此拉开转型发展大幕。2013 年,集团提出"加快创新创业、推动转型升级,全面实现科学发展新跨越",首次明确重抓五大产业,恢复大宗贸易经营,跨界进入新能源汽车,培育新经济增长点。2014 年,集团提出"聚焦重点、改革创新,全面深化转型发展",开建首个房地产项目、首个工业地产项目,经营能力稳步提升,产业发展亮点纷呈。2015 年,集团提出"适应新常态、引领新常态,稳中求进打造转型发展新高地",开建盐城第一高楼——盐城国贸中心(216 米),发起成立盐城市国能投资有限公司(市属一档国有企业),正式进军清洁能源,五大产业调整为"5+1"产业。2016 年,集团提出"坚定信心、砥砺前行,奋力开创'十三五'科学发展新局面",当年全口径收入实现 68 亿元,利税 2.9 亿元。2017 年,集团提出"着力提质增效、深化产业转型,全面开启新一轮跨越发展新征程",当年全口径收入达 162 亿元,利税 7.6 亿元,首次突破收入百亿元大关。2018 年,集团提出"奋进新时代、培育新动能、展示新作为,全面开启高质量发展新征程",当年全口径收入达 235 亿元,利税超 10 亿元。

截至 2019 年 6 月底,集团总资产 393 亿元,较转型前 2011 年 50 亿元增长约 6.8 倍。2019 年 1—6 月实现开票销售 162 亿元,同比增长 46%,利润 1.66 亿元,同比增长 135%,税金 2.6 亿元,同比增长 15.4%。预计全年实现开票销售将突破

400亿元，利税超13亿元。自实施转型以来，集团资产规模、经营业绩主要指标连年呈高速增长，综合竞争力位居全市大企业集团前列，连续六年被盐城市委市政府表彰为综合先进单位。

优化产业科学布局

盐城国投集团坚定不移把产业作为立企之本、强企之基，围绕“集团多元化、子公司专业化”发展模式，通过市场运作、产业培育和创新驱动，形成“地产置业、商贸流通、高新科技、金融服务、文旅健康和清洁能源”等“5＋1”多元产业格局。

地产置业板块积极打造“盐城复合型地产龙头企业”。盐城市国投置业有限公司、盐城市国投工业地产有限公司始终秉承“工匠精神”，以城市地产和工业地产为业务核心，坚持高起点规划、高水平设计、高标准建设，累计承担城建重点工程32个，总投资43亿元，先后建成盐城迎宾馆、盐城科技馆、盐城文化艺术中心、毓龙路西延、东进路西延等项目。它们累计实施自营项目16个，总投资153亿元，先后建成先锋国际广场、国投大厦、综保区国投自贸园、国投·幸福嘉园等项目，开工建设盐城国贸中心、天一大厦、大丰麋鹿风情小镇、阜宁智能装备制造产业园等项目。2019年上半年，盐城国投大厦入选国家优质工程奖，盐城国贸中心荣获中国钢结构金奖工程。

商贸流通板块积极打造“盐城大宗贸易和物资进出口贸易龙头企业”。盐城市物资集团有限公司稳健扩大煤炭、木材、石化、钢材、有色金属等业务规模，范围覆盖国内27个省市，全球18个国家和地区，成功搭建整合产业链、打通上下游、面向国内外的贸易金融物流一体化合作平台。盐城联孚石化有限公司充分发挥资质资源优势，加快构建新型能源石化企业。围绕打造“盐城商贸业龙头企业”目标，先锋国际广场承袭古盐城商业脉络，再续城市商业传奇，全面建成“业态齐全、宜商宜居的区域性综合商业中心”。与中国连锁百强企业江苏华地国际控股集团有限公司合作，在广场引入其核心品牌“八佰伴”，2020年春节开业。整合盐城招商商场各类资源，依托总经销、连锁、网络经营等形式，吸引更多优质品牌、商品集聚，打造“苏北地区最大、最优的综合性室内小商品市场”。

高新科技板块力争进军“新能源汽车行业第一方阵”。江苏国新新能源乘用车有限公司“年产7万辆碳纤维轻量化纯电动乘用车项目”，于2019年1月8日获得江苏省发改委核准，成为全国第16家获批纯电动乘用车项目的企业；江苏奥新新能源汽车有限公司成为国内第4家获得氢燃料电池物流车生产资质的企业；

长三角新能源汽车研究院有限公司形成“一院一盟十所(中心)”的研发创新体系,全力做大做强盐城新能源汽车产业。围绕打造“行业领先的高科技企业”目标,盐城国投中科新能源科技有限公司主攻新能源电池系统的技术研发与制造,形成高铁装备、港口机械、新能源汽车、通信基站电池“四轮驱动”的市场格局。围绕打造“全国工业盐处理及资源化综合利用样板工程”目标,盐城市国投环境技术股份有限公司采用环保前沿技术,解决化工行业发展的环保“瓶颈”问题。

金融服务板块积极打造“本土化金融高地”。充分发挥综合融资平台功能,在防范风险前提下,规范运作小贷公司、担保公司、典当公司、拍卖行公司、互联网金融“盐城贷”、融资租赁公司和国投创投公司等,累计助力 1 255 家地方中小微企业高质量发展。战略性持有江苏银行股份,全面启动上市计划,让金融和资本为盐城国投集团新一轮腾飞增添新动能。

文旅健康板块积极打造“盐城一站式文旅龙头企业”。整合盐城迎宾馆、盐城国投大酒店等资源,筹建盐城首家国际五星级万豪酒店。放大盐城文化艺术中心等载体集聚效应,启动大丰麋鹿风情小镇项目,培植盐城旅游新亮点。建设国投惠民健康广场,拓展“互联网+健康”服务领域,推动健康管理一体化进程。

大丰麋鹿风情小镇

清洁能源板块积极打造“盐城能源投资开发龙头企业”。盐城市国能投资有限公司(以下简称“盐城国能公司”)充分发挥市级新能源投资开发平台的优势,主动加强与中央、省属能源龙头企业的战略合作,实现各业务板块全速高效发展。风电投资方面,参股风电项目 22 个,其中陆上 10 个,海上 12 个,总装机规模 484 万千瓦,盐城国能公司权益规模 131 万千瓦。控股海上风电项目 6 个,总装机规模115万千瓦，总投资180亿元。2019年开工建设盐城国能大丰H5#20万千瓦海上风电项目，总投资40亿元，为全国第一个由地市级国企建设的海上风电场。光电投资方面，建成建湖沿河50兆瓦“渔光互补”、大丰港经济开发区15兆瓦“渔光互补”、响水灌东盐场16兆瓦、盐城综保区2.3兆瓦4个光伏电站。新能源服务、新能源装备产业方面，联合上海振华重工、金风科技等合作组建海上风电运维公司，开展日常运维检修、大部件更换等海工服务。合资公司盐城天合国能光伏科技有限公司已形成2.4吉瓦光伏组件、0.6吉瓦电池片生产能力。股权投资方面，盐城国能公司参股江苏省新能源开发股份有限公司15%股权、计7 500万股，持有股份市值超9亿元。

砥砺奋进再铸辉煌

奋进百尺竿，阔步新时代。下一阶段，盐城国投集团将以十九大精神和习近平新时代中国特色社会主义思想为引领，按照高质量发展、可持续发展要求，聚焦“两高”目标、“三市”战略、“两海两绿”路径，紧扣“百年国投、千亿国投、万众国投”发展定位，以“五大发展理念”的创新实践，保障“六大战略目标”的全面实现，全力开启新一轮跨越发展新征程。

“五大发展理念”，即创新发展，打造转型国投；协调发展，打造实力国投；绿色发展，打造生态国投；开放发展，打造活力国投；共享发展，打造责任国投。“六大战略目标”，即以“全面壮大集团实力、实现资产再翻番”为总领，全面壮大地产置业，资产总量超百亿元；全面做强商贸流通，销售收入超三百亿元；全面发展高新科技，产能规模超百亿元；全面推进金融服务，金融资产超百亿元；全面开拓文旅健康，资产规模超百亿元；全面进军清洁能源，营业收入超百亿元。

到“十三五”末，盐城国投集团确保实现资产规模超500亿元，综合收入突破500亿元，利税突破30亿元，全面冲刺中国企业500强，为盐城高质量发展做出新的更大贡献。

扬州建工控股：党建引领，不断推进企业高质量发展

坚持党的领导、加强党的建设，是国有企业的“根”和“魂”。扬州建工控股有限责任公司(以下简称“扬州建工控股”)作为扬州市属国有企业，受政府委托经营、管理市直建筑企事业单位国有、集体资产的国有公司，通过控股、参股、代管等方式管理10余家下属企事业单位，包括江苏华建、扬建集团等市建筑业骨干企业。面对建筑行业流动性大、点多面广、员工类型复杂等特点，扬州建工控股不断创新党的建设新途径、新方法，将从严治党不断引向深入，使之成为企业发展的最强支撑、最大优势和关键力量。

加强党的建设，推动全面从严治党向纵深发展

在中国共产党成立98周年之际，6月28日，扬州建工控股党委举行“七一”表彰大会，对8个先进基层党组织、30名优秀共产党员、10名优秀党务工作者进行了表彰，他们是扬州建工控股60个基层党组织、800余名共产党员的先进代表。作为公司党委书记，我在大会上强调，全系统各级党组织和党员干部要以先进为榜样提升凝聚力、战斗力，激发起守初心、担使命的时代精神，为扬州建工控股系统党建工作高质量发展再立新功，推动全面从严治党向纵深发展。

扬州建工控股各级党组织和广大党员干部根据中央精神和省市委部署，坚持按照学习型党组织的要求，在学懂弄通习近平新时代中国特色社会主义思想上下功夫，以“不忘初心、牢记使命”主题教育活动为契机，对13个专题进行了集中学习，切实增强“四个意识”，坚定“四个自信”，坚定不移落实“两个维护”根本政治任务，确保党始终成为扬州建工控股事业的坚强领导核心。

扬州建工控股坚持党要管党、全面从严治党要求，履行监督执纪职责，围绕“清单明责、常态问责、督促尽责”三个关键环节，对党建工作进行目标细化和责任分解，进一步强化主体责任、强化责任追究、强化责任担当。本人利用年终调研时

机与基层党组织签订《党风廉政建设责任状》，党风廉政建设与生产经营工作一同部署，责任和考核一并落实，严格落实“两个责任”和“一岗双责”，聚焦主体责任，细化责任清单，健全完善问题导向、责任明晰、及时交办、定期汇报、动态监管、监督有力的工作机制，形成监督闭环，牢牢牵住“牛鼻子”。

廉洁宣誓

扬州建工控股持之以恒落实中央八项规定精神，加强作风建设监督检查工作，坚决防止“四风”问题反弹回潮，真正让落实中央八项规定精神融入血脉。各级党组织主要负责人和纪检委员经常性、广泛性开展谈心谈话，“扯扯袖子、咬咬耳朵”“红红脸、出出汗”，做到抓早、抓小，防止党员干部小错酿成大错，最大限度保护和激发党员干部干事创业的积极性。

扬州建工控股持续加强廉政建设，抓好党员廉政教育，不断增强党员干部拒腐防变能力，致力于将干净担当和勤政廉政统一起来，使得党员干部能够在面对问题时敢于迎难而上，面对困难时敢于挺身而出，面对诱惑时勇于说不。各级党组织通过组织开展观看廉政教育片、参观警示教育基地、视频会议、远程教育、群发廉政提醒短信等内容丰富、形式多样的宣传教育活动，并在公司网站开辟廉政文化专栏将开展示范教育、警示教育和岗位廉洁教育信息及时发布，营造出党员干部不敢腐、不能腐、不想腐的风清气正良好政治生态。

廉洁从业承诺

加强党员教育管理，探索符合企业实际的党员教育机制

扬州建工控股坚持问题导向，积极探索符合建筑业企业实际的党员教育机制，采取精准有效的措施，确保各基层党组织做到项目开拓到哪里，党支部、党小组就建立在哪里，党员流动到哪里，党组织的教育管理就跟进到哪里。

推动项目一线党建工作，使党建园地在项目部"遍地开花"，江苏华建深圳分公司党委是当地的一面旗帜。目前，该党委已在坝光人才公寓、壹城中心名园、新明医院、和平里花园二期、龙岗保障性住房EPC（公司受业主委托）等20余个项目上先后布置了党建园地。园地内有丰富的党建相关政策文件和原著书籍，使党建园地真正成为党员政治学习的中心、思想教育的阵地，党员干部在项目部就能做到"理论联系实际"，在学习理论中把自己摆进去、把职责摆进去、把工作摆进去，有力彰显了公司党员教育的文化和管理内核。

扬州建工控股坚持改革创新，适应时代发展要求，充分利用"建工大讲堂"和下属单位华建学院等学习宣传平台，结合电子化、信息化的学习教育手段，建立党建教育阵地，拓展宣传空间。在系统企业华建报、扬建报、网站等媒体开辟企业党群工作专栏，广泛拓展丰富多样的教育宣传形式。通过“学习强国”的学习来提升党员干部的修养和素养至关重要，截至2019年上半年，扬州建工控股“学习强国”App的注册人数已达702人，4 000分以上近百人，大家同在一个平台学习交流，成了“同学”，看要闻、学思想、答试题，将理论学习融于日常，使线上学习成为常态。

党员教育管理不仅要坚持“三会一课”、主题党日、集中培训等基本制度，更要通过树立学习身边先进典型和榜样等直抵人心的方式，使之更加有力度、有温度。近年来，扬州建工控股组织开展“庆祝改革开放40周年”“新中国成立70周年”等多项征文活动，共征集文章近百篇，集中展现一批先进人物和典型经验。通过选树和大力宣传身边的先进典型，在全系统进一步形成鼓励担当作为、崇尚苦干实干的良好风尚，进一步提振广大党员干部担当作为的精气神。

加强基层党组织建设，打造标准化党支部

习近平总书记深刻指出，党的工作最坚实的力量支撑在基层，最突出的矛盾问题也在基层。党的基层组织是党执政的组织基础，担负着直接教育、管理、监督党员和组织、宣传、凝聚、服务群众等重要职责。

这些年，扬州建工控股党委牢固树立大抓基层的鲜明导向，下属的5个党委和7个党总支，不断完善基层党组织体系建设，形成横向到边、纵向到底的管理网络。各基层党组织按照便于党员参加活动、党支部发挥作用的要求，科学设置党支部，合理划分党小组，切实将经费保障、政策保障、组织保障等各项机制落实，确保党支部正常运转、工作顺利开展。各级党组织注重加强党务工作者队伍建设，选好配强支部书记，提升支部书记的综合素质，通过组织任命和公推直选相结合的方式，切实将那些能力强、素质高、懂经营、善管理，群众拥护信赖的党员干部选拔上来，使其充分施展才华，发挥好带头人的作用。

扬州建工控股注重在统筹谋划、顶层设计上下功夫，2019年4月，印发了《扬州建工控股系统党支部标准化建设实施方案》，方案总结提炼各级党组织党建实践中的创新经验，加强党支部标准化、规范化建设，不断提高党支部建设质量。各级党组织把落实标准化建设作为基层党建工作的重要抓手，着力解决党支部建设中的突出问题，在补短板、强弱项上持续用力。在江苏华建新开工项目现场，党建园地、党员活动室、阅览室、宣传栏等阵地建设被放在项目部办公区突出位置，党旗和党员责任岗示范牌放大挂到了脚手架上去，党徽贴到了党员干部的安全帽上

去，每名党员都成为一面鲜红的旗帜，每个支部都成为党旗高高飘扬的战斗堡垒，成为建设施工现场的一道红色风景线。截至2019年上半年，扬州建工控股党支部标准化覆盖率已达到80%，建立了一批叫得响、立得住、推得开的标准化党支部，不断提升基层党组织建设质量。

经济建设是党的中心工作。扬州建工控股在强大"红色引擎"的驱动下，不断提高企业效益，增强企业竞争实力，实现国有资产保值增值。到2019年，公司连续四年获得"扬州市建筑业目标管理考核一等奖"，并获"安全生产目标管理一等奖"；系统企业江苏华建在中国承包商80强评选中位列第17位；在江苏省竞争力百强企业评比中，江苏华建、扬建集团分列第8位、第23位。2018年新创"中国建设工程鲁班奖"1项、"国家优质工程奖"2项、"中国钢结构金奖"3项、"中国土木工程詹天佑奖"3项，引领系统企业在复杂多变的内外形势下，转换发展动能，实现平稳高效运行，真正做到高质量发展。

当前世界经济形势正处于"百年未有之大变局"，建筑行业更是处于转型发展的关键时期，面对风险挑战，扬州建工控股全体党员领导干部将不断以习近平新时代中国特色社会主义思想为指导，坚决贯彻落实党中央决策部署，以强烈责任感和使命感，不断提升党建工作质量，为企业高质量发展提供坚强政治保证。

扬州建工控股党委书记　王　宏

宿迁交通集团：使命在肩，初心如磐，奋斗有我，不负众望

——宿迁交通集团高质量发展侧记

宿迁市交通产业集团有限公司（以下简称“宿迁交通集团”），成立于 1998 年，是宿迁市人民政府直属国有投资公司，现有控股及合资企业 12 家。主营范围包括公路施工、城市公交、长途客运、高铁配套、通用机场、物流园区等板块，以及资本运作、土地开发、道路养护、公共停车、汽车租赁等业务。集团总资产 230.97 亿元，净资产 150.85 亿元，资产负债率 34.7%。

宿迁交通集团秉承“服务交通、发展惠民”的企业使命，以“做优做强、创新创高”的发展理念和“人本、智慧、绿色”的服务理念为引领，立志成为快速出行、智慧出行、绿色出行、通勤出行、休闲出行、货运出行等为一体的领先的城市全出行服务运营商。集团先后荣获国家级“守合同重信用企业”；省级“先进堡垒党支部”；市级“中心城市重点工程建设先进单位”“目标考核先进单位”“金融工作先进单位”等多项荣誉，并五次蝉联年度市属国资国企工作经营业绩目标管理第一名。

聚心党建引领，启动红色引擎厚植发展根基

强根铸魂抓党建，凝心聚力促发展。宿迁交通集团在市委市政府的坚强领导下，在市国资委的有力指导下，坚持“做实党建，提升生产力；做强党建，提升竞争力；做细党建，提升凝聚力”的工作思路，始终以党建引领方向，用文化凝聚力量，形成了党建工作与企业发展同步跃升、相互融合的工作新格局。

“项目延伸到哪里，党支部就要建到哪里。”综合客运枢纽工程是宿迁市建市以来单体工程投资最大、结构最为复杂的工程项目。集团党委在工程一线成立宿迁市综合客运枢纽暨高铁商务区建设项目临时党委，下设四个临时党支部，形成“项目＋党建”新模式。党员干部在项目一线纷纷“亮身”，形成争先创优的“红色

集群”,与如火如荼的项目建设同频共振。

坚守“党建领航”初心,开展“下沉式”服务。集团党委找准党建工作与中心工作的切入点和结合点,在项目一线建成1 308平方米“党建·家”活动中心。活动中心室外部分设有运动区、健身区、休闲区等,室内部分设党员活动室、党风廉政教育室、法律咨询室等6个功能室。党员及外来建设者们在这里开展组织生活、技能培训,进行民主议事、矛盾调解,真正地在项目一线找到家、安下家、建设家。

以组织建设为引领,以阵地建设为抓手,以完善体系为着力点,以党员带动机制为突破口,集团“党建·家”书记项目让党员教育管理有力度、有温度,党建工作与项目建设紧密结合、凝聚力量,进一步释放发展合力,在宿迁大地结出创新之果,成为基层党建创新标杆。2019年,集团“党建·家”书记项目荣获全省国有企业党建“强基提质”提升工程创新案例二等奖,获评“全省交通运输行业优秀党建品牌”。在集团党委的领导下,宿迁市高速铁路建设发展有限公司党支部和江苏宿迁交通工程建设有限公司(以下简称“宿迁交建”)党总支获评“全省交通运输行业先进党支部”。

聚力项目建设,发扬工匠精神锻造硬核工程

及时当勉励,岁月不待人。“这次会议是集团新年第一会,我们组织大家到重点工程建设现场观摩,不仅仅是让大家走出办公室、走出个人小圈子去看一看,去感受施工现场紧张、热烈的氛围,更是要让大家真正习惯到工程建设一线找问题、解难题,全力推进工程建设。”2019年1月6日下午,在市综合客运枢纽建设工程现场,宿迁交通集团党委书记、董事长刘飞拿起麦克风,对参加观摩活动的工作人员说道:“今年,集团的各项任务只会更重,工作重心将转向城市交通。我们必须立足新起点、砥砺新作为,奋力谱写集团高质量发展新篇章。”

集团始终坚持“市场导向、专业运营、合作共赢”的经营理念,聚力重大项目建设,积极推进宿迁市综合客运枢纽工程、上海路(高铁站连接线)改造工程、江苏通湖物流园项目、宿迁大兴通用机场项目、宿迁高铁商务区市政配套工程、上海路东延项目等交通基础设施建设。

时间如刻尺,标记着奋进者的足迹。

徐宿淮盐城际铁路是江苏腹地最重要的铁路大动脉之一,有江苏铁路金腰带之称,而宿迁段综合客运枢纽工程堪称这条金腰带上的一颗明珠。宿迁市综合客运枢纽建设工程和上海路(高铁站连接线)改造工程于2018年2月全面进场施

工，自开工以来，集团实施“全天不间断”的无缝隙工作模式，加快项目建设进度，预计2019年年底具备运营条件。

2018年2月28日，江苏通湖物流园一期工程启动建设。打造“一站式服务”园区，满足线上服务、线下体验深度融合的物流基础设施建设快速推进，2019年底前一期工程将全部建成并投入运营，为提升物流运行效率、降低物流综合成本、优化物流空间布局、构筑全市物流信息网、打造苏北地区线上线下物流集聚高地奠定基础。

宿迁交建围绕走出宿迁、多元发展的战略，在取得公路工程总承包一级资质的基础上，又取得交通安全设施专业承包二级资质。2018年业务收入4.06亿元、利润3 518万元，签订合同5.85亿元，2019年上半年新签合同11.05′亿元……一连串振奋人心的数据彰显出宿迁交建的蓬勃发展。

航空方面，2018年初，集团积极落实省通用航空“十三五”规划决策部署，投资3亿元建设大兴通用机场，为市域周边提供应急救援、空中巡查、农林作业等公益通航服务，实现宿迁航空零突破，为全省实现通用航空应急救援布局网络提供支撑。

为确保工程建设优质、安全、廉洁、高效推进，集团成立重大项目建设指挥部，签订优质工程创建和廉洁工程建设责任状，为工程建设“画红线”“画底线”，严把材料进场关、过程检验关、竣工验收关，以工匠精神铸造精品民生工程，以工程项目高质量推动宿迁发展高质量。

无论是宿迁市综合客运枢纽建设工程，还是江苏通湖物流园一期工程，一个个样板工程，凭借过硬的品质，成为宿迁交通集团熠熠生辉的闪亮名片。

聚焦民生保障，履行社会责任淬炼服务品牌

以民为本，福荫百姓。近年来，宿迁交通集团以向社会提供安全舒适、便捷高效、低碳环保的出行方案为己任，以精品化服务为突破口，在服务品牌内涵提升和外延拓展上持续发力，通过便捷服务、创新服务、智能服务和温馨服务提升服务品质，着力打造集团交通服务品牌价值体系。

城市的生活像一首美丽的交响曲，一辆辆穿梭忙碌的公交车就是乐谱上跳动的音符。公交公司以建设人民满意公交为宗旨，优化调整公交线网布局、推广新能源公交车辆应用、推进信息化品牌服务。对待乘客热心、帮助乘客诚心、照顾乘客细心、服务乘客真心、救扶乘客暖心，“五心”服务温暖着每一位乘客。

民生无小事,枝叶总关情。为全面落实公交优先发展战略,加快推进公交基础设施建设,集团启动中心城市核心区公交站台改造提升工程,将公交站场建设列入中心城市民生工程,先后建成并投入使用22座公交场站,提升改造公交候车亭1 073座,较好优化了公交基础设施配套,全面改善市民出行环境。

宿汽集团以股份制改造激发企业发展活力,从思想上破难题、稳经营、促转型,依托“互联网+”,建设联网售票系统,开发运行“巴士管家”等手机App,通过全省联网平台,提升客运信息化建设水平和客流集聚度。加快开展运游结合,提供定制化高附加值服务,为乘客提供迅速、舒适、准时、优质的出行服务。

市公务用车调度中心创造“公车改革宿迁模式”,圆满完成对市级机关110辆公务用车的接收和运营工作,有效降低市级机关单位用车成本。按照“抓服务、保运营、精管理、塑形象、促发展”的要求,持续强化公务用车服务水平,获得省、市领导的高度评价和充分肯定。

荣誉见证实干,成绩彰显努力。公交公司一线驾驶员李春祥获评“全国交通运输行业文明单位职工标兵”、黄春艳获评“江苏省交通运输行业十佳文明职工”,公交102路、310路被授予“省工人先锋号”、宿汽集团刘静服务组获评“第七届江苏交通优质服务品牌提升品牌”,泗阳、泗洪班线15辆车获得“江苏快客”品牌班车称号……

荣誉的背后是安全的保障和高水平的服务。服务品牌建设是场持久战,需要持之以恒,久久为功。集团积极承担保障群众安全出行、提高公共服务水平的社会责任,以优质服务擦亮城市文明窗口。

公交公司购入60台新能源公交车

聚能科技创新，构建信息平台打造智慧交通

厚植发展沃土，释放“智慧+”新动能。近年来，集团以科技创新为突破，不断提升智慧管理水平，打造科技交通企业亮点。

集团在完善治理体系、优化管控模式、建立监督机制的基础上，积极探索与现代企业运营管理相适应的科技管理体系，建设企业资源计划（ERP）系统，将集团各板块的实际需求与信息技术完美融合，构建快速反应、紧密协作、运营稳定的集团全程一体化信息管理体系，实现各板块、各环节全程无缝管理，有效提升集团核心竞争力。

集团充分发挥国资平台公司资源聚合优势，构建充满活力的综合交通信息共享平台。建设涵盖公交调度、公交运营动态监管、公交行业基础设施管理和服务质量考核等的公交信息管理平台，提高城市公共交通管理能力。完善以“公交E出行”“宿迁好停车”等App为代表的公共出行平台系统，为市民提供方便的出行、快捷的引导、便捷的查询、多渠道的信息和安全舒适的乘运环境，打造全出行服务运营商线上平台。利用大数据、云计算、车联网、移动互联等新技术，构建全市物流信息公共平台和园区一站式服务平台，有效降低物流成本，真正做到“一点发全国”。整合全市公共停车资源，建成宿迁市首个智慧停车信息平台，打造全市智慧停车“一张网”，创建“资源整合、信息共享、一站服务”的停车管理宿迁品牌。

加强高新技术的研发和攻关，鼓励和引导项目在建设中运用新工艺、使用新方法。加快推进安全生产信息化建设，运用安全预警和实时监控系统对施工工地进行全程监测。宿迁交通集团积极探索科技创新的脚步从未停歇。

聚合四圈打造，完善交通布局畅通出行网络

集团承接公交优先发展规划，着力构建“半小时城市出行圈”，加快公交都市建设，提升市内交通的便捷性、准时性和灵活性，打造形成中心城区半小时覆盖主要节点的高效出行圈。

承接交通发展规划，着力构建“一小时枢纽辐射圈”，在公路建设上实现宿迁与周边城市快速连通，在铁路对接上实现与国家重要铁路运输通道和节点城市的连通，在通用航空上实现从无到有的突破，使宿迁成为区域交通网络上的节点城市，实现客流、商流的快速出行。

承接物流重大项目建设，着力构建“两小时物流集散圈”，塑造苏北地区重要

的物流集散节点,将通湖物流园打造成为以科技应用为支撑的“一站式”综合型物流园区。

承接全域旅游战略,依托立体交通系统的建设和重要交通枢纽的集散作用,着力构建“三小时交通旅游圈”,打通宿迁旅游对外大通道。

蓝图已绘就,奋进正当时。宿迁交通集团党委书记、董事长刘飞表示,集团将在习近平新时代中国特色社会主义思想指引下,做改革的“开拓者”、做责任的“担当者”、做发展的“思考者”、做事业的“推进者”,进一步做强工程施工、做优运输服务、做精资本运作、做实产业创新、做人联盟合作,奋力推动集团高质量发展走在前列。

大路朝阳,满载宿迁人民致富小康的希望;长路如歌,奏响西楚儿女高质量发展的乐章。开启新时代,迈向新征程,宿迁交通集团人开拓创新,务实苦干,攻坚克难,为推进高质量发展“六增六强”、决胜“强富美高”全面小康新宿迁再做新贡献!

上海路(高铁站连接线)改造工程和宿迁市综合客运枢纽工程

宿迁文旅集团:扛起政治责任,彰显使命担当,全面擂响创国内知名文旅企业激越鼓点

宿迁文化旅游发展集团有限公司(以下简称"文旅集团")于 2016 年 11 月 30 日成立,为市政府直属国有独资公司,定位为集旅游策划、投资融资、开发建设、运营管理为一体的大型文化旅游龙头企业。成立三年来,在市委市政府的坚强领导下,在市国资委等部门的关心支持下,文旅集团党委深入学习贯彻习近平新时代中国特色社会主义思想和党的十九大精神,紧紧围绕"五年内创省内知名文旅企业、十年内创国内知名文旅企业"的愿景,通过专业化、市场化、实体化运作,全力整合区域大旅游,推动发展高质量,在加速建设国内旅游名城中发挥龙头引擎作用。

凝心聚力谋发展,在推动转型升级中彰显企业之职

从 2016 年到 2019 年,时间见证奋斗者永不停息的脚步。

这是一份沉甸甸的成绩单:文旅集团荣获"最美中国·最具影响力企业品牌"及"2018 年江苏最佳旅游品牌奖"等奖项;三台山景区获批国家级森林公园,入选首批全省旅游风情小镇,获得省新十大旅游目的地、省十大新景区、省十大最美赏花地等 20 项荣誉,成功通过 ISO 9001 质量管理体系认证;项王故里景区获得"2018 年度最具文化魅力旅游景区"、省旅游项目建设"创新优胜奖"等 10 余项荣誉,成功通过国家级服务业标准化试点验收;景区主营业务收入和接待游客人数两大核心指标均始终保持 30%以上高位增长。

成绩体现担当。三年来,文旅集团党委以推动宿迁文化旅游产业发展为己任,聚焦主责主业,在项目开发、景区运营、营销推广、资源整合等方面不断开拓创新,有力推动全市旅游产业发展,初步彰显在全市旅游产业发展中的龙头和引擎作用。

围绕做大做强宿迁市核心景区,深入挖掘两个景区历史、人文、生态等方面资

源，组织策划了以音乐、体育、亲子、演艺等为主题的各类活动，同时围绕提升景区品质、增强游客体验，不断丰富旅游产品供给，大力推进旅游配套提档升级，先后打造了中华珍奇文化紫薇园、玻璃艺术馆、海棠湾轻奢度假酒店、村上·花房里、隐花间民宿、银杏楚风酒店等新产品，初步实现了景区发展由观光型向休闲度假和文化体验型转变。

围绕提升宿迁市旅游知名度、打造目的地城市，综合采用营销宣传、活动推广等多种手段，在较大范围内打造宿迁旅游形象和推广重点旅游项目。三台山国家森林公园、项王故里两个景区和先后打造的梨兰会、衲田花海、宿迁灯会等旅游品牌，被央视、人民网、新华日报等 50 多家知名媒体争相报道；同时建立线上线下、传统媒体与新媒体融合的立体化宣传模式，以整体性思维推进宿迁旅游品牌宣传，成功将市场半径拓展至 1 000 公里以外的山西、黑龙江、四川、湖南、江西等远程省市，宿迁作为我国东部地区新旅游目的地城市的地位逐步树立。

在文旅集团主体项目的带动下，市内龙王庙行宫、洋河酒厂、洪泽湖湿地公园等景点实现了由点到面的整合提升，同时，以景点为支撑，各类餐饮住宿、房车营地、乡村旅游等项目不断涌现，旅游产业发展日益蓬勃，宿迁大旅游格局初步形成。

在挂钩村和结对社区实施 6 个帮扶项目，累计投入和协调各类帮扶资金近 300 万元；常态化开展文明城市长效建设；定期组织慰问驻宿官兵，帮助改善基础设施，安置军属；积极参与扶贫助学、爱心捐赠等各类公益活动，有效履行社会责任。

项王故里

突出规范抓党建，在落实管党治党责任中强基固本

事业兴衰，核心在党，关键在人。文旅集团党委牢牢树立“国企姓党”意识，始终把抓好党的建设放在重要位置，以强化基层组织建设和党员作用发挥为重点，切实推动党建各项工作落到实处。

党员教育扎实有序。以“两学一做”主题教育常态化为抓手，创新方式方法，不断加强党员教育。一方面，教育引导党员干部加强对马列主义、毛泽东思想、中国特色社会主义理论体系的学习，筑牢信仰之基、补足精神之钙、把稳思想之舵，不断提高政治认识、思想觉悟和理论水平。另一方面，强化党性锤炼，组织党员干部深入红色教育基地，了解革命历程，传承革命传统、重温入党誓词、开展警示教育，引导广大党员干部牢记共产党员的职责和使命，树立正确的世界观、人生观、价值观和权力观、利益观、事业观。

文旅集团党员大会

组织建设更加规范。文旅集团成立后，第一时间成立集团机关支部和三台山景区支部，指导项王故里景区支部进行换届，保证组织机构常态健康运行。认真执行“三会一课”、组织生活会、党员活动日、谈心谈话、民主评议党员、领导干部双重组织生活等基本制度，严肃党内政治生活。扎实开展国企党建“百日行动”，深

入查摆存在问题,大力推动整改落实,集中解决了基层党组织中会议不规范、会议记录缺失、党员身份资料不完善等问题。连续三年实施“红色党建进景区”书记项目,以抓项目、树特色、促提升、立形象为要点,将红色党建与旅游业务相结合,与加强基层组织建设、提升党员干部修养相融合,打造了宿迁市书记项目中一道靓丽的风景线。

先锋作用持续显现。文旅集团领导主动下沉一级,组织关系转到所分管景区,带头以普通党员身份参与支部活动,放出样子,做出表率。深入实施党员先锋示范岗创建工作,按月评选优秀党员,根据岗位特点开展亮身份、亮职责、亮承诺“三亮”活动,充分发挥广大党员干部典型示范和模范带头作用。认真做好党员发展工作,把党员发展和干部培养选拔相结合,坚持把信念坚定、素质过硬、作风优良的业务骨干人才吸收到党员队伍中,保持党员干部先进性和纯洁性。

砥砺奋进再出发,在高质量发展中擦亮宿迁旅游品牌

百舸争流千帆竞,不忘初心奋者先。成绩属于过去,今后五年,文旅集团坚持以党的建设为统领,聚焦文旅集团发展主业,全力整合全市旅游资源,进一步壮大实力,凝聚内力,扩大影响力,增强竞争力,推动集团高质量发展,努力把集团建设成为省内知名文旅集团。

——党的领导持续加强。全面深入落实加强党建和全面从严治党要求,进一步凸显党委核心领导和政治引领作用,切实推进各基层党组织加强自身建设,严格规范政治生活,实现党的建设和企业的发展同频共振。

——综合实力加速提升。购票入园人数、旅游收入等经营指标继续保持较快增长,景区内“吃住行游购娱”全要素产业链条进一步健全,宣传营销范围进一步扩大,景区知名度和影响力进一步增强,二次消费收入快速增长。

——文旅版图初步构建。推进皂河龙王古镇、新盛街历史风貌区、三台山二期康养旅居、项王故里三期等项目建设,打造全国知名的特色旅游新品,初步构建以特色观光、生态康养、文化体验、古镇休闲、历史街区为主要旅游项目,覆盖“吃住行游购娱”全要素体系的文旅版图。A级景区等品牌创建取得突破性进展。

——龙头作用快速彰显。实施“走出去”战略,通过委托运营、资产整合、对外投资等方式,进一步整合全市旅游资源;加大文旅产品开发和营销,以集团下辖景区为核心的精品旅游线路串联带动效果更加明显;策划和运营水平明显提升,为市内文旅项目运营、开发提供支持。

——运营管理更加精细。市场化、专业化、科学化管理体系初步建立，以市场为导向、以营销为核心的管理理念得到深入贯彻，人才队伍建设得到进一步加强，员工的执行力、服务意识得到全面提升。

目标既定，奋力向前。党员大会明确以“不忘初心、牢记使命”主题教育为抓手，牢牢把握国企发展的正确方向；以加强党的政治建设为重点，全面推进管党治党责任落实；以构建全市大旅游格局为目标，全力整合资源发挥龙头带动作用；以深化改革创新为关键，加速提升集团精细管理水平，全力推动文旅集团继续保持高质量发展，为宿迁市推进“六增六强”、如期建成全面小康社会做出新的更大贡献！

党委书记、董事长　陈　伟

连云港氨纶公司：不忘初心话发展，牢记使命谋跨越

连云港杜钟新奥神氨纶有限公司（以下简称“氨纶公司”）走过了30多年的风云变幻，曾创造过辉煌，也曾经历苦难，不变的是“氨纶人”追求梦想、创造卓越的信念。一代又一代的“氨纶人”为之奋斗，他们为氨纶公司奉献了青春、汗水，冥冥之中已然成为氨纶公司所有员工心中的丰碑，他们的精神感化、激励着我们为了实现氨纶梦“不忘初心　负重前行”。伴随着新中国成立70周年的沧桑巨变，让我们怀着无比崇敬的心情来一起回味氨纶公司跌宕起伏的发展历程，一起畅想氨纶公司美好的未来。

公司全景

开拓创业之艰辛

作为一种重要的纺织原料，其服装制品柔软而富有弹性，穿着时既贴身又无

约束感，让人感觉十分舒适，氨纶也因其具有提高织物档次的效果而被誉为纺织品的“味精”。氨纶生产成本高，作为化学纤维家族中的“贵族”纤维，价格曾经非常高昂，高档弹性织物也一度只有欧美等发达国家才消费得起。中国氨纶工业的快速发展，不仅极大地拓展了下游应用领域，而且也使氨纶迅速地走向平民化，弹性织物越来越普遍。

20世纪70年代，当时国内对氨纶基本上没有概念，就连中国纺织部对氨纶也知之甚少，我们提出氨纶生产项目申请遭到了包括省纺织厅在内的很多部门的否定。经过深入的调研，我们采集到了很多数据：当时美国人均消费氨纶丝45克，美国人口为2亿人。对比中国的人口和市场，氨纶丝面临巨大的市场，前景可观。

据参与前期项目立项的一位领导回忆，1975年纺织部曾经在天津召开过一次氨纶研讨会，江苏只有一名与会代表。我们通过多方打听，几经周转终于找到南通的这位参会代表，收集到不少难得的会议资料。由于当时国内对氨纶了解太少，公司将调研的重点放在了国外，邀请到北京纺织设计院的朋友帮忙，奔赴北京的各大宾馆，想方设法与驻外人员接触，多方打听收集相关资料，后来收集到美国、日本的不少关于氨纶丝生产原料、生产工艺、市场开发、后道应用等方面的数据资料，经过比选最终决定使用“东洋纺”干法工艺。经过认真的调研，将相关材料分析整理，终于形成了中国第一份“关于氨纶生产的可行性研究报告”。万事俱备只欠东风，争取到政府部门的立项尤为关键。氨纶生产项目落户连云港的想法得到了当时连云港市市长的大力支持，市长亲自为氨纶立项的事情到北京进行活动争取，经过多次不懈的努力，纺织部终于审批通过全国第一批（两家）氨纶生产项目，分别落户在连云港和烟台。

通过项目审批，落地生产的关键是建设资金。改革开放之初，全国各地各类工业项目如雨后春笋般发展，但是由于国家经济薄弱，如何能争取到启动资金，成为当时我们考虑最多的事情。经过多方打听，我们终于了解到有一项专项资金共计3 000万美元是专门为14个沿海开放城市设立。为了争取到资金，我们多方邀请国内研究氨纶的专家、学者，组织他们专门向领导作专题汇报，消除领导的顾虑。在与银行的沟通过程中，公司领导带领相关人员出差在外，为了省钱，经常随身携带奶粉和馒头，住在地下室里。功夫不负有心人，在杨总的努力下，我们终于向银行争取到500万美元的启动资金。

成功立项，资金到位，下面就是抓紧时间建设投产。为了早日投产达效，公司在与施工建设单位签订协议时,专门约定:提早1天建设完成,奖励施工单位1万元。最终,项目建设比计划提早20天完成,公司终于在1987年8月31日成立,1992年正式投产,成为我国80年代末90年代初发展合成纤维、加快高新技术产业发展过程中新建的第一批氨纶生产企业。设备安装完成后,为了确保产品质量,我们并没有急于投产,而是用了1个月的时间反复进行试车。正式投产后,果然如预期一样,产品质量可靠,供不应求。当时国内的氨纶丝基本以进口为主,而美国杜邦出售的氨纶丝在国内卖到80万元/吨,连云港氨纶公司的顺利投产打破了我国氨纶丝被国外垄断的局面,销售异常火爆。省纺织厅当时与我们公司沟通,想把氨纶丝的销售权全部收归省纺织厅。公司领导处于长远发展的考虑,认为销售权不能全部上交,这样难免会受制于人,不利于公司的健康发展。

发展壮大之始末

沐浴着改革开放的春风,全国各地各类工业项目如雨后春笋般发展,连云港被确立为14个沿海开放城市之一。我们也把握时机多方筹措资金,扩大生产规模,成为当时国内最大的氨纶丝生产基地。在公司成立之初,公司就敏锐地意识到企业品牌的重要性。公司建厂恰逢亚特兰大奥运会举办,公司领导认为我们的企业应当传承奥运精神,将更快、更高、更强的奥运精神在氨纶公司发扬光大。作为国内最早的氨纶生产企业,要打破国外垄断,将氨纶丝的销售遍布神州大地,进而销往世界各地。因此,“奥神”品牌应运而生,取了奥运精神的“奥”和神州大地的“神”。

在公司发展之初,为了进一步降低成本,保证利润,我们没有满足已经取得的成功,仍然不断想办法降低原材料的成本。有这么一个小插曲:当时氨纶丝的原料来源是日本的一家公司,在与其就原料价格谈判的过程中,采购价格基本敲定,马上准备签合同。一个偶然的机会,我方翻译得知了对方的谈判底价,向领导汇报后,领导借故离开,电话通知我方谈判人员暂停谈判准备回国,并有意与日方透露我方有意与其他企业签署购买合同,价格为日方的底价,后日方最终与我们以底价签署原料采购合同,为公司进一步降低了原料成本。

公司在后来的发展过程中,先后与美国杜邦、英威达公司进行了长达10余年的合作,建立了独特的技术优势并积累了先进的管理经验。经过30多年的发展,公司陆续上马新的生产线,以扩大产能,从一期、二期一直发展到现在的八期,目前公司资产总额10亿元,占地面积10万平方米,职工600余人,年产30 000吨氨纶丝,产品规格覆盖12D—840D,广泛应用于经编、纬编、机织、包纱、织带、织袜、纸尿裤等领域，公司还可根据客户需求进行个性化定制。差别化率达到30%，遥遥领先同行其他企业，在国内外差别化氨纶市场领域享有很高的声誉，产品成功销往全球二十几个国家和地区，是国内品种最齐全的氨纶丝生产基地。公司建有省级企业技术中心，配备成套的先进实验检测装置，有多项成果获省、市科技进步奖，品牌产品连续多年入选“中国纤维流行趋势”，成为国内差别化氨纶纤维的领导者。

再创辉煌之期盼

当前，全党正在开展“不忘初心、牢记使命”主题教育，在新中国成立70周年这个重大历史节点，勤劳睿智的氨纶人坚定发展信心，凝聚发展力量，以战略的眼光定位企业发展，决心把握机遇再创辉煌。随着国家“一带一路”建设的加快推进，连云港作为“一带一路”战略规划确定的新亚欧大陆桥经济走廊首要节点城市、中哈物流中转基地和上海合作组织成员国出海基地，多项国家战略机遇叠加，综合集疏运体系和物流服务体系不断完善，将为氨纶公司带来发展红利，为公司差别化战略的实施提供天然的战略优势。国家层面陆续推出了“减费降税”等一系列助力制造业企业发展的政策，以助推制造强国战略的实施，连云港市委市政府将工业立市产业强市作为主攻方向，可以期待必将有更多的政策利好惠及氨纶公司，助力氨纶公司加速发展。

2000年10月12日连云港钟山氨纶有限公司（公司前身）与杜邦中国集团有限公司合资签约仪式

从产业发展看,全世界氨纶需求量的持续增长给行业持续发展带来了商机。据统计,近几年世界氨纶应用领域不断扩大,同时高含氨织物不断出现,需求量平均每年以8%—12%的速度增长,还有很多有待开发的市场。以中国为例,我国人均年氨纶纤维消费量已由20世纪末的每人每年几克上升到目前的每人每年二十几克,但这个数字比欧美国家人均100—200克的消费量还有相当大的差距,更何况欧美国家的人均消费量还在持续上升。弹性服饰的消费在偏远地区和农村有着巨大的潜力,随着中国农村城镇化战略的推进,将进一步拉动消费需求。这些因素将极大地推进氨纶弹性针织面料和服装的发展。在世界化纤格局进行巨大结构调整的大背景下,世界氨纶产能也快速向亚洲转移,这就为中国的发展提供了空间,目前中国已经成为世界氨纶生产大国,占全世界近85%的产能和82%的用量。基于中国纺织工业未来还将有持续的发展需求,我国氨纶未来的市场发展前景还是非常广阔的。

从企业自身讲,公司具备诸多的“新优势”:公司有门类齐全、实力雄厚的工投集团支持。氨纶公司作为工投集团的龙头企业,从工投集团对七期、八期工程的不断注资建设来看,氨纶公司的战略发展得到了工投集团的大力支持。在今后一段时间里,工投集团必将全力支持氨纶公司发展壮大。公司有高瞻远瞩、坚强团结的领导班子带领。氨纶公司的领导班子成员大都是在公司从基层一步一步走到领导岗位的,他们见证过氨纶公司的辉煌,也携手助力公司渡过难关,对公司有着难以割舍的情怀。面对公司产能不大的劣势,公司领导审时度势确定走差别化战略的策略,事实证明这是公司领导层团结协作、睿智英明的选择。公司有忠诚担当、团结奋进的员工队伍依靠。连云港有30年历史的企业屈指可数,而氨纶公司经历了30多年的沧桑巨变。员工将自己的前途和公司的命运联系在一起,与公司同甘苦共患难,因为他们坚信公司必将再创辉煌。在这个过程中,公司锻造了一大批忠诚可靠、团结奋进的员工队伍,也正是这些可爱的“氨纶人”积淀了公司独特的“氨纶精神”。公司有开拓创新、屡创佳绩的研发队伍助力。在氨纶公司,有一群肯吃苦耐劳、内敛但不乏创新的智者,他们夜以继日地奋战在实验室,不厌其烦地奔波在生产线和研发中心,一次次给我们带来惊喜,陆续推出八大系列差别化产品,他们的研究成果连续多年入选“中国纤维流行趋势”,引领行业潮流,这些都是公司研发人员智慧与汗水的结晶。正是他们的默默付出,奠定了公司走差别化战略的基础,也成为公司立足氨纶行业最强的竞争力。公司有多年积淀、系统科学的管理理念保障。作为国内第一批氨纶制造企业,氨纶公司先后经历了与美国杜邦、英威达公司进行长达 10 余年的合作，建立了独特的技术优势并积累了先进的管理经验，公司与时俱进，不断汲取着先进的管理理念。这样的发展经历在行业内绝无仅有，也是公司最有力的优势所在。

公司领导层高瞻远瞩确立了产业链延伸计划，不断拓展经营范围。公司将通过 1—2 年时间，加大研发投入，以研发中心为主体，加强产学研合作，集中力量进行差异化产品的推广和研制，争取差异化率达到 40%以上。与此同时，一方面，创新拓展下游产业，发展“奥旎”智能纺织材料品牌，提升品牌形象。通过 3—5 年时间，继续实施差异化战略，保持品种领先，不断拓展下游纺织品业务产销量。另一方面，考虑与上游供应商合作，在连云港石化基地建设主原料工厂。通过 6—10 年时间，利用自有技术优势继续扩大规模，成为国内重要的弹性纤维供应商，并考虑参与国内行业重组，到东南亚等海外建厂，拓展其他新材料。

蓝图已经绘就，勤劳、智慧的氨纶人初心如磐、使命在肩，将坚定信心、凝聚力量，始终保持昂扬的斗志，同心协力、开拓创新，铸就氨纶辉煌，共同实现“氨纶梦”！

连云港杜钟新奥神氨纶有限公司　孟旭东

南京浦口国资集团：在不断改革突破中精益发展

集团办公楼照片

2019年，是新中国成立70周年，南京市浦口区国有资产投资经营有限公司（以下简称“南京浦口国资集团”）坚持党的领导、加强党的建设，高举习近平新时代中国特色社会主义思想伟大旗帜，树牢“四个意识”，坚定“四个自信”，对标党的建设总要求，树立系统化思维、注重规律性把握，加快高质量党建步伐，并以高质量党建推动企业高质量发展。

高质量发展既是时代的命题，也是南京浦口国资集团当前和今后一个时期担负起的更大更光荣的使命。自2012年3月成立以来，南京浦口国资集团已经走过7个多年头。面对国有企业改革发展新形势、新要求，南京浦口国资集团不断积极探索改革转型路径，坚持深化改革，创新发展思路，将“改革创新”与“精益管理”相融合，通过完善体系、精工建设、创新融资、精耕管理，在不断突破中寻求精益发展，为企业发展航帆蓄力，为“江北明珠”建设贡献力量。

体系完善：精细管理，壮大企业规模

集团主要承担浦口区公益社会事业类项目的融资、建设、运营和国资管理等任务，经营范围包括：民生社会事业类项目的建设、运营；土地一级市场开发、地产置业以及持有物业经营；理财类、投资类、风投类等金融类业务；参与新设、并购、参股、控股等资本投资类业务，参与全区产业项目投资及重大基础设施的股权投资等。

集团成立初期只有10余人，目前发展为100余人；成立初期只有四个部门，目前架构完善，为七部一室；成立初期注册资本8.15亿元，通过数次增资，目前已达44.6亿元。走过7个多年头，集团的职工数量、组织架构、资产状况逐步发展壮大。

为突出精细化管理、专业化分工，集团内设综合管理部、计划财务部、运营管理部、合同预算部、工程建设部、规划设计部、前期发展部、监察室七部一室。整体拥有一支年轻化、专业化、高素质的干部队伍，职工平均年龄为34.6岁，本科及以上学历占比88.4%，拥有中高级以上职称和职业资格的职工占比58.9%。

集团下属公司共计35家，其中全资子公司17家，控股公司4家，参股公司9家，下属单位5家。截至2019年6月底，集团资产总额452.75亿元，净资产总额169.74亿元，资产负债率62.51%。集团资信评级为AA+。

集团发展过程中，围绕“人、财、物、事、权”重要职责，不断完善集团干部管理、廉政建设、行政管理、财务管理、工程管理等各方面内容和流程。在主营业务方面，先后制定了《工程建设管理办法》《财务管理制度》《子公司管理办法》《绩效管理制度》等；在内控管理方面，先后制定了《“三重一大”工作管理办法》《作风建设实施意见》《预防职务犯罪工作制度》《档案管理制度》等规章制度，并在日常工作中严格贯彻落实，推动集团各项工作规范化、制度化、长效化。在决策过程中，坚持完善民主集中制，逐步健全集团领导班子议事规则，坚持原则、讲究程序，重大事项上领导班子会、重点工程领导小组会、业务专题会研究决定，确保政令畅通、令行禁止。

项目建设：精工筑梦，注重品质提升

集团主要职能之一便是承担南京市浦口区民生项目的建设任务，成立之初，集团将项目建设的规范性、专业性放在工作首位，在项目推进过程中，建立了规划设计、合同造价、工程建设三责分离机制，在锤炼干部职工工作能力的同时，确保浦口体育中心、文化中心等大型公建类项目前期手续合规、建设流程规范。

随着浦口区城市建设的不断推进，集团承建的民生项目数量逐渐增多、体量不断加大。面对愈加繁重的建设任务，集团不断理清头绪、强化管埋，在规划设计、合同造价、工程建设三责分离机制的基础上不断探索创新，建立健全了一整套科学的工程建设管理体系。例如，在工程建设前期阶段创新建立前期全流程报建系统，在规划设计阶段创新建立图纸三级审查机制，在合同造价审核阶段创新建立中介服务机构工作评价机制，在工程现场管理阶段创新建立安全生产互查机制和效能督察机制，切实通过“一个系统四个机制”有效保障集团重点民生工程建设的有序推进。

近年来，浦口市民中心、浦口文化中心、浦口体育中心、浦口区中医院改扩建项目、浦口区中心医院二期、财八路小学、台海科工园国际学校、江浦实验小学、浦口区不动产交易与登记中心、浦口区委党校文体活动中心、浦口气象防灾科普基地、“草圣书乡”美丽乡村、“山贡里人家”美丽乡村等 20 余个大小项目相继建成完工投入使用，总投资额近 40 亿元。

为推进所有在建项目按时保质推进，集团根据工程建设的总目标、总任务，将任务分解细化到月，明确各项工作标准和完成节点，形成具体的、量化的、可执行的月度绩效指标。此外，针对集团各项目涉及教育、医疗、民生等特点，创新项目矩阵式管理模式强化项目管理。成立专门项目管理部，并对各项目部工作职责、建设任务等做出进一步界定，明确了“项目部经理对整个项目前期、规划设计、招投标、现场施工、竣工验收负总责”的全过程管理。项目部内明确经理、现场工程师，以及后台技术服务团队（主要由集团各部门的专业技术人员构成），切实将现有纵向管理机制，优化成为“以项目部横向管理为中心、纵向技术服务为支点”的矩阵式管理新模式。

在南京国家现代农业产业科技创新示范园区（科创中心）、南京医科大学第四附属医院、浦口公安分局交警大队迁建工程、街道卫生服务中心等在建项目中，集团便采用了上述矩阵式管理模式。集团定期对各项目部进行绩效考核，对项目经理作用发挥、项目部整体工作进行考评，确保集团在建项目按时、保质、安全推进。2019 年，集团承担浦口区政府 1 号文重点工程建设项目共 18 个，其中续建项目 8 个，新开工项目 10 个，目前已完成项目投资 11.445 亿元。

集团作为浦口区社会事业类公建项目建设的“排头兵”，在项目建设中不断突出技术、工艺创新，抓牢安全生产、扬尘管控，推进优质工程、精品工程建设。在浦口文体中心项目中，采用主体立面屈曲约束支撑技术、ALC 蒸压轻质混凝土新型墙体板材、三集一体除湿、呼吸式幕墙、雨水回收利用系统等一系列新技术、新材料、新设备，为打造浦口绿色低碳大型公建类项目趟出路子、树立标杆。集团公建项目在技术创新、绿色施工方面做了积极有益的尝试，获得“全国建筑业绿色建造暨绿色施工示范工程”，省、市建筑施工标准化文明示范工地、“金陵杯”南京市优质工程奖、南京市扬尘污染防控示范工地等多项荣誉。由于拆旧重建、节能环保等优势，浦口区中医院改扩建项目已正式通过南京市既有建筑节能改造的示范项目立项评审，并获得专项补助资金。

融资发展：精益创新，做到审时度势

集团成立初期，在经济形势严峻和金融政策趋紧的双重影响下，积极拓展融资方式，推进信托理财等新模式，巧借医院、学校等各类主体借壳融资，加大项目包装力度，积极推动项目贷和流贷的申报。

随着浦口区水利项目建设的不断推进，传统融资方式已不能满足社会事业类工程的建设资金需求。集团积极创新融资方式，首次成功以下属全资子公司申报并发行中小企业私募债券 3 亿元，为加快区水利现代化建设、推进全区水利事业跨越发展提供了坚实有力的保障。在寻求多种融资方式的同时，集团积极开辟省外融资市场，对接省外资源，成功地与在江苏未设营业点的厦门国际银行达成合作，并通过该行上海分行顺利融资 1 亿元，呈现从“引进来”逐步转变为“走出去”的良好态势。

2014 年，集团成立以来首次开辟中国银行间市场交易商协会融资渠道，通过民生银行承销申请注册了 12 亿元短期融资券，并于同年发行第一期短期融资 6 亿元，票面成本 5.89%。此次短期融资券是中国银行间交易商协会开放通道后审核通过的区级融资平台第一单公募债券产品，也是全区、全市甚至全省区级平台在公募市场上的有益尝试和成功实践，同时也是浦口区投融资工作史上一个划时代的转折点。

之后,在保证工程建设资金的基础上,集团更加重视对国家融资政策、经济形势、宏观调控等方面的学习和研究,敏锐捕捉融资政策变化带来的机遇和挑战,根据国家金融政策导向,审时度势,因势利导遴选最优融资方案,做到掌握政策、利用政策、用足政策,最大限度减少政策变化对平台融资工作的影响和冲击。

2015年,集团成功注册浦口区首支25亿元五年期中期票据,这是继成功发行12亿元短融后,集团在全国直融市场的又一力作。它的注册成功开创了浦口区多渠道融资的新局面,为浦口区各平台开拓直融市场趟出了路子、提供了更为广阔的空间。

2015年,集团还成功获批第一期非公开定向债务融资工具(PPN)15亿元、成功注册三年期永续中票25亿元。与以往由国家发改委主导的企业债审批发行不同,PPN属于由央行和中国银行间交易商协会针对市场信用评级相对较高的主体主导发行的债务融资工具,较传统银行贷款相比,PPN融资工具具有发行额度大、成本低和期限较长的优势。而永续中票没有固定期限,每3年一个周期可以选择赎回,可以更加有效地平衡资金需求和降低融资成本,进一步提升集团在整个银行间债券市场的认可度和接受度。

2016年,集团积极探索以引入股权投资的方式筹集资金,成功获批宁波银行7.9亿元、北京银行10.5亿元股权融资产业基金。基金采取增加集团权益方式,重点投向区域内环境综合治理、基础设施建设等方面。在解决了资金途径的基础上,同时实现了集团合并所有者权益的增加。此外,积极响应国家关于开展PPP(政府和社会资本合作)投融资模式的号召,首次尝试引入社会资本方参与南京医科大学第四附属医院等项目建设,不仅成功搭建了利益共享、风险共担的机制,并且有效解决集团在基础设施投资和运营上的资金压力。

至此之后,集团进入资产规模不断扩大、直融产品“百花齐放”的时期。

2017年,集团主体信用等级获评AA+,为下一步资产证券化融资奠定了基础。该年,集团成功新注册25亿元短融、10亿元超短融、10亿元PPN等直融产品,同时以较低成本发行了15亿元永续中票、7亿元PPN,使集团资金处于良性循环,有效防范阶段性债务融资风险以及保障企业可持续性发展。

2018年,积极以AA+主体信用评级为依托,不断实现直融突破,再创融资成本新低。发行了债权融资计划、PPN、短融、超短融等直融产品,合计金额达34亿元。其中,短融与超短融分别以4.35%和4.2%的超低票面利率发行成功,两笔发行价格在同期全国区级融资平台中均属于最低水平。

2019 年，为了打破过去以来一直局限于银行传统融资方式以及银行间市场交易商协会融资的渠道，集团于上海证券交易所成功注册并发行 10 亿元公司债，期限五年，票面利率仅为 4.75％，具有重要里程碑意义，为集团多层次、多元化、多渠道的融资体系进一步打开了新的局面。此外，集团积极探索资产证券化融资，历经一年半的奋力攻坚，成功运用浦口市民中心、体育中心租金收益权于银行间市场交易商协会注册 10 亿元资产支持票据（ABN）。此项目作为集团应用自持商业地产证券化的重要创新举措，成立了省内国有企业首个注册成功案例。

运营管理：精耕细作，有效盘活资产

集团成立伊始，按照摸清家底、整合资产、探索经营的运营思路，集中开展了土地房产、对外投资等情况梳理确权工作。在理清资产状况的基础上，集团主动与相关产权单位沟通和协调，做到产权明晰、权证齐全，做好国有资产的接管和看护，推进权证的办理和过户，让公共资源真正成为有价值的资产。

一是对产权归集团所有但未实际控制的资产，探索分类采取“资产实转、资金空转”或“资产实转、资金实转”的方式，改善公司财务报表状况，增加国有资产收益。对于产权归集团所有且实际控制，特别是未开发的土地资产，将分类采取收储、转让或综合开发的方式最大限度发挥资产效益，增加国有资产经营收入。

二是在摸清资产家底的基础上，集团继续推动资产优化整合，努力提高资产经营效益。对一些老旧资产进行再开发，积极梳理整合全区优质土地资产、企事业单位办公楼等各类有形资产，产权清晰后纳入集团名下，不断壮大集团资产规模。针对区政府统一划拨的老旧国有资产，按区域、类别进行整合招租，实现以租盘活。例如原珠江工商所、原土地储备中心闲置办公用房经过重新定位包装后，年租金达到一定幅度增长。2017 年利用闲置资产的优势，集团协助库珀项目的中方公司推动美国库珀有氧运动项目在浦口区正式落地投入运营。

三是按照市场化的运营思路，对在手物业开展招商工作。浦口市民中心、体育中心、文化中心“三个中心”项目是集团建成交付的第一批大型公建项目，也是区内首个集行政服务、文体和社区配套等功能为一体的全民中心。项目总体量近 20 万平方米，商业面积共计约 3.6 万平方米，吸收商业业态近 30 家。在项目建设过程中，集团便启动项目的对外招商工作，确保正式开业运营前商业部分招商去化率达 100％。“三个中心”商业业态涉及体育、文化、教育、餐饮、超市等，既满足了周边群众的休闲娱乐需求，也为集团带来每年约 6 000 万元的经营性收入，实现了社会效益和经济效益的双丰收。

浦口市民中心

浦口文化中心、体育中心

四是探索以市场为导向的研发类园区的招商,全面开展浦江智汇园对外招商和物业管理工作。在符合区域主导产业发展和招商条件的前提下,引进银行、汽车租赁公司、建筑企业、科技型企业入驻。探索创新政企租赁模式,与江北新区相关单位、浦口区内各部、委、办、局建立房屋租赁合作关系，有效将缺乏流动性的资产盘活为具有稳定现金流的资产。浦江智汇园内研发楼资产通过打包租赁给浦口高新区，作为浦口区对外招商引资载体，打造浦江智汇特色园区，进一步盘活国有资产，实现每年租金收入近 2 000 万元。

随着集团规模的不断扩大、资产的逐步增加，集团积极探索存量资产精细化管理模式，建立完善《浦口国资集团房产租赁管理制度》，研究开发浦口区首款国有资产管理系统。系统包含信息检索、地图显示、附件上传、数据统计等功能，其主界面以核心数据为基础，将资产“数据化”，实现了资产信息的便捷查看。同时，该系统通过移动终端与互联网相连，使得资产运营数据可以便捷地在平板电脑和手机上进行浏览，巧妙地利用现代化信息技术手段，将“数据冗杂”转变为“信息优势”，使集团可以从更宏观的角度分析资产运营状况，标志着集团资产运营管理工作往规范化、标准化、信息化迈出重要步伐。

目前，集团管理国有房屋资产共计 24 处，总建筑体量近 33 万平方米。按照市场化、精细化、高效化“三化”总体思路，积极探索运营管理新模式，为做大做强国有企业、确保国有资产保值增值探索新路径。通过项目招商、资产盘活等方式，集团 2019 年上半年实现经营性收入 6 382.7 万元，预计 2019 年底将实现经营性收入破亿元。

新时代是奋斗者的时代。中国梦是中华民族接力奋斗的伟大复兴梦，南京浦口国资集团践行国企责任担当，为服务江北经济凝聚高质量发展新动能，奏响新时代最强音，向新中国 70 华诞献礼。

南京浦口国有资产投资经营高质量发展工作领导小组常务副组长　石　山

新建元控股集团：
引领产业创新，推动城市繁荣

2019年，正值新中国成立70周年、中新合作苏州工业园区建设25周年。苏州工业园区作为中国和新加坡两国政府间的重要合作项目，被誉为“中国改革开放的重要窗口”，园区开发建设以来取得了令人瞩目的成就，为“强富美高”新江苏贡献了“园区样本”。

作为苏州工业园区直属的大型综合性国企，苏州新建元控股集团有限公司（以下简称“新建元控股集团”）多年来伴随着苏州工业园区一同成长壮大，率先在园区开展产业载体、住宅与服务业项目的开发建设与运营管理，并承担起人力资源、测绘地理信息、社区商业等城市服务功能，成为推动城市发展的重要驱动力。从1994年到2019年，25年来，新建元控股集团及旗下企业始终扎根园区、服务园区、繁荣园区。

经过多年的改革探索和创新发展，新建元控股集团已成为控股、参股各类企业100余家、资产总规模达300多亿元的大型综合性企业集团，形成了涵盖产、商、旅、文、住的综合地产主业，成功进军人力资源、生物医药、信息技术、绿色建筑、教育文创等新兴实业。集团在旗下各产业领域中，拥有建屋、圆融、商旅、圆才、邻里中心、园区测绘等著名产品与服务品牌。

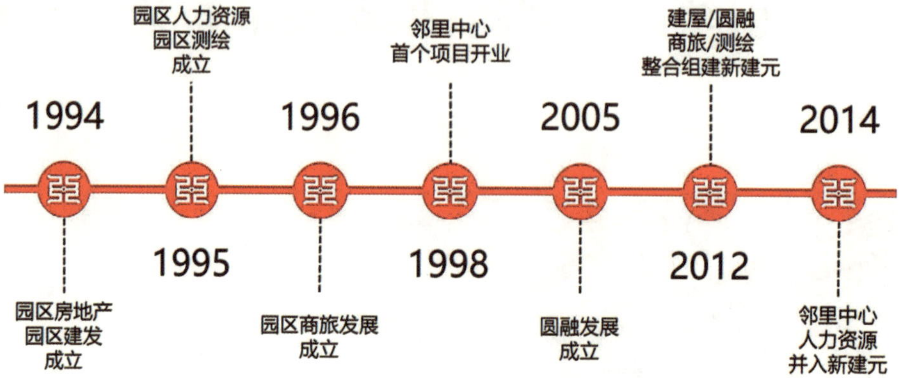

站在转型升级、跨越发展的新起点上，新建元控股集团以市场化为导向，做强优势产业，肩负起建设苏州工业园区、繁荣苏州东部新城的使命和责任，有效发挥了国企骨干支撑和示范带动作用，实现了规模与质量并重、经济和社会效益并行的良好局面。

一、引领产业创新，加快转型升级

在园区建设过程中，先后建成各类产业载体80余万平方米，为三星、松下、飞利浦、西门子等60多家外资企业提供厂房产业服务。通过多年摸索，在厂房开发方面积累了丰富的实践经验，并逐步形成专业水平较高、开发形式灵活、与政府有良好合作关系的企业发展模式。

新建元控股集团为配合城市产业升级、结构转型进程，在工业地产领域不断探索，实现了从建设厂房、工业坊到开发运营综合性、一体化的现代产业园的发展升级。

一是旗下苏州 2.5 产业园作为“推动园区培育新兴产业增长点”，积极引进技术开发、人工智能、金融后台服务等企业，目前已有 IBM、百特、泛博、耐世特、协鑫、麦格纳等世界 500 强及行业龙头企业入驻。

二是建设园区人力资源服务产业园，通过产业引导、政策扶持和环境营造，培育人力资源集聚成长的新沃土，构建创新创业政企共赢的新平台，推动园区人力资源产业向价值链高端延伸。

三是与全球最大的工业地产服务商普洛斯合作打造环普产业园，先后在苏州、西安、沈阳、大连、天津和绍兴 6 个城市完成约 200 万平方米工业厂房开发，以汽车零部件、软件信息、智能制造为产业核心，迅速成为当地经济增长新引擎。

四是由新建元控股集团发起的新建元生物医药基金，先后在医疗器械、生物医药、诊断和精准医疗等领域投资布局，截至目前，累计投资项目 57 个，其中 18

个落在苏州生物医药产业园(BioBay),通过增加园区和优秀企业的黏性连接,为园区生物医药产业的整体发展带来实质性的推动作用。

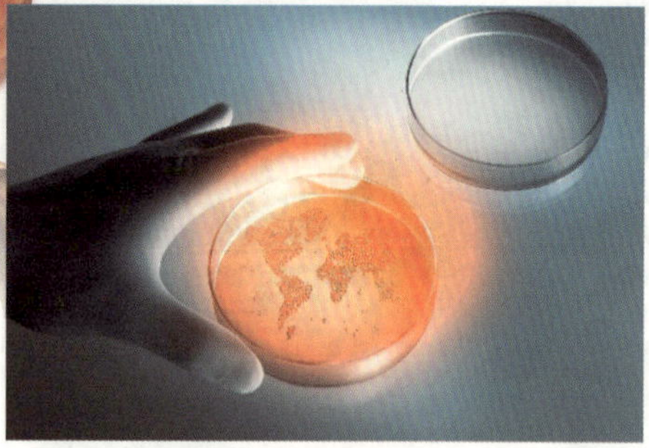

二、突出主业优势,推动城市繁荣

新建元控股集团坚持以塑造城市价值,实践人们梦想,让生活更加美好而不断前行,矢志成为品质生活的创领者。

在住宅地产方面,新建元控股集团以打造最佳人居环境为目标,形成了包括康居型、品质型和高端型在内的完整住宅产品系列。从园区第一个住宅小区新城花园起步,到湖西最大的涉外生活区加城花园、湖东首个集群建筑东湖大郡,直接引领园区房地产市场的优化成熟。新建元控股集团还打造了伊顿小镇、景城花园、海德公园、水墨江南等高端经典楼盘。

在商业地产方面，从肩负着繁荣新城商业的使命出发，一路耕耘，集团现已成为拥有多座“城市名片”级项目的商业地产助力运营商。新建元控股集团用前瞻性、创新性的理念，创造出具有第一性、唯一性的项目，不断为城市缔造出新的地标。集团先后建成“中国最具创新商业地产项目”李公堤、重点打造国际级生态坡地都市综合体圆融星座、“苏州十大夜景地之首”的月光码头、苏州国际金融机构聚集地时代天阶、湖东 CBD 首座国际 5A 甲级写字楼建屋大厦等核心商业项目。

在旅游地产方面，依托苏州工业园区中新合作的国际视野与所在地独有的人文自然资源，新建元控股集团大力发展旅游地产业务，旗下项目涵盖主题公园、观光景区、酒店、车船等多种业态，形成国际商务旅游、绿色生态休闲两大特色。集团先后打造亚洲第一水上摩天轮乐园、拥有 500 米世界第一 LED 天幕的圆融时代广场。

在文化地产方面，始建于南北朝的重元寺，在新建元控股集团的打造下重现辉煌，作为国内最高水上观音阁，将佛教历史传统与文化旅游景观完美结合。斜塘老街以文脉延续、水乡风貌、商贸旅游、生态环境为四轮定位，主打“文化牌”，汇集众多老字号品牌店、手工作坊、艺术工作室等文化经济新业态。

三、践行国企责任，增进民生福祉

一是利民惠民。新建元控股集团旗下的“邻里中心”，是园区借鉴新加坡公共管理的先进理念，以服务居民为宗旨，经过多年实践形成的社区商业形态。“邻里中心”模式的成功实践，是园区“在合作中有特色、在学习中有发展、在借鉴中有创新”理念的最佳诠释，是中国社区商业开发运营的一个新的里程碑。该模式以“社区商业”发展为轴心，集社区商业服务、公共事务、文体活动、医疗卫生功能于一体。作为中国社区商业第一品牌，邻里中心已成功走向全国，将最专业、最领先、最全面的社区商业综合模式复制到 6 省 18 座城市，不断创造区域性商业服务新亮点。

二是人才汇聚。新建元控股集团旗下的“圆才 OHR”专业服务品牌，作为园区汇聚优质服务资源、发挥区域人力资源渠道的主体，长期以来逐步形成“招聘用工、培训发展、高端咨询、系统开发”四大业务平台，并通过创新政府公共服务职能和专业化市场服务模式，大力构建面向国内外的人力资源市场体系，构筑国际化人才汇聚的高端平台，成为中国开发区人力资源先进管理模式标杆。

三是智慧引领。新建元控股集团旗下的园区测绘公司打造服务于规划、建设、国土、房产全生命周期的测绘地理信息服务体系，构建了“多规合一”公共信息服务平台，实现了各类城市公共信息的统一汇集、实时更新和协同共享，完成了数据采集、数据处理、平台开发及智慧化应用的智慧城市整体解决方案，全面赋能苏州工业园区智慧城市建设，助力园区成为全国首个“数字城市建设示范区”。

风云科技作为国内规模最大、服务能力最强的信息化公共技术服务平台之一，有效利用公共技术服务平台搭建，致力于为广大企业提供软件质量保障、智能制造、科技平台、企业信息化、网络云等专业领域服务。

苏州新建元建筑技术研究有限公司（以下简称“新建元建研”）专注于提供覆盖项目寿命周期的绿色建筑咨询服务，为包括国内多家知名房企在内的 173 家企业提供绿色建筑咨询服务，项目累计近 300 个，面积达 2 490 万平方米。新建元建研以“五优化”服务体系、“全寿命”服务周期，帮助业主实现绿色建筑建设目标，优化建造运行效率，降低资源消耗，大力推广绿色可持续的建筑发展模式，创新服务中国绿色发展。

四是服务教育。基于当前教育产业的刚性需求与家庭教育支出快速增长的形势，新建元控股集团积极践行多元化发展的理念，进一步布局教育产业领域，与苏州歌斐教育共同成立合资公司，从不同维度将教育领域划分为多个细分领域，包括学前教育、初高中教育、高等教育、职业教育、国际教育等，同时匹配教育载体供给、教育信息化等产业链的延伸拓展。

四、实践金融创新,优化体制机制

一是资本运作先行先试。由新建元控股集团发起设立的邻里中心资产支持专项计划于 2018 年 2 月成功发行,并于 4 月在上海证券交易所成功挂牌上市,作为中国首单社区商业 REITs(房地产信托投资基金)产品,为今后国企轻资产运作之路起到引领示范作用。在此之后,“新建元商旅资产支持专项计划”于 2019 年 4 月正式在上海证券交易所批准发行,第二单 REITs 产品的推出,则实现了首单产品运作平台和实操经验向集团旗下商业和文旅产业领域的成功复制,实现企业存量资产盘活、融资渠道拓宽和运营能力升级的“三个创新”,商业模式和管理机制的“两个转型”,助推集团实现业务规模和发展效益的跨越式增长。

二是有效丰富金融路径。2017 年 9 月,中国银行间市场交易商协会正式发文,批复同意新建元控股集团注册发行 MTN(中期票据)、PPN(非公开定向债务融资工具)两大债务融资工具,合计发行规模达 30 亿元。这标志着新建元控股集团成为全国首家登陆中国银行间市场的园区类非上市房企。

新建元控股集团旗下的住房置业担保公司作为园区从事个人贷款担保业务的国有企业将进一步探索金融担保领域的拓展延伸,有效利用资金优势,布局消费贷款担保、经营性贷款担保、项目投资担保、融资担保等业务范畴。

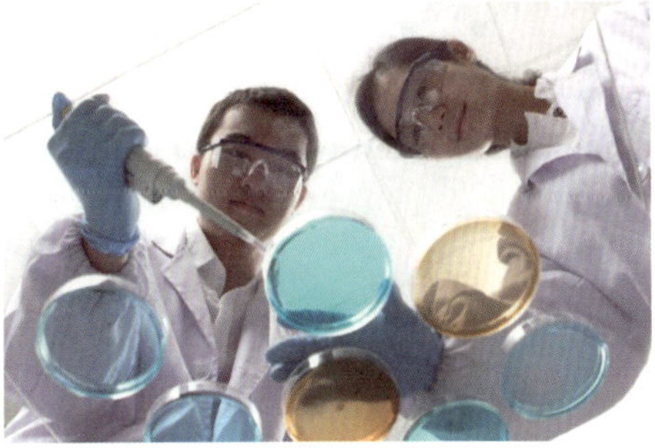

新建元控股集团成立苏州元联投资基金管理有限公司,利用新建元控股集团综合地产开发、运营管理以及中联基金募投能力,搭建不动产金融平台,实现"地产+金融"双轮驱动发展,进而打造可复制基金运作管理,形成从开发、孵化、成熟、退出等不同类型地产的全产业链闭环模式。

新建元控股集团成立苏州工业园区元生创业投资管理有限公司,设立苏州首个专注生物医药领域的产业基金,多年来累计投资 13.5 亿元,目前三期基金拟募资 15 亿元,已成功吸引红杉资本、中金资本、国泰君安等国内外知名基金公司参与。新建元控股集团作为基金投资发起人,在保障国有资本对基金的影响力的前提下,引领撬动更多的社会资本参与,以实现更好的社会效益和经济效益,继续服务于园区生物医药产业发展,实现社会效益与经济效益双赢格局。

三是推动机制创新活力。2018 年 8 月,新建元控股集团、中衡设计、智绘城市投资等股东代表正式签订苏州工业园区测绘地理信息有限公司增资扩股协议,标志着新建元测绘正式完成混合所有制改革,此次混改是新建元控股集团积极探索业务板块多元化发展的重要举措,对改善企业治理结构、激发内生动力、挖掘发展潜力、增强业务能力具有重要意义。2019 年 4 月,新建元建屋物业与国内最大的独立第三方社区综合运营商中奥到家集团签订增资扩股协议,标志着园区首个国企物业公司混改项目成功落地。这是新建元控股集团继科技类企业改革到劳动密集型企业混改的有力实践,成功探索出一条园区国企混改的成功路径。

五、产城融合新建元，助力建设自贸区

2019年9月1日，中国（江苏）自贸试验区苏州片区挂牌仪式暨建设动员大会在苏州工业园区举行。江苏自贸区实施范围119.97平方公里，其中苏州片区实施范围60.15平方公里，依托苏州工业园区实施。

新建元控股集团旗下的项目载体遍布自贸区苏州片区、园区四大功能区。项目类型涵盖产业、商业、文化、旅游、住宅、股权投资及多元新兴产业等不同类型。在自贸区苏州片区范围内，新建元控股集团布局有苏州2.5产业园、园区人力资源服务产业园、建胜产业园、智慧城市产业园等五大综合及特色产业园和工业厂房，拥有"年纳税10亿元楼"建屋大厦，"年纳税亿元楼"圆融大厦、商旅大厦、时代天阶、圆融星座等，及其他商务楼宇。在苏州自贸片区首批签约落地的32个项目中有近10家与新建元控股集团有关联。今后，还将有更多自贸区的新项目、新公司与新建元控股集团开展合作，或落户在新建元控股集团旗下的项目载体内，新建元控股集团也将一如既往地做好载体建设管理与配套服务。

对于新建元控股集团而言,无论是自身作为国有企业的使命与担当,还是拥有自贸区内项目载体密布的基础优势,抑或是面临企业自身发展的新机遇和新空间,新建元控股集团都有责任、有担当、有作为,主动服务、参与到自贸区苏州片区的建设发展事业中。

新建元控股集团紧紧围绕中央对自贸区的顶层设计,省委、市委对苏州自贸片区发展的布局谋划,按照园区党工委、管委会的具体部署,充分贯彻苏州市委常委、园区党工委书记吴庆文提出的“探路”“引领”“突围”,充分结合自身业务经营、发展战略与优势资源,主动担当作为、积极助力苏州自贸片区建设。总体来说,可以概括为“12345”这5个数字:

明确1个定位。新建元控股集团进一步明确了“产城融合集成服务商”的战略定位,视“引领产业创新、推动城市繁荣”为企业使命,为助推区域产业转型升级、提升民众美好生活品质而不断前行,努力践行“创新改变城市”的核心理念,矢志成为中国最具价值创造力的产城融合集成服务商。

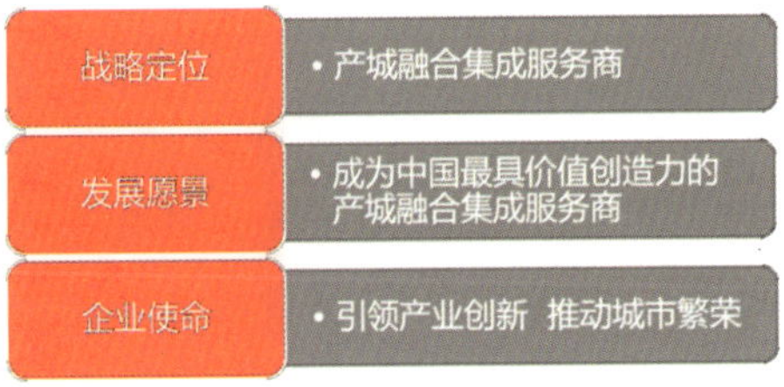

形成2条主线:一手抓拓展,以战略性项目落地为契机,加快业务发展速度;一手抓整合,优化资源配置,加大业务耦合力度,实现协同发展。

对接3大机遇:助力建设自贸区苏州片区,深入参与四大功能区开发;主动融入长江经济带、长三角一体化国家战略;积极参与“一带一路”建设。

推出 4 项举措：全面加强自贸区产业载体的建设与运营；积极参与、主动服务自贸区新企业、新项目发展；强化金融资本运作，服务自贸区实体经济；持续完善自贸区城市功能配套与服务。

擘画 5 大产业板块。新建元控股集团进一步创新思路，以新发展理念着力打造新型智慧城市，整合旗下业务资源，擘画产城、住宅、商用、服务、金融五大产业板块，进一步明确了企业战略发展的价值链条和业务模式。

当前，新建元控股集团在“产城融合集成服务商”战略定位的指引下，立足苏州工业园区，助力建设自贸区苏州片区，积极融入长江经济带、长三角一体化等国家战略，主动参与“一带一路”建设，进一步加快“走出去”发展，项目已遍布全国 12 省 40 多座城市。

未来，新建元控股集团将着力打造新引擎，培育新动能，构建发展新格局。以产城板块为龙头，进军区域综合开发领域，带动五大产业板块集成联动。大胆试，大胆闯，自主改，绘就“产城融合”的崭新发展蓝图。为推广复制苏州自贸片区、苏州工业园区先进经验做出新的更大贡献。

新建元控股集团将以饱满的热情，昂扬的斗志，不忘初心，牢记使命，深入学习贯彻党的十九大精神和习近平新时代中国特色社会主义思想，保持“归零”心态，拿出拼搏姿态，勇立改革潮头，以实际行动向新中国成立70周年献礼！

海港控股集团：深化改革，迸发高质量发展活力

半年间，紧锣密鼓的研究、讨论、决策，江苏大丰海港控股集团有限公司（以下简称“海港控股集团”）的改革设计图已初步绘就；

半年间，集团上下思改心切，心往一处想，劲往一处使，改革“施工现场”热火朝天；

半年间，集团经营业绩稳中有进，改革、经营各项任务均完成双过半，海港控股集团面貌焕然一新……

2019 年，是海港控股集团新时代全面深化改革、迈向高质量发展的第 1 个年头。作为大丰区属体量最大、底蕴最深、优势最强的国有企业，大丰区委、区政府高度重视集团改革改制工作，先后多次组织召开专题会议，成立海港控股集团深化改革领导小组，大力支持、强势推进集团改革的各项工作，促进集团稳健发展。

深改的鼓点越擂越响。随着一项项革故之举、鼎新之措的落地生根，嬗变和拔节的声音，正在这座充满活力的港口愈发响亮……

刀刃向内，“刮骨疗毒”激发新活力

“以高度的责任感推行改革，就是新时代的使命，也是对大丰港精神最好的传承。”在 2019 年上半年全区召开的全面深化集团公司改革动员部署大会上，海港控股集团董事长陶莹的话掷地有声。

言犹在耳，重任在肩。改革大会的精神犹如为集团注入了一剂改革“强心针”，“改革”瞬间成为整个海港控股集团的关键词，“改革”立即成为集团所有人的头等大事和义不容辞的使命。

然而，发展面临更多掣肘，改革者需要更多迎难而上的勇气。

——内部结构再整。以做一个合格的企业为前提，海港控股集团将二级子公司整合至 10 家，三级子公司 25 家，内设机构由 18 家精减至 8 家，2019 年上半年

管理费用同比下降28.74%。

——产业布局变精。深化产业聚焦主业，以港口物流为龙头，深耕高效农业和粮食加工两大基地，围绕主业打造“1+2+N”的产业结构体系。

——核心竞争力要强。从“博爱型”向“专一型”转变。遵循市场发展规律，运用“小而精”的企业做强做优的合理思路，明确到2023年，新培育4家上市公司，集团主营业务收入超300亿元，经营性利润达3亿—5亿元的具体目标。

——发展方向更准。明确定位把方向，对标成为盐城沿海龙头港、上海港配套喂给港、中韩贸易干线港、江苏中部现代物流枢纽港的目标要求，精准发力，瞄准国际一流大型企业集团标准做大做强。

捏指成拳、瘦身健体，为的是心无旁骛聚焦主业；

精准把脉、标本兼治，为的是提振信心完成目标。

人事制度改革，一直是国有企业改革深水区。经过多年的探索，海港控股集团已经形成了“全面从严决策，坚持党的领导；全面从严管理，扎紧制度藩篱；全面从严用人，激发内生动力”，“三面从严”的管理体制。

然而，对标国际一流大型企业集团目标，优化升级全面构建集团现代企业治理体制机制势在必行。通过顶层设计、系统推进、分步实施，“紧扣党建组织环、紧扣金融资管环、紧扣人才队伍环、紧扣制度纪律环、紧扣考核监督环”的“五环紧扣”管理体制在该集团蓬勃兴起，集团上下形成“人人装上发动机，不用扬鞭自奋蹄”的生动局面，促进集团向着国际化一流大型企业集团目标阔步迈进。

聚焦主业，规划引领勾勒新蓝图

2019年1月6日，亚洲最大的重大件远洋特种甲板运输船“至宪之星”号停靠盐城大丰港通用码头，进行风电叶片吊装作业。该船的到来让大丰港实现了单船风叶吊装最多的世界纪录，大丰港一流的吊装技术再次得到世界瞩目。

2019年3月20日，海港控股集团与上海港集团正式签约合资设立集装箱码头公司，实现大丰港与上海港集装箱航线“天天班”服务。

2019年4月起，大丰港在全国通关一体化基础上实现“沪丰通”模式，将大丰港集装箱码头作为上海港的延伸，平均可为企业节约物流成本800元/标箱。

2019年7月17日，大丰港至阜宁港内河航线正式通航，进一步发挥大丰港对整个盐城地区的辐射带动效应，携手周边经济共同发展……

苏北首家县级地区保税物流中心——大丰港保税物流中心

2019年以来，集团积极践行盐城市委“两海两绿”发展路径，坚持以港口为龙头，勇挑重担，奋力前行，取得了一个又一个改革丰硕成果。

改革风劲好，破浪正当时。对标大丰区委要求，大丰港要成为盐城沿海龙头港、上海港配套喂给港、中韩贸易干线港、江苏中部现代物流枢纽港，集团进一步聚焦主业，明确思路精准发力，启动现代物流枢纽港规划编制，勾画发展新蓝图。

集团以港口能级提升为根基，全力推进与上海港合资建设的大丰港国际集装箱物流中心项目，加快推进粮食码头南侧扩建通用泊位、国家级进口木材检疫处理区二期、大丰港兴农大宗农产品仓储物流等项目，做足港口能级优势文章。以开辟国际国内航线为先导，年内开通至釜山港航线，探索开通对韩客滚航线，力争新辟至华南的汽车滚装航线，与周边二类口岸谋划建立内河集装箱联盟，持续扩大开放力度。以深度接轨上海为动力，借助“沪丰通”，打造上海港北翼的集装箱分拨中心，不断放大对沪优势。以港口货源拓展为支撑，继续做强风电装卸、大力提升木材配套、合资做大滚装业务、深耕粮食加工基地，优化完善货种结构。以优化创新添后劲，加快汽车整车进口口岸、进口肉类指定口岸等特色口岸建设，围绕特色货种发展港口现代服务业，整合资源加强现代物流港建设，促进港口转型升级。

建港就是初心，强港则是使命。围绕港口物流、高效农业、港口贸易、临港新能源四大产业，以科学规划为引领，集团还出台高质量发展三年规划，各二级子公司编制具体产业发展三年行动计划，包括高效农业发展规划、风电光伏发展规划等,明确时间节点,明确任务目标,明确责任主体,坚定不移落实好改革发展各项工作,推动大丰港高质量发展走在前列。

紧扣项目,放稳改革发展“压舱石”

2019 年 7 月 31 日,在总投资 3.69 亿元的大丰港国际集装箱物流中心项目现场,东堤护坡已完成,正在进行西堤护坡施工,该项目设计年周转量约为 80 万标箱,是集团深化“接轨上海”战略的龙头项目。粮食码头南侧扩建通用泊位项目同步在积极推进,该项目将扩建 1 个 5 万吨级通用泊位,实现新增码头散粮年吞吐量 150 万吨,目前正在办理前期手续。遥望码头后方的国家级进口木材检疫处理区二期项目、大丰港兴农大宗农产品仓储物流项目……一个个项目星罗棋布,汇聚起集团高质量发展的蓬勃力量。

力推项目建设,筑牢发展根基。2019 年 6 月 20 日,江苏大丰港新能源有限公司与北京天诚同创电气有限公司签订分散式风电项目框架合作协议,双方将在分散式风电领域建立长期战略合作伙伴关系。此次协议的签订进一步加速集团发展新能源产业的步伐。

发展绿色、可持续的新能源产业是大势所趋,也是集团改革创新发展的路径之一。集团先后与盐城国能、金风科技等业内知名企业开展合作,开展新能源风电项目。与通威股份有限公司联手打造沿海渔光互补及其配套产业基地,目前已完成全部施工。

高效农业板块更是风生水起。集团所属华丰种业成功挂牌新三板,该公司已经完成集水稻、小麦等农作物品种的研发、生产、销售及贸易于一体的完整业务链条搭建。公司建立了“中国工程院万建民院士工作站”,实现了国内首个低谷蛋白大米生产的产业化。公司自主研发的江苏优良食味中熟中粳品种“南粳 2728”于 2018 年 6 月通过了江苏省农作物品种审定,是目前淮北地区唯一的优良食味水稻新品种,2019 年共产种 259 万公斤,上半年已全部实现了销售,并且出现了“一种”难求的局面;另有一大批新品种已进入国家及省各层级生产试验、区域试验。集团所属农业公司还聘请扬州大学对高效农业进行了总体规划,推出了“五万两千工程”,其中万亩现代种业育繁基地、万亩现代林场、千亩耐盐花木基地等项目已启动。

粮食仓储

国际舞台上，集团也有了越来越多的声音。2019 年 5 月 28 日，在韩国首尔举行的中国大丰(首尔)经贸合作交流会暨中韩(盐城)产业园临港产业配套区推介会上，集团分别与京汉航运有限公司、ECONO 海运株式会社签订至釜山港集装箱直航航线、至仁川港客滚航线开通协议。同时，集团积极抢抓中韩(盐城)产业园建设发展机遇，积极推进对韩跨境电商项目的发展，让大丰这座小城的“韩国味”愈发浓郁。

创控集团:勇立潮头显担当

——致敬新中国成立七十周年

习近平总书记说,新时代是奋斗者的时代。中国梦,是中华民族接力奋斗的伟大复兴梦,是无数中华儿女筚路蓝缕、以启山林的生动写照。和千千万万的建设者们一样,创控人十几年如一日紧紧围绕贯彻落实党和国家的方针政策部署,不驰于空想、不骛于虚声,以一以贯之脚踏实地的奋斗者姿态,践行国企责任担当,为服务地方经济凝聚高质量发展新动能,奏响新时代的最强音,向伟大新中国的七十华诞献礼。

一、金融起步,创控集团敢为人先

20 世纪 80 年代,改革开放潮头浪涌,昆山经济发展从自费开发起步,走出了一条率先发展、科学发展、和谐发展的"昆山之路",外向型经济势如破竹,金融市场初发萌芽。昆山市信托投资公司应运而生,作为市属非银行金融机构和国内最早经营信托投资业务的公司之一,下辖前进中路证券营业厅和环北路证券营业厅,实现了昆山金融市场从零到一、从无到有的突破性发展,这就是昆山创业控股集团有限公司(以下简称"创控集团")的前身。金融改革先行先试取得的可喜成绩,为后来的创控集团稳居行业龙头地位打下了坚实基础。

进入 21 世纪,改革开放向纵深发展,中国加入 WTO,国际经济金融形势更加错综复杂,信托事业步入整合轨道,在建立现代企业制度是国企改革目标的要求下,创控集团面临二次创业的抉择与重组。2001 年 11 月,昆山市国有资产监督管理委员会下发《关于对昆山市创业控股公司资产授权的通知》,将昆山市创业投资有限公司、昆山市自来水公司、创业大楼授予公司,作为首期注册资本 2.38 亿元,后历经多次增资至 15.87 亿元。

创控集团成立之初,以服务经济发展为中心,建立了较为完善的四大平台机制。一是经济服务平台,包括各类经济发展服务中介,如信用担保、创业(风险)投资、典当、拍卖、证券、物流等配套服务；二是市政公用建设平台，积极主导各类基础性的市政公用设施建设与运营，如供水、污水处理、能源等；三是社会服务平台，推动实施民生重点工程，如加快昆山人力资源市场、体育场馆、森林公园等重点民生工程的开发建设；四是招商引资平台，在推动传统产业升级和新兴产业崛起的基础上，强力推进园区招商、专业招商、产业招商，如推动科技教育园区、沿沪产业园招商等。

（一）走专业化发展之路

创控集团从零开始成长至今，从公司到集团的华丽蜕变，集价值创造与多元化布局浓墨重彩的紧密耦合，实现了规模和质量上的跨越式发展。

1. 规模化经营模式显成效。得益于市场化机制改革，创控集团充分发挥政府信用支持优势，兼顾不同功能定位，回归金融业务本质，支持实体经济发展。随着政策调整、客户需求和行业竞争等因素的变化，创控集团逐步调整业务方向与客户群体，走专业化发展之路，培育足够强大的产业服务能力，经营发展稳健，盈利能力持续提升。

2. 主体信用等级获评 AAA。主体信用评级是进入金融市场的“绿色通行证”，2008 年公司主体信用评级喜获 AA 级，2011 年公司主体信用评级突破 AA＋，2017 年开创了全国县级市公司主体信用评级 AAA 的先河，直接融资能力突飞猛进，对提升资本市场议价能力具有十分重要的意义。

（二）解决“创什么、怎么创、谁来创”的问题

创控集团以更好地实现政府意志为己任，对国企不同时期不同阶段的功能定位有着清醒的认识和深刻的把握，在不断优化调整自身经营模式的变革与创新中努力前进，在躬身耕耘的尝试和探索中自然而然地解决了“创什么、怎么创、谁来创”的问题。

1. 创什么——作为昆山金融改革试点的先行者，承继金融衣钵，是创控集团的历史必然选择。金融是昆山高质量发展肌体里极其活跃的生命因子，为唱好科技创新和综合金融服务的主角戏，服务好昆山产业转型升级，创控集团察势定向通盘谋划，以培育“科创＋金融”新生态为目标，建立科创金融、能源产业、教育事业与载体建设板块协同联动的战略布局，推动国有资本做强做优做大的重要举措更有明确的指向性。

2. 怎么创——放大国有资本功能，创控集团正视自身对标国内一流金融集团的薄弱环节与能力差距，不是生搬硬套先进经验，而是在创新上动脑筋，突出主业

改革,以“小总部”带动“大产业”,倾力打造全方位的科创空间,实现科创新业态与重点产业发展同频共振。

3. 谁来创——人才是强市战略的先锋队,产业链引领人才链,人才链支撑产业链。新兴产业是投资增长的主动力,从投资拉动到创新驱动,创控集团实现了从解决“有没有”到着力于“好不好”的转变,成为“培育一个项目,集聚一个团队,带动一个产业”的实践者,于无形中加速产业与人才的融合发展。

二、转型变革,创控集团奋勇建功

做强做优做大国有企业和国有资本,是中央提出的新时代国企改革的根本方向。2015 年 8 月,指导和推进新时代中国国企改革的纲领性文件——《中共中央国务院关于深化国有企业改革的指导意见》出台,吹响了新一轮国企改革锦标赛的鸣哨。改革正以自上而下的方式呈现,以自下而上的力量推动着。

(一) 开辟科创金融新路径,服务实体经济大发展

当前,昆山正处于新旧动能接续的关键阶段。如何抓住重大机遇,加速改革创新,打通金融服务实体经济的“血脉”,唯有实力与底气不可辜负。创控集团联合各商业银行、金融机构,通过担保、再担保、农业担保、科技小贷、融资租赁、农交中心等平台,为全市中小微、科创类企业提供专业金融服务。

1. 坚持价值投资取向。以持续深化股权投资为主线,通过直接参股和间接投资等方式,布局新产业,培育新动能,将国资注入战略性主导产业领域,发挥国有资本的价值创造优势,激发企业自主创新,实现共赢发展。

2. 发掘融资租赁“新蓝海”。2017 年,创控集团对宝涵公司实际控股以来,融资租赁业务进展迅速。融资租赁业务是创控集团金融服务链中极为重要的一环,融资租赁市场的逐步渗透,或成为下一个风口行业。

3. 产业基金市场化运作。目前,国科管理母基金、红土基金、爱博基金等 9 只基金,总规模 29.65 亿元,带动外部投资逾 20 亿元,并设立了国科首支创恒基金产品。

4. 降低企业融资成本。通过综合风险池、创业担保、农业担保等一揽子金融服务,扩大对小微企业、民营企业、“三农”主体的信贷投放,大大缩短融资链条。

(1) 拓展中小微企业融资渠道。2016 年,创杰公司从代理记账及财务管理公司转型为昆山市综合风险资金池的管理人,依照国家产业政策和有关法律法规,为符合条件的中小微科技企业提供信用保证,有效发挥风险补偿功能,降低企业

融资门槛，提高融资增信，缓解企业融资难、融资贵压力。

(2) 增强融资担保能力。围绕企业尤其是初创企业、科技型企业的融资需求，进一步创新金融服务，为昆山市中小微企业提供融资担保服务。2018 年，创业担保公司成为全省第十家实际注资 10 亿元规模以上的担保机构，连续五年被评为昆山唯一担保信用评级 AA 企业，融资担保实力逐步壮大。

(3) 解决创业贷款难问题。农业融资担保公司为金融机构与直接融资者（包括创业户和涉农企业及个人的企业）搭建桥梁，致力于服务“三农”建设，有效解决农民创业、农业企业、农民专业合作社及为农服务项目的融资难问题，出台针对性的创业政策扶持。

创业小额贷款遵循“服务到区镇，服务到社区”的宗旨，采取深入农村，分批次现场集中办理的办法，派员会同市、镇“富民强村”办公室有关人员、当地商业银行到场集中会审办理相关手续，简化流程，方便群众。

创业小额贷款工作人员服务到社区

（二）深化教育强市战略，办好人民满意的教育

1. 培养高质量应用型人才。2006 年，太师淀公司独家出资与苏州大学专项教育资源投入合作设立民办独立学院苏州大学应用技术学院，后改制为本科层次的独立学院。创控集团坚持优先发展教育事业，把稳步发展和提高质量相结合，突出学院“能力为本创特色”优势，积极推动学院加入应用技术大学联盟，入选首

批教育部—中兴通讯ICT产教融合创新基地院校等。

2. 建设高规格昆山杜克大学。创控集团主要承担培育楼及昆山杜克大学二期项目及昆山杜克大学周边景观提升工程(杜克花园项目)建设。二期项目为昆山市2019年重点实事工程项目,为昆山实施杜克水准的优质教育,继续扩大本科专业和研究生项目做好基础支撑。

昆山杜克大学

(三)保障民生用气质量,壮大供气储气体量

集团能源板块由昆山华润城市燃气有限公司(以下简称"华润燃气")、昆山利通天然气有限公司(以下简称"利通天然气")和昆山市液化气化工有限公司(以下简称"昆山液化气")三大主力军构成,服务网络基本覆盖全市域,为居民和工商业用户提供安全、优质、环保、经济的清洁能源保障。创控集团将燃气保供改革列为长期重点课题,坚持优先保障民生原则,燃气保供底气越来越足,在充分整合华润燃气、利通天然气、昆山液化气三方资源的基础上,广泛争取多渠道气源,形成燃气管道互联互通、安全可靠、智能高效的稳定持续供应新格局。

1. 加大华润燃气供气保障力度。华润燃气供气范围基本覆盖整个市区,并不断向周边地区延伸。在深入分析民用、工商业用气比例严重失调、峰谷用气量极其不均衡的现状后,华润燃气制定了管网互联互通、LNG(液化天然气)储配站增储、积极协调多气源保障等措施,2018年冬季用气高峰期间,华润燃气增加成本补充调峰气源,因供气不足导致的停气事故率为0。

2. 提高利通燃气供气水平。利通燃气在"西气东输"这一具有划时代意义的项目背景下诞生,全面响应"西气东输"项目工程并积极落实昆山整体经济能源产业规划，承担着城市天然气开发与利用工作，是昆山市规模最大的专业燃气公司，城市供气管网已覆盖整个昆山市区及所辖乡镇。

利通天然气与华润、昆仑和高峰三家燃气公司组建“昆山市应急抢险联动、气源调配保供、管网互连互通”三大联动合作机制，实现了昆市市主要燃气企业的优势互补和资源共享，大大提升了昆山市管道燃气应急抢险和供给能力，为有效应对“气荒”、保障燃气安全奠定了扎实基础。

3. 扩大液化气公司市场份额。1991 年，昆山市液化气化工公司经昆山市人民政府批准成立，2013 年正式更名为昆山市液化气化工有限公司。2016 年 5 月，昆山液化气与苏州泰华燃气有限公司筹备合资成立昆山泰华燃气有限公司事宜，2016 年 8 月 10 日顺利取得公司营业执照。自此，昆山液化气依托昆山泰华燃气这一平台，逐步开发布点，不断扩大市场，燃气供给和储备能力得到显著提升。

（四）坚持内外兼修，提升硬核竞争力

1. 实施标准化管理。制定修订创控集团信息化、劳动用工、督查督办工作、重要紧急信息报送等 11 项制度，完善重大事项决策管理制度，为集团管理运行夯实制度基础。

2. 建立全面风险管理。通过招标方式，引入德勤中国开展风险防控体系建设项目实施工作，初步建立风险管理工作系统，该系统涵盖集团经营管理的各个层级和各项业务环节，重点控制内部重大风险、重大事件的管理和重要流程，构建全面风险管理体系，提高经营管理水平和抗风险能力。推进风险防控体系进行自查自纠的闭环管理，逐步形成风险防控体系长效维护机制。

3. 优化信息化管理系统。创控集团与 ERP 供应商用友公司合作，先后引进财务资金池系统、OA 管理系统、人事管理系统、预算费控系统、资产管理系统、地产租赁系统等系统模块，为集团 ERP 系统的全面推进奠定基础，带动集团朝着便捷化、高效化、智慧化的方向发展。

4. 增强国有资产保值增值能力。创控集团积极探索国有资产的科学经营管理途径，推动各类经营性资产和闲置资产由分散管理模式向集中管理模式转变，结合资产清查，制定分类运营方案，实行动态更新、定期公开方式参与市场化租赁，确保国有资产保值增值。

(1) 市场化出租模式凸显成效。参照市场化标准，分类制定租赁方案，通过租金变动更准确地反映资产价值，在盘活可租赁资产的同时，一步步扩大市场份额。

(2)青年创客社区安全优质。创业居乐家园作为周市镇青年创业者社区共有1 096间房间,现已出租785间。通过对居乐家园环境改造、电瓶车充电棚建设、管理服务提升、智慧用电的投入等一系列措施,提升社区环境水平,提高社区服务质量,为流动人员提供更好的管理和服务。

(3)财富广场招商效果良好。通过以汇金书香世家酒店为核心的配套载体,加快对外招商引资引新,形成了以餐饮、教育、休闲配套为特色的财富广场商业布局,精品超市、健身房、咖啡馆、特色餐饮等商家陆续投入运营。

(4)周庄公寓改造换新貌。能源建设开发公司是创控集团全资子公司,担负着保障国有资产保值增值的重要使命。凭借公司的人才技术以及资金优势,先后投资电力、天然气、热能、银行、信息化建设、工业园区、房地产和水质净化治理等13家企业,总投资规模3亿元。

5. 强化安全生产能力。安全生产,就是创控集团的生命线。抓好安全生产是关键所在,这一份沉甸甸的责任,是创控集团扛在肩头始终不敢懈怠的千钧重担,是安全规范运作的必达使命。

(1)集团安全生产无小事。完成集团安全生产标准化全覆盖,力争全部达到三级标准化,继续推进利通天然气安全生产一级标准化创建,继续推进安全风险辨识管控;完成集团公司城市安全风险评估管控工作制度和标准体系全覆盖,落实集团公司主要负责人、安全责任人等监管责任严格检查制度,特别是做好重大节假日期间的安全生产隐患排查工作,建立规范有序的安全生产良好秩序。

(2)民生安全用气无小事。落实民生惠民工程安全保障,利用互联网和信息化管理手段,推动全市燃气安全,杜绝安全事故。根据市委市政府安全生产领域"四化"要求,做好液化气钢瓶置换工作。同时,基于智能角阀的应用,瓶和气的充装、运输、配送、用户使用环节依靠软件实现信息化管理,这项创新举措真正惠民利民促民安。

三、党建引领,创控集团风清气正

围绕企业发展战略与社会责任,创控集团充分发扬党建引领的光荣传统和独特优势,把党建工作渗透到"神经末梢",为聚升创新浓度、完善城市功能、造福广大群众做出了不懈努力。创控集团永远怀有无比自信,为营造风清气正的"阳光创控",鼓士气、凝人心。

（一）党建与公司治理相结合

完善公司治理，根据国资办要求，修订集团公司《章程》，发布《党委议事规则》和《董事会议事规则》，完善企业法人治理结构和体系。完善重大事项决策程序，不断优化董事会下属专业机构专业能力，严格执行“三重一大”决策制度，杜绝盲目决策投资。

（二）党建与经营活动相结合

围绕创控集团中心业务，让党员干部发挥先锋带头作用融入其中，扩大“以点带面”示范效应，有效避免业务工作与基层党建工作严重脱节的“两张皮”现象。

（三）党建与品牌建设相结合

一是实施人才培养“阳光工程”。坚持党管人才、党管干部原则不动摇，探索建立与现代人力资源管理理念和模式相适应的国企人才工作体系，树立选拔任用、考核奖惩、轮岗交流机制，形成“能上能下、能进能出、能轮能转”用人导向。

二是丰富企业文化载体。积极组织开展三八妇女节插花活动、五四青年节CS+皮划艇活动、参观华西村、参加昆山市第十一届运动会、观看国资文艺汇演等活动，不断增强企业文化的凝聚力，持续提升员工的责任感、归属感。

高质量发展既是时代的命题，又是创控集团当前和今后一个时期担负起的更大更光荣的使命。创控人在打造科创金融、能源产业、教育事业和载体建设相互融合与促进的现代化新型国企公司进程中，把准脉搏飞跃发展，敢为砥柱立中流，为绘就昆山城市蓝图积极作为，成为昆山经济发展生机勃勃的中坚力量，成为昆山国有企业阵营一面鲜亮的旗帜。

昆山交发集团:践行时代使命,强化责任担当

——高质量打造与经济社会发展相匹配的“昆山之路”品牌企业

昆山交通发展控股集团有限公司(以下简称“昆山交发集团”)前身是1998年成立的昆山路桥集团,先后历经三次重组。2016年5月,经市国资办批准,国资系统首家企业集团——昆山交发集团成立,集团以公共交通基础设施建设、公共交通服务供给和存量资产(土地)盘活为主业,全力打造工程建设、民生保障、商业运营三大板块,充分发挥功能、服务、产业三大职能,积极建设市场属性凸显、业务精湛、敢于担当、正直坦荡、求真务实、干则必成的现代企业集团。

基于国企党建政治责任担当,昆山交发集团以党建为引领,坚持系统化思维、注重规律性把握,加快高质量党建步伐,深耕交通工程建设、公共交通服务、商业资产运营三大板块,争做“四生”昆山发展先锋,形成了独具特色的“五五四一”党建工作体系,以高质量党建推动企业高质量发展,努力打造“昆山之路”品牌企业。

筑牢发展基石　推动党建与主业发展同频共振

昆山交发集团高举习近平新时代中国特色社会主义思想伟大旗帜,树牢“四个意识”,坚定“四个自信”,坚决做到“两个维护”。对标党的建设总要求,贯彻落实新时代党的组织路线,积极构建以“五个坚持”为党建理念,以“五型组织”为固垒抓手,以“四有四无”为先锋标尺,以“三个一”为目标追求的“五五四一”党建工作体系,为企业生产经营发展指向领航、蓄势聚力。

一、谋篇布局,以“五个坚持”领航企业发展

以“围绕产业抓党建,抓好党建兴产业”为根本,以打造“发挥党组织核心作用

的示范军”为目标，昆山交发集团切实发挥党委领导作用，构建与现代企业制度要求相适应的国有企业领导管理体制和运行机制，为担当经济社会发展驱动轮提供坚强有力的组织保障。

一是坚持以党建引领企业发展。集团坚持党对国有企业领导的重大政治原则，把准党的建设服务企业生产经营的方向力，以党的建设指引企业发展，推动党的建设与集团主业同频共振、花开并蒂。

二是坚持以文化凝聚人心力量。集团将党的建设与企业文化建设有机结合，发挥文化润心的凝聚力。作为本土国企，集团弘扬“昆山之路”精神，努力建设一个集团有定位、企业有文化、党员有标准、员工有要求、团队有作为的“五位一体”美丽阳光昆山交发集团。

三是坚持以品牌树立行业形象。集团持续丰富工作抓手，按照“多把惠民的实事交给基层组织去做”的导向，培育以“垒之驿”为核心的党建服务品牌，力求把品牌力转化成企业的形象力和生产力。

四是坚持以示范带动争先进位。集团以“四有四无”为行动标尺，部署落实“不忘初心、承诺践诺”为主题的国企党员先锋“十带头”实践活动，制定符合集团特色的党员带头发挥作用的实践项目清单，实施党员示范引领工程。

五是坚持以服务体现责任担当。集团强化国企政治责任担当，以党建“核”计划带动工程“实”计划、服务“靓”计划、商业“活”计划、管理“顺”计划，切实发挥功能、服务、产业三大职能。

二、强基提质,以“五型组织”铸就坚强堡垒

昆山交发集团将基层党组织建设作为完善公司治理结构的重中之重,全力推进学习型、服务型、创新型、廉洁型党组织建设,不断提高党的建设质量,为企业发展提供坚强堡垒。

一是创建学习型党组织,强信念,把方向。围绕“学深”,进一步坚定政治信仰、把握政治方向、增强“四个意识”。二是创建服务型党组织,强优势,保落实。围绕“做实”,促创新求实效,进一步服务发展、服务群众、服务党员。三是创建创新型党组织,强动力,寻路径。围绕“强企”,提倡首创精神,打破思维定势,增创党建工作同生产经营相互促进的创新载体和融合平台。四是创建廉洁型党组织,强监督,筑防线。围绕“保廉”,切实做到班子清正、干部清廉、业务清明,压实“廉”责任、明晰“廉”纪律、构建“廉”环境、营造“廉”生态、提高“廉”意识。五是创建法治型党组织,强堡垒,固根基。围绕“提质”,不断提升党组织高质量建设能力,夯基筑台以党建引领企业高质量发展。

三、激活春水,以“四有四无”释放内生动力

昆山交发集团提出党员“树形象、做表率”的先锋标尺。“四有四无”,勾勒出党员思想行为的经纬,“心中有正气、身上有功夫、脑中有火花、肩上有担当,眼中无困难、口中无怨言、手上无浪费、足下无事故”,使党员发挥先锋模范作用有了评判标准和努力方向,并以此带动了全体员工锻造出一支干事创业的先锋团队,激活了集团发展的一池春水。

攻坚克难,检测公司林挺带领的工程检测部班组,在中环快速路工程建设中填补了桩基成孔检测空白,并在不断新创发展模式中开辟业务新领域。传承工匠,公交车修理技师俞俊带队的维修队伍研发教学设备传帮带,钻研维修难题,为车辆节能降耗出谋划策。学驾有道,江苏省明星教练邢菁华领头的匠心教研室深度研究驾驶教学,提升平安驾培在行业内的专业水平和市场竞争力,为成为江苏省驾驶员培训行业首家新三板挂牌企业提供技术支撑。弘扬正气,以李宾等为代表的昆山好人,以服务百姓为己任,见义勇为,在平凡的工作中做出不平凡的业绩。

集团牢牢抓住国有企业党建工作重心,坚持党建与企业中心工作同步部署、同步谋划,融合党的建设和企业生产经营发展,把党的宣传优势、组织优势、群众

工作优势转化为企业的发展优势和竞争优势，全力争当“强富美高”新江苏建设先行军、排头兵。

践行企业责任，同心同向推进高质量发展

集团始终坚持将人民对美好生活的需要作为企业生存的立足点和落脚点，高举习近平新时代中国特色社会主义思想伟大旗帜，坚持以十九大精神为指引，持续打造深化国企改革的先行军、建设精品工程的主力军、优化公共服务的品牌军、创新商业运营的生力军、发挥党委领导作用的示范军。以“美丽昆山”“科创之城”建设为契机，坚持“五高”目标不动摇，全力推进集团高质量发展，为昆山高质量发展实现“全新一跃”做出积极贡献。

一、聚焦人才，为深化改革凝聚效应

昆山交发集团牢固树立“人才第一资源”理念，全面实施人才强企战略，初步建立了多层次多渠道人才培养机制。一是优化顶层设计。成立人才管理办公室，先后制定出台了《新员工培养及试用期管理办法》《人才甄选、储备与培养管理办法》《干部选拔任用管理办法》等，对各级各类人才进行有针对性的管理和选拔，为人才成长提供制度保障。二是拓宽招才引智渠道。集团人才招聘日益规范，形成了校园招聘、社会招聘相结合的引才模式。集团先后至省内外高校开展校园招聘；以社会招聘方式重点引进行政、安全、运营以及工程类专业人才，开展高层次人才专场招聘，与人社局合作，探索推行更加公平、高效的人才选拔形式。三是创新人才培育机制。研究制定“双培工程”三年行动计划，把党员培养为骨干，发展业务骨干为党员的良性机制，在基层一线和困难艰苦的地方培养锻炼年轻干部，通过与大院大所的合作，着力培养技术领域的领军人才，坚持传帮带，体现技术传承，形成专业技术人才梯队。四是推动人才互动交流。根据不同类型、不同层次人员制定了人才流动、干部能上能下、员工绩效考核机制，保证了经营管理人才队伍的质量和生机。同时积极做好各类人才报送及推荐工作，拓宽员工成长平台，着力培养一批懂技术、善经营、会管理的复合型人才。五是营造良好留才氛围。集团根据主业主责，研究制定了“十三五”战略规划，形成了“1531”战略发展目标。六是实施员工关心关爱工程。积极倡导“有爱交发”，让经济上有困难的员工得到集团的关爱，缓解员工生活压力，提升员工的凝聚力和归属感。

二、聚焦创新,为产业发展注入动力

昆山交发集团牢固树立“创新第一动力”理念,聚焦全市打造具有国际影响力的国家一流产业科创中心的目标,充分发挥科创中心建设工作领导小组的牵头抓总作用,建立“一办两中心”的管理体制,致力于挖掘和研发一批与主业密切相关、具有社会和经济效益、能够为群众所感知的科技创新成果。

集团不断激发改革创新活力,建立以企业为主体、以市场为导向、产学研深度融合的技术创新体系,促进科技成果转化。培育一批新兴产业,在昆山国资系统成立首家商业保险理赔公司,并首个获得江苏省国有信用评级证书。深化与大院大所合作,建立东南大学-昆山交发智慧交通工程联合研发中心、长安大学-昆山交发新材料研究院,入选 2017 年江苏省第一批企业研究生工作站。依托产学研合作平台,积极开展城市道路海绵体系技术与应用、沥青路面现场快速再生技术及应用、智能公交体系建设、智慧停车诱导及收费管理等 10 余个创新项目研究。

三、聚焦安全,为企业发展筑牢命脉

昆山交发集团严格落实“党政同责、一岗双责”和“三个必须”要求,围绕“人枪车工房,水电气火油”等十个方面,推行“管理格局社会化、管理过程法治化、管理手段智能化、管理队伍专业化”四化建设。一是完善管理体制。建设安全管理网格和人文关怀网络,以两条主线相互沟通的机制,在纵向到底、横向到边的安全管理网格中,层层压实安全责任。二是增加人防力量。扎实推进社会矛盾和安全隐患大排查大整治,及时化解矛盾。针对公交安全防恐,配置专职人员进行安全巡防。三是应用监控技术。启动公交智能化提升工程,全面更新公交车辆安防监控系统设备,建立启用公交智能调度指挥中心,实现城乡所有公交车辆 GPS、视频监控等全覆盖,集团现总体安全生产形势平稳可控。

集团结合安全责任制梳理、双重预防机制建设,积极推进安全生产标准化企业建设。针对新形势在重点领域做好四大安全建设内容。一是深化公共交通板块安全管理。对车队驾驶员实施“安全树”考核,违规违法以绿、蓝、黄、红四色树叶颜色来实施动态管控。二是推动工程建设板块安全标准化建设。推行项目全过程安全分析管控,推行平安工地安全管理,采用视频适时和远程监控,制定 37 项施工机械操作规程和修编管线管理办法以及实施网格化管理,提升工程现场管理,坚持做到工程安全管理“三同时”。三是强化安全管理信息化应用。积极筹备完成安全管理平台和隐患排查 App 系统开发。所有部门、单位和在建项目的安全管理制度、管控措施、应急预案、年度检查计划等内容通过安全管理平台系统化管控。四是强化百日行动、严打扫黑除恶。据全市安环消防领域专项百日严打整治行动安排，集团内针对公共交通、工程建设、资产管理三大板块，进一步开展安全生产大排查大整治，梳理重点难点，制定措施，跟踪督办。五是实施城市“护卫”行动。集团积极发展楼宇保安，提档医院、学校、企事业单位安保服务品质，参与片区治理，在医院、学校、银行等人防领域设立“示范岗”。

转型升级促发展　夯机助力“全新一跃”正当时

2019 年是新中国成立 70 周年，是决胜高水平全面建成小康社会的关键之年，是昆山撤县设市 30 周年，也是昆山交发集团“十三五”规划的“冲刺之年”。昆山交发集团围绕“讲政治、讲情怀、讲服务、讲发展、讲规矩、讲关爱”强根铸魂，用高质量发展持续打造“昆山之路”品牌企业。

一、精诚润道，匠心工程 20 余年，融入长三角一体化发展

交通基础设施是城市发展的窗口，是新时代“昆山之路”的基石。集团把工程建设融入城市更新的大环境、大格局中去思考，在道路建设上不断精益求精，以高品质的工程建设与城市发展、城市定位相匹配。

集团自成立以来，按照工程建设的“四化”要求，全面提升工程建设品质，为昆山城市转型升级、改善市民交通出行环境做出应有贡献。集团先后承担了市重点实事工程 116 项，共有 36 个工程被评为苏州市级以上优秀工程项目，路网体系日趋完善，道路“环＋网”骨架结构更加优化，基本实现“中环快速化、外环便捷化”目标要求，形成了“十六横十二纵三环五高十一互通”框架路网。

集团工程项目以高效、优质、标准化为工作亮点，大胆探索，稳步推进相应工作。一是突出“快”。紧盯城市更新建设节奏，做足前期工作，高效率完成基础设施建设任务，确保项目整体快速、同步交付使用。二是突出“品”。以“匠心铸就品质工程”为核心，结合“五区一线”城市客厅建设，突显“城市家具”高品质，由“产品”转向“作品”，打造行业标杆。三是突出“立”。推行“一套表”全过程管理，全流程强化工程项目管理，完善项目服务后评估制度，立质量样板，实行“首件工程”质量验收制度，建立长效管理机制。四是突出“聚”。加大产学研合作，引入“互联网＋”和“＋互联网”在工程建设领域的运用，高标准打造一批标志性、功能性道路基

础设施，从“盆景”变成“风景”，持续打造精品工程。

秉持着“建设一流城市、集聚一流人才、培育一流产业”的理念，集团以高标准推动“五区一线”城市建设，在项目建设上，不断推进工艺创新、技术创新、管理创新，以零容忍的态度持续推进项目管理过程出成效、出精品，以高品质打造昆山交通路网建设体系的样板，为昆山城市功能正常运转和提升城市综合竞争力提供了坚实的基础。

二、乐行畅达，倾情为民 30 余年，锻造一流城市服务品牌

习近平总书记提出“像昆山这样的地方，包括苏州，现代化应该是一个可以去勾画的目标”。昆山交发集团以党的十九大精神为指引，强化国企责任担当，把人民对美好生活的向往作为奋斗目标，牢牢把握民生根本目的，在城市公共交通服务中提升服务能力，擦亮服务窗口。

昆山市目前公交车辆 1 541 辆，线网密度达到 3.97 公里/公里^2。在昆山市域内行政村公交通达率 100%，形成了“快—干—支—微”四级公交体系。集团公共交通建设不仅提高城市交通资源利用率、缓解交通拥堵、降低交通污染、节省土地资源和能源，而且也改善昆山人居环境，促进了昆山可持续发展，增强了城市功能、统筹了城乡发展、促进了城乡共同繁荣，为昆山入围江苏省第一批公交优先示范城市建设试点城市和“十三五”首批公交都市创建城市做出了贡献。

三、共谋发展，激发活力不停步，谱写改革发展新篇章

集团按照“聚焦主业、发展产业”的思路，以市场主体的角度去思考如何经营发展，推动改革深入，实现做强做优做大，重点在混改、上市、并购重组和产业发展等商业运营领域扩大优势。

集团秉承“敢于争第一、敢于创唯一”的昆山精神，设立昆山国资系统第一家征信公司——昆山征信。昆山征信致力于围绕政务诚信、商务诚信、社会诚信助力昆山市构建昆山特色信用生态圈。集团在“大数据＋人工智能”领域早早布局，以信用为驱动，优化营商环境、创新社会治理，覆盖政务、社会、市场全方面，开足马力驶入信用发展的快车道，助力昆山用信用擦亮“城市名片”。

集团创新融资产品，盘活资金链，一方面，拓宽征信领域，以信用为驱动，优化营商环境、创新社会治理；另一方面，积极探索混合所有制改革，集团司属平安驾培成功挂牌，守押公司启动上市挂牌程序，深化与南京多伦科技、深圳怡丰等知名企业的合作，与中建交通建设集团在装配式建筑领域开展深度合作。

2019 年是昆山交发集团“十三五”规划的冲刺年，集团紧紧围绕市委市政府中心工作，坚定信仰、牢记信念、树立信心，交发道，必精诚，交发运，必乐行，交发业，必循规，交发人，必有爱，低调务实不张扬，埋头苦干勇争先，助力昆山做好高质量发展榜样，走在“两个标杆”前列，以优异的成绩向新中国成立 70 周年献礼！